O TRATAMENTO JURÍDICO DO
*Risco no Direito à Saúde*

516

S399t    Schwartz, Germano
         O tratamento jurídico do risco no direito à saúde / Germano
         Schwartz. – Porto Alegre: Livraria do Advogado Editora, 2004.
         199 p.; 16x23 cm.

         ISBN  85-7348-304-0

         1. Direito à saúde.  2. Saúde: Aspectos constitucionais.
         3. Sistema Único de Saúde.  4. Saúde pública.  I. Título.

                                              CDU – 34:614

         Índices para o catálogo sistemático:

         Direito à saúde
         Saúde: Aspectos constitucionais
         Sistema Único de Saúde
         Saúde pública


         (Bibliotecária responsável: Marta Roberto, CRB-10/652)

Germano Schwartz

# O TRATAMENTO JURÍDICO DO
# *Risco no Direito à Saúde*

*livraria*
DO ADVOGADO
*editora*

Porto Alegre, 2004

© Germano Schwartz, 2004

*Projeto gráfico e diagramação*
Livraria do Advogado Editora

*Capa*
José Francisco Mendonça Fischer

*Revisão*
Rosane Marques Borba

*Tradução do prefácio (francês/português)*
Simone Simon Guiramand

Direitos desta edição reservados por
**Livraria do Advogado Editora Ltda**.
Rua Riachuelo, 1338
90010-273 Porto Alegre RS
Fone/fax: 0800-51-7522
livraria@doadvogado.com.br
www.doadvogado.com.br

Impresso no Brasil / Printed in Brazil

À Renata Costa, pela unidade distintiva que formamos, pelo companheirismo, por Paris e, principalmente, por me ajudar a (re)descobrir o verdadeiro Eu em mim mesmo.

# *Agradecimentos*

Em primeiro lugar, ao meu orientador de doutorado na UNISINOS, Prof. Dr. Leonel Severo Rocha, pelo estímulo e crença em minha produção intelectual. Mais, pela amizade e, acima de tudo, pela humanidade, disponibilidade e afabilidade no sempre generoso trato pessoal.

Ao Professor Dr. André-Jean Arnaud, exemplar orientador de meu doutorado-sanduíche em Paris X-Nanterre (Centre de Theórie du Droit) conjuntamente com o Dr. Michel Troper, a quem estendo os agradecimentos.

Aos professores europeus que, a pedido do Prof. Dr. Arnaud, me receberam e me deram a oportunidade de conhecê-los e que muito me ajudaram na compreensão da teoria dos sistemas: Dr. Gunther Teubner, Dr. Juan Antonio García-Amado, Dr. Jean Clam, Dr. Mark Van Hoecke, Dr. Evaristo Príeto Navarro e Dra. Wanda Capeller.

Às seguintes instituições européias, que me oportunizaram o acesso às suas bibliografias: Instituto Internacional de Sociología Jurídica de Oñati, Academia Européia de Teoria do Direito (Bruxelas), Universidade de Frankfurt e Institut de Droit de la Santé (Neuchâtel – Suíça).

Ao CNPQ, pela bolsa que me possibilitou a realização do Doutorado na UNISINOS. Da mesma forma, à Universidade de Passo Fundo, na pessoa de todos os funcionários e docentes da Faculdade de Direito, mas, de modo especial, ao Prof. Mário José Martins da Silva Mateiro, Diretor do Curso de Direito e companheiro de preferências intelectuais, e ao Vice-Reitor de Pesquisa e Pós-Graduação Carlos Alberto Forcelini, pelo auxílio financeiro que viabilizou a realização de meu doutorado-sanduíche.

Ao meu pai, pela orientação e início nas lidas jurídicas. À minha mãe, por tudo. Às minhas irmãs, pelo orgulho que me proporcionam, em especial à Uda, pela companhia e aventuras européias. À Eva, sempre. À Maria.

Ao aluno e amigo Alexandre Matzembacher, pela ajuda nos detalhes da confecção deste livro.

A Evandir Gomes da Costa, pelo exemplo. À Maria Helena Almeida da Costa, pela revisão crítica e gramatical de meus manuscritos. E a ambos o agradecimento pela amizade dispensada.

E, por fim, ao amigo e pesquisador em direito sanitário, Liton Lanes Pilau Sobrinho, e aos meus alunos, companheiros de minha jornada acadêmica.

*Ninguna conducta es libre de riesgo.*
Niklas Luhmann

# Lista de abreviaturas

| | |
|---|---|
| ADC | Ação Declaratória de Constitucionalidade |
| ADIn | Ação Direta de Inconstitucionalidade |
| AIDS | Síndrome da Imunodeficiência Adquirida |
| ANS | Agência Nacional de Saúde Suplementar |
| AZT | Zivoduvina |
| CF | Constituição Federal |
| CFPH | Conselho da Função Pública Hospitalar |
| CHR | Centre Hospitalier Regional |
| CIS | Conferência Internacional de Saúde |
| CJE | Corte de Justiça Européia |
| CN | Congresso Nacional |
| CNE | Comitê Nacional de Ética |
| CONSU | Conselho de Saúde Suplementar |
| COP | Conselho do Orçamento Participativo |
| CPP | Conselho das Profissões Paramédicas |
| CSH | Conselho Superior dos Hospitais |
| CSHP | Conselho Superior de Higiene Pública |
| d4T | Estavudina |
| ddC | Zalcitabina |
| ddI | Didanosina |
| DHHS | Departamento de Saúde e Serviços |
| EPA | Departamento de Administração de Proteção Ambiental |
| EU | Comunidade Européia |
| FDA | Federal Drug Administration |
| FDCA | Food Drug and Cosmetic Act |
| FNS | Fundo Nacional de Saúde |
| GAPA | Grupo de Apoio à Prevenção da AIDS |
| GATT | Acordo Geral de Tarifas Alfandegárias e Comérciais |
| GM | Guerra Mundial |

| | |
|---|---|
| HCFA | Órgão Administrativo de Financiamento de Tratamentos de Saúde |
| HIV | Vírus da Imunodeficiência Humana |
| IGASS | Inspection Génerale des Affaires Sanitaires et Sociales |
| INPI | Instituto Nacional de Propriedade Industrial |
| ISER | Instituto de Estudos da Religião |
| LICC | Lei de Introdução ao Código Civil |
| MERCOSUL | Mercado Comum do Sul |
| MP | Medida Provisória |
| MS | Ministério da Saúde |
| NIH | Institutos Nacionais de Saúde |
| OAB | Ordem dos Advogados do Brasil |
| OMC | Organização Mundial do Comércio |
| OMS | Organização Mundial de Saúde |
| ONG | Organização Não-Governamental |
| ONU | Organização das Nações Unidas |
| OPAS | Organização Pan-Americana de Saúde |
| ORP | Órgão de Recurso Permanente |
| OSC | Órgão de Solução de Controvérsias |
| PHS | Centros para Controle de Doenças |
| PIB | Produto Interno Bruto |
| RNSP | Reseau National de Santé Publique |
| RSI | Regulamento Sanitário Internacional |
| SIDA | Síndrome da Imunodeficiência Adquirida |
| SPS | Acordo Sanitário e Fitossanitário |
| SUS | Sistema Único de Saúde |
| TBT | Acordo Sobre os Obstáculos Técnicos ao Comércio |
| TRIP's | Treats of Right International of Property |
| USA | United States of América |
| USDA | Controle de Alimentos e Medicamentos, Departamento de Agricultura |
| 3TC | Lamivudina |

# Prefácio

O estudo que o Sr. Germano Schwartz oferece aqui ao público força a atenção. Trata do risco, o qual numerosos autores – e especialmente Ulrich Beck e Anthony Giddens – têm mostrado recentemente constituir um desafio específico para o nosso tempo. Ora, o que interessa ao jurista contemporâneo, na matéria, é antes de tudo o fato de que, em face de um novo contexto, convém encontrar novas formas de decisão – seja em nível do legislador ou do juiz. Ora, como sublinha-o o autor, com razão, uma decisão tomada com conhecimento de um risco tem conseqüências jurídicas específicas. Poder-se-ia mesmo extrapolar e dizer que o simples fato da existência de novos modelos de decisão provoca, em si, um risco.

O autor, cuja grande sensibilidade sente-se ao longo das páginas, apesar de uma contenção da qual ele jamais se afasta, dentro de um gênero literário que não o permitiria, toma como exemplo uma matéria onde o próprio jurista não pode permanecer insensível: a saúde. Visa a mostrar a interpenetração que existe entre a aplicação deste direito fundamental e o Direito, seja apenas pelo número de proibições ou direitos adquiridos que são postos em questão perante o direito à saúde. É necessário fazer exceções à proibição da eutanásia? É melhor proteger a marca registrada dos laboratórios ou permitir às pessoas desfavorecidas tratar-se graças a medicamentos genéricos?

Surpresa! Num domínio onde o jurista teria tendência a cruzar os braços e remeter-se à ética, Germano Schwartz propõe que se volte para a teoria dos sistemas, e mais particularmente para a versão luhmaniana da sistemática: a autopoiese. Aí, diz, encontrar-se-ia uma resposta às preocupações essenciais nascidas da problemática do risco no direito à saúde. Daí se extraem, com efeito, os elementos necessários à construção de um instrumento teórico apto a responder aos constrangimentos contemporâneos ligados ao desenvolvimento generalizado da incerteza e indefinição. Desta hipótese, nasce uma demonstração. E o leitor pode apenas seguir o rigor da argumentação em cujo final o autor descreve a saúde como sistema autopoiético. Pode-se mesmo falar de um verdadeiro paradigma autopoiético, em virtude do qual torna-se possível uma descrição inédita do risco e dos sistemas de organização da saúde.

Em conformidade com o processo específico da teoria luhmaniana, Germano Schwartz fala de um "código limpo", fundado sobre o casal de oposição binário "saúde/doença". Será a fonte de uma "diferenciação funcional" estabelecida sobre códigos secundários (como o de "geneticamente perfeito/geneticamente imperfeito"), e que abra perspectivas de comunicação novas, de onde surjam soluções até então desconhecidas. É que a saúde não se pode decidir: tê-la ou não a ter; não se pode "pegá-la". É, a partir da doença, que é preciso conquistá-la, através da comunicação estabelecida entre ela e a investigação da técnica adequada que a combaterá. Esta é a função do sistema sanitário que, desta forma, se multiplica para vencer a doença, ou seja, restabelecer a saúde.

Mas para que o subsistema atinja a sua função, é necessário considerar a forma organizacional como premissa constituinte da decisão, o que permite, ao mesmo tempo, estabelecer a sua autonomia em relação ao sistema social. O esquema, mostra o autor, é extensível ao Direito concebido como sistema autopoiético. Enfim, por uma interação comunicacional dos subsistemas funcionais diferenciados, estamos em presença de um acoplamento estrutural entre sistema sanitário e sistema jurídico, acoplamento ao qual acrescenta-se um outro, o sistema político, quando, como no Brasil, o direito à saúde é um direito constitucional.

O interesse desta tese reside igualmente no fato de que o autor não se satisfaz em fazer uma obra teórica. Comprova a sua visão sobre legislações existentes. Num Brasil onde a Constituição reconhece o direito dos cidadãos à saúde, ele observa que, quinze anos após a promulgação deste direito fundamental, deve-se notar a ineficácia de fato da proteção jurídica da saúde. E atribui esta lacuna à inadequação da organização da aplicação do direito à saúde, diante das necessidades contemporâneas. E é na raiz desta insuficiência que ele vai procurar as razões desta inadaptação: é a própria percepção do sistema de saúde que convém transformar.

O autor verifica a sua hipótese a partir da observação de algumas organizações sanitárias que emergiram no contexto internacional, e onde percebe exemplos claros de sistemas autopoiéticos de saúde. Em nível nacional, compara dois modelos que, na perspectiva em questão, aparecem como antíteses: o dos Estados Unidos da América – que se caracteriza pela ausência de Estado – e o modelo francês, visceralmente ligado à figura estatal. O Brasil participaria de um e de outro, sem estar ligado a nenhum dos dois. Mas o que o jurista, não familiarizado com a teoria luhmaniana, esquece, é o fato de que o direito à saúde conste como direito fundamental na Constituição (no Brasil, assim como nos EUA ou na França); de fato, um dos elementos de decisão originado da auto-regulamentação jurídica pela voz da instituição judicial. A observação teórica, preciosa para as suas conseqüências jurídicas práticas, é específica de uma abordagem em termos de autopoiese.

A saúde é a matéria sobre a qual o autor raciocina; o risco é objeto do seu estudo. Não o perde nunca de vista, e dá, como argumentação final, respostas às perguntas que são feitas, necessariamente, na matéria, sobre o princípio de precaução, sobre a questão da credibilidade, sobre as políticas públicas adequadas ao contexto de risco (visa, bem entendido, prioritariamente, ao risco decorrente do desenvolvimento das elevadas tecnologias sanitárias).

Em resumo, este estudo distingue-se pela originalidade, o caráter inovador e o rigor argumental da tese que é sustentada. Poder-se-á enfrentar dificuldades para segui-lo – Niklas Luhmann não é um autor "fácil". Objeções poderão ser feitas de acordo com a posição que se toma em face da autopoiese. Mas não podemos nos omitir: é necessário ler este livro.

*André-Jean Arnaud*

Diretor de Pesquisa Emérito do CNRS (Centro de Teoria do Direito
Universidade de Paris X – Nanterre); Co-Diretor da Rede Européia
Direito e Sociedade (Casa das Ciências do Homem de Paris);
Diretor do GEDIM (Globalização Econômica e Direitos no Mercosul),
Programa MOST/UNESCO, Rio de Janeiro.

# Sumário

Introdução . . . . . . . . . . . . . . . . . . . . . . . . . . . . . . . . . 19

**1. O sistema social e a saúde** . . . . . . . . . . . . . . . . . . . . . . . 23
    1.1. Noções preliminares de autopoiese . . . . . . . . . . . . . . . . . 26
    1.2. Sociedade (pós)moderna? . . . . . . . . . . . . . . . . . . . . . . 30
    1.2.1. As sociedades antiga e moderna . . . . . . . . . . . . . . . . . 31
    1.2.2. A sociedade pós-moderna . . . . . . . . . . . . . . . . . . . . 37
    1.3. O risco na sociedade contemporânea . . . . . . . . . . . . . . . . 39
    1.4. A complexidade sanitária . . . . . . . . . . . . . . . . . . . . . . 44
    1.4.1. A baixa complexidade sanitária nas sociedades antiga e moderna . . . . . . 45
    1.4.2. A hipercomplexidade sanitária . . . . . . . . . . . . . . . . . . 49
    1.5. A autopoiese do sistema sanitário . . . . . . . . . . . . . . . . . 56
    1.5.1. Código e função . . . . . . . . . . . . . . . . . . . . . . . . . 57
    1.5.2. Subcódigos . . . . . . . . . . . . . . . . . . . . . . . . . . . 61
    1.5.3. A necessária observação . . . . . . . . . . . . . . . . . . . . . 62

**2. O acoplamento sistema sanitário _x_ sistema jurídico:**
**modelos organizativos em saúde** . . . . . . . . . . . . . . . . . . . . 67
    2.1. O direito sob o ponto de vista autopoiético . . . . . . . . . . . . . 67
    2.2. O acoplamento estrutural entre o sistema sanitário e o sistema jurídico . . . . 72
    2.3. Sistemas organizacionais do sistema sanitário . . . . . . . . . . . . 76
    2.3.1. A (re)construção do sistema sanitário pelos sistemas de saúde . . . . . . . 78
    2.3.2. Organizações extranacionais . . . . . . . . . . . . . . . . . . . 83
    2.3.2.1. Organização Mundial de Saúde (OMS) . . . . . . . . . . . . . 84
    2.3.2.2. Organização Mundial do Comércio (OMC) . . . . . . . . . . . 86
    2.3.2.3. O sistema de saúde na Comunidade Européia . . . . . . . . . . 88
    2.3.2.4. O sistema de saúde no Mercosul . . . . . . . . . . . . . . . . 89
    2.4. Alguns sistemas de saúde nacionais . . . . . . . . . . . . . . . . . 92
    2.4.1. O modelo francês . . . . . . . . . . . . . . . . . . . . . . . . 92
    2.4.2. A saúde na Constituição dos USA e sua organização administrativa . . . . 96
    2.4.3. O Sistema Único de Saúde (SUS) do Brasil . . . . . . . . . . . . 101

**3. Organização decisória e temporal do sistema jurídico** . . . . . . . . . 111
    3.1. A diferenciação legislação/jurisdição . . . . . . . . . . . . . . . . 113
    3.2. A legislação . . . . . . . . . . . . . . . . . . . . . . . . . . . . 118
    3.2.1. A Constituição . . . . . . . . . . . . . . . . . . . . . . . . . . 118

3.2.2. A saúde como direito fundamental do homem . . . . . . . . . . . . . . . . . 127
3.3. Os Tribunais e o Direito Constitucional (fundamental do homem) à saúde . . 135
3.3.1. As decisões dos Tribunais brasileiros . . . . . . . . . . . . . . . . . . . . . . . 135
3.3.2. As decisões da Suprema Corte Norte-Americana . . . . . . . . . . . . . . 138
3.3.3. Decisões do Conselho Constitucional Francês . . . . . . . . . . . . . . . . 141
3.4. Os juízes . . . . . . . . . . . . . . . . . . . . . . . . . . . . . . . . . . . . . . . . . . 141
3.5. As decisões judiciais como reconstrutoras do tempo sanitário . . . . . . . . 145

**4. O tratamento jurídico da incerteza sanitária** . . . . . . . . . . . . . . . . . . 149
4.1. O risco no direito à saúde . . . . . . . . . . . . . . . . . . . . . . . . . . . . . . 149
4.2. O princípio da precaução . . . . . . . . . . . . . . . . . . . . . . . . . . . . . . 153
4.3. O princípio da acreditação . . . . . . . . . . . . . . . . . . . . . . . . . . . . . 157
4.4. Responsabilidade civil do médico: a teoria do risco criado . . . . . . . . . . 159
4.5. Políticas públicas de risco: o caso da quebra das patentes para o fornecimento
de medicamentos aos portadores da SIDA no Brasil . . . . . . . . . . . . . . 162
4.5.1. A normativa brasileira . . . . . . . . . . . . . . . . . . . . . . . . . . . . . . . . 163
4.5.2. Argumentos contrários à quebra das patentes de remédios . . . . . . . . 165
4.5.3. A Lei 9.313/96 e decisões posteriores . . . . . . . . . . . . . . . . . . . . . 166
4.5.4. Pressupostos do caso . . . . . . . . . . . . . . . . . . . . . . . . . . . . . . . . 169
4.5.4.1. Epidemia das reações sociais, culturais, econômicas e políticas . . . . . 169
4.5.4.2. Histórico do caso . . . . . . . . . . . . . . . . . . . . . . . . . . . . . . . . . . 171
4.5.5. Os argumentos favoráveis à quebra e o posicionamento da OMC . . . . 173
4.5.6. Alternativas para as indústrias farmacêuticas . . . . . . . . . . . . . . . . 175
4.6. O risco e a alta tecnologia sanitária: perspectivas futuras . . . . . . . . . . . 176

Conclusão . . . . . . . . . . . . . . . . . . . . . . . . . . . . . . . . . . . . . . . . . . . . 185

Referências bibliográficas . . . . . . . . . . . . . . . . . . . . . . . . . . . . . . . . . . 191

# Introdução

Este livro tem como objetivo o estudo do risco no direito à saúde. Um estudo que se apresenta tormentoso desde os primórdios da humanidade. Quando Deus retira de Adão uma costela para criar Eva, sua companheira, houve uma decisão a respeito da saúde, do corpo de Adão e da criação de um novo ser. Coincidentemente, essas são questões que ainda assustam a humanidade, disfarçadas sob nomes científicos que procuram aliviar a possibilidade de riscos que seus procedimentos possuem (transplante de órgãos, clonagem, qualidade de vida, entre outros).

Provavelmente, quando Deus olhou para a solidão em que seu filho terreno se encontrava, não esperava que ambos (Adão e Eva) violassem sua única regra: não comerem a maçã. Ato contínuo, expulsa-os do paraíso. Sua decisão primária se tornou base para uma decisão posterior – uma premissa decisória. Sua decisão continha risco, e, portanto, chances de desapontamento. O paraíso se modificou, tornando-se Terra humana e, no mito cristão, o homem foi, então, criado à imagem e semelhança do Senhor.

Deus, todavia, tomado por sua magnitude, julgou-se infalível. Logo, não pensou na possibilidade de erro em uma decisão Sua. O homem habita a Terra, portanto, pela inexistência da percepção do risco decisório de seu Criador. Caso tivesse percebido que quando se delineiam outras possibilidades de comportamento, somente poderia esperar (expectativa), Deus teria tomado a cautela necessária para seu empreendimento, e os descendentes de Eva ainda seriam condôminos do Paraíso.

Poder-se-ia objetar: mas no que esse exemplo ilustra o propósito deste livro? Paradoxalmente, tudo e nada. Tudo porque, em sendo o homem um ser falível – ao contrário de Deus –, conseqüentemente, suas decisões são eivadas de risco (exceto se não houver outra possibilidade de decisão). Nada, porque é necessário estabelecer critérios científicos – e não divinos – para a percepção do risco na saúde, já que, em tese, Deus não corre riscos, de vez que não erra.

Nesse sentido, desapegado das concepções metafísicas de saúde e enfermidade, reinante nas sociedades antiga e moderna, o homem passa a visualizar expectativas diferentes a respeito de sua própria saúde. Abandona a idéia da doença como castigo divino, e, portanto, arrisca-se a (re)definir seu futuro. Com isso, a proteção da saúde passa a ter critérios diferenciados.

A hipótese levantada durante o texto procura demonstrar a interdependência, ou, na linguagem de Teubner, interpenetração, existente entre a saúde e o Direito. Quando o homem moderno, por exemplo, vê-se diante de questões tais como morrer com dignidade ou viver de forma indigna, respeitar direitos de propriedade intelectual ou quebrá-los para que se forneçam medicamentos aos portadores de AIDS, entre outras, há que utilizar novas formas de decisão. Novos modelos para uma decisão sabidamente de risco e que podem (ou não) possuir raízes ou conseqüências jurídicas.

Com esse propósito, a teoria dos sistemas, em sua vertente luhmanniana, é o marco teórico utilizado para analisar a problemática do risco no direito à saúde. Em solo brasileiro, tal direito foi positivado pela Constituição pós-ditatorial, tornando-se um novo critério decisório tanto para os juízes como para os políticos brasileiros. Ocorre que, passados 15 anos da promulgação da Carta Magna, verifica-se a inefetividade fática da proteção jurídica da saúde e de seu conseqüente risco, como comprova o 125° lugar ocupado pelo Brasil no *ranking* da Organização Mundial de Saúde (de um total de 191 Estados-Membros). E a pergunta lançada a respeito é: pode a teoria dos sistemas de Luhmann oferecer um instrumental teórico mais moderno e apto às novas necessidades/características (incerteza e indeterminação) advindas da sociedade contemporânea no quesito direito à saúde?

A partir desse questionamento inicial, o livro passa a intentar o estabelecimento da saúde como sistema autopoiético. Faz-se isso porque o paradigma autopoiético possibilita uma melhor descrição e análise tanto do risco como dos sistemas organizacionais de saúde.

De fato, a idéia da saúde como sistema social autopoiético, orientada pelo seu código próprio Saúde/Enfermidade, torna-se a abordagem diferenciada trazida pelo livro. O estabelecimento dos subcódigos (geneticamente perfeito/geneticamente preocupante, etc.) e do código principal, além, por óbvio, dos limites comunicacionais de dito sistema, carregam uma miríade comunicativa de nova mirada, de possibilidades outrora desconhecidas.

Nessa linha de raciocínio, por mais paradoxal que pareça, a saúde, mesmo sendo o fim (função) do sistema sanitário, somente é possível pela existência de doenças. É a doença o elemento impulsionador da busca por uma saúde técnica e auto-reprodutiva. Dessa maneira, em um encontro clínico, por exemplo, no momento em que paciente e médico se comunicam, fala-se de sintomas, de possibilidades de doença. Ao final, ter-se-á, novamente, saúde. Mas essa saúde é ponto cego. Não é fato. É objetivo. Não se decide, não se age, quando há saúde.

Nessa esteira, o Direito também passa a ser estabelecido como sistema autopoiético.Logo, face à interação comunicacional dos subsistemas funcionais diferenciados, há o conseqüente acoplamento estrutural entre o sistema sanitário e o sistema do Direito, comprovando-se a necessária co-relação entre ambos.

No paradigma autopoiético, todavia, há um aprofundamento no quesito da organização dos subsistemas funcionais. Com isso, entende-se que a forma organizacional constitui premissa de decisão para que o subsistema atinja sua função, motivo pelo qual ele se autonomiza em relação ao sistema social.

Dessa forma, perscrutam-se as formas de organização da saúde, entendo-as como parte essencial de sua (re)construção, procurando-se verificar as novas organizações de saúde surgidas no âmbito extranacional, por se entender que se constituem exemplos cristalinos da autopoiese do sistema sanitário.

No mesmo sentido, abordam-se alguns sistemas de saúde de caráter nacional. São analisados o modelo norte-americano e o modelo francês, por serem antíteses. O primeiro abstém-se da figura do Estado, enquanto o segundo necessita dele de forma quase umbilical. Nesse intermédio, surge o sistema brasileiro, derivado daqueles.

Definidos os pressupostos de decisões do sistema sanitário, abordam-se os pressupostos da decisão do sistema jurídico para o direito à saúde, que serão utilizados de forma justiciável no interior do referido sistema para a consecução de seu fim – decidir. No terceiro capítulo do livro, observa-se o interior do sistema jurídico e suas diferenciações específicas, especialmente aquela que trata da legislação/jurisprudência e que recoloca a decisão dos Tribunais no centro (na hierarquia escalonada) do sistema do Direito.

Como a saúde, no Brasil, é um direito constitucional, revê-se a noção de Constituição, entendida no plexo sistêmico como o momento por excelência do acoplamento entre o sistema político e jurídico, estendendo, pois, via comunicação, a problemática da saúde ao sistema político, que também se orienta pela Constituição para seu agir.

Ademais, a própria saúde, elencada no artigo quinto da Carta Maior, constitui-se direito fundamental do homem. Despido de valores axiológicos, na senda sistêmica, esse direito torna-se mais um dos elementos decisórios de auto-regulação jurídica e de sua necessária decisão, oferecida pelos Tribunais na figura de seus juízes.

Da mesma forma que no sistema sanitário, indagam-se as decisões dos Tribunais Constitucionais – porque tribunais de decisão de última instância – dos Estados Unidos, França e Brasil, procurando salientar a função de (re)definição temporal que ditas decisões possuem em relação ao direito à saúde.

Ainda, no último capítulo, verifica-se como o sistema jurídico tem reagido ao risco da sociedade (sistema social) contemporâneo, enfrentando-se as questões da precaução, da acreditação, das políticas públicas de risco (o caso da quebra de patentes para fornecimento de medicamentos aos portadores de AIDS no Brasil) e o do risco das altas tecnologias sanitárias.

Enfim, introdutoriamente, esta é a abordagem pretendida, sob os auspícios de contribuição para uma melhor prestação sanitária via Direito, no Brasil.

# 1. O sistema social e a saúde

*La teoria della società è la teoria del sistema social complessivo, che include in sé tutti gli altri sistemi sociali.*[1]

Pensar a saúde sob o prisma jurídico[2] é reconhecer uma dupla complexidade:[3] da saúde em si e de sua relação com o direito. Essa dicotomia assume particular relevância quando se afere[4] que os inúmeros diplomas legais sanitários não foram suficientes para tutelar a questão sanitária no Brasil. Nesse sentido, evidencia-se que a saúde, como elemento integrante do sistema social, assume a categoria de subsistema a partir do momento em que, necessitando de regulamentação e de proteção, reproduz-se e se relaciona com os demais sistemas sociais. Logo, a relação da saúde com o Direito decorre da interação entre os preceitos e os valores sociais, de tal sorte que o caráter normativo-jurídico destinado à matéria se apresenta como o resultado da comunicação entre o sistema sanitário e o sistema jurídico.

Isso significa que não se pretende ligar a evolução/complexidade do Direito à saúde a um processo histórico-causal, mas sim ao aumento de

---

[1] LUHMANN, Niklas; DE GIORGI, Rafaelle. *Teoria della Società*. Milano: Franco Angeli, 2000. p. 24.

[2] Após a estatuição da saúde como direito de todos e dever do Estado pela Constituição Federal de 1988 (art. 196), o legislador brasileiro editou uma enorme gama de diplomas legais atinentes à matéria. De se destacar as Leis 7.802/89, 7.889/89, 8.072/90, 8.078/90, 8.080/90, 8.142/90, 8.213/91, 8.689/93, 8.896/94, 8.918/94, 8.926/94, 8.974/95, 9.017/75, 9.029/95, 9.294/96, 9.313/96, 9.434/97, 9.656/98, 9.677/98, 9.782/99, 9.876/99 e 9.961/00, entre outras. A esses diplomas, acrescente-se um grande número de portarias e resoluções, nos mais diversos níveis da organização federativa. Em comum, todos eles pretendem regulamentar a norma constitucional, consubstanciando-a faticamente.

[3] De certa forma, a constatação de que saúde é um tema complexo e que necessita de uma abordagem no mesmo teor, já é tratada por alguns autores. Veja-se, por exemplo: TARRIDE, Mario Ivan. *Saúde Pública: uma complexidade anunciada*. Rio de Janeiro: Fiocruz, 1998 e ALFIERI, Roberto. *Dirigere I Servizi Socio-Sanitari: idee, teoria e prassi per migiliorare um sistema complesso*. Milano: FrancoAngeli, 2000.

[4] Conforme o relatório *La Salud en las Américas – Volumen II*. Washington: OPAS, 2002, p. 115-131, o Brasil, ainda hoje, registra doenças já erradicadas em outros países, como, por exemplo, a dengue, aparecendo em 125º lugar no *ranking* da Organização Mundial de Saúde (de um total de 191 países).

complexidade do tecido social. Como assinala Alcóver,[5] *la evolución en la teoria luhmanniana se contempla como aumento de complejidad, es decir, como aumento del número y la variedad de estadios, de sucesos o de acciones que son posibles en el sistema social.*

Nesse sentido, a hipótese levantada é que essa descrição só se torna possível mediante a teoria dos sistemas sociais em sua vertente luhmanniana. Pretende-se, com isso, superar a racionalidade social weberiana, em que o Direito está ligado à noção tradicional de Estado (povo, território e governo soberano), por se verificar que essa visão normativista-estatal[6] resta desconectada das características incertas da sociedade de risco. Dito de outro modo: só é possível entender a positividade do Direito à saúde a partir da descrição de sua relação com a sociedade.

Dessa forma, para que se perscrute o motivo de a saúde (direito de todos e dever do Estado) não ser uma realidade em solo brasileiro, para, em conseqüência, tentar descrever seu futuro, há a necessidade de se compreender o complemento da inclusão sanitária consignada na miríade de leis sanitárias que o Brasil possui: a exclusão fática de sua população à saúde juridicamente positivada.[7]

Não basta, portanto, vislumbrar o problema a partir de uma única ótica. Deve-se abrir o leque de possibilidades que a descrição dos sistemas sociais oferece, e enfrentar a questão como um observador (sujeito) que mira seu objeto (direito à saúde). No entanto, esta visão é o problema clássico da sociologia jurídica, como defende Luhmann,[8] pela insuficiência de seus diagnósticos. Torna-se, pois, necessário que esta observação seja feita por alguém incluso e, ao mesmo tempo, excluso do sistema observado: o observador de segundo grau.

Deixam de existir, portanto, observadores privilegiados, com diagnósticos únicos e totalmente precisos, como refere Guibentif,[9] *il n'ya pas de position d'observateur privilegie.* Com isso, não se pode defender a

---

[5] ALCÓVER, Pilar Giménez. *El Derecho en la Teoría de la Sociedad de Niklas Luhmann.* Barcelona: J.M. Bosch Editor, 1993. p. 132.

[6] A respeito, interessante abordagem em ROCHA, Leonel Severo. O Direito na Forma de Sociedade Globalizada. In: ——; STRECK, L. L. (Orgs.). *Anuário do Programa de Pós Graduação em Direito Mestrado e Doutorado.* São Leopoldo: Centro de Ciências Jurídicas – UNISINOS, 2001. p. 117-137.

[7] Nesse sentido, a lição de DE GIORGI, Rafaelle. *Direito. Democracia e Risco: vínculos com o futuro.* Porto Alegre: SAFE, 1998, p. 155: "Os sistemas sociais da sociedade moderna operam com base na inclusão universal. Porém, mais inclusão, significa mais exclusão. Na exclusão reforçam-se as ilegalidades, as diferenças, produz-se a marginalidade, gera-se não-conformidade do agir com base na conformidade do agir".

[8] LUHMANN, Niklas. *Sociologia do Direito I.* Rio de Janeiro: Tempo Brasileiro, 1983. p. 20-37.

[9] GUIBENTIF, Pierre. Perspectives. In: ARNAUD, A-J.; —— (Orgs). *Niklas Luhmann Observateur du Droit.* Collection Droit et Société – N. 5. Paris: Librairie Générale de Droit et de Jurisprudence, 1993(a). p. 234.

posição de um observador último. Assim, a saúde como sistema reconstrói seu próprio sentido através de sua clausura[10] operacional e abertura cognitiva, mediante comunicações.

Exemplificando o exposto, relembra Mansilla:[11] *ni todos pueden ser médicos, pero todos pueden ser pacientes*. Mais, nem todos possuem planos de saúde, muito embora esses sejam uma possibilidade constitucional (art. 199 da Lei Magna). Ainda: nem todos têm saúde, mas todos têm direito a ela (art. 196, CF/88).

Esses paradoxos, todavia, não podem ser vistos como impossibilidades, mas sim, como um novo mundo cheio de possibilidades outras, permitidas pela mirada transversa (bidimensional) sobre o objeto observado, proporcionado pela teoria dos sistemas. Reconhece-se, pois, a unidade da diferença como elemento propulsor da autoconstrução futura do direito à saúde.

Em conseqüência, a necessidade de se estabelecer saúde como um sistema autopoiético depende, basicamente, da constatação de que a abordagem do Direito depende da forma de abordagem da sociedade no qual ela se encontra inserida.[12] Logo, o mundo do Direito e dos fatos passa a ser visto sob uma ótica de equilíbrio sistêmico mediante sua própria (e não a dos demais) auto-regulação.

No entanto, para que a hipótese pretendida resulte comprovada – a descrição do risco como futuro no direito à saúde com base na teoria dos sistemas sociais autopoiéticos (Luhmann) –, necessário reconhecer que essa teoria possui uma intrincada teia de conceitos que deve ser revista a partir dos autores-base e da metodologia (funcionalismo estrutural) que dão sustentáculo à sua teorética, sempre no intento da análise do direito à saúde como elemento integrante do sistema social.

O sistema social (ou seus subsistemas parciais) vai (vão) se auto-afirmar(em) na medida em que trouxer (em) para si e dominar (em) operativamente o fragmento do entorno que é efetivamente relevante para a conservação de seu patrimônio sistêmico. No caso do sistema sanitário, por exemplo, este fragmento é a unidade da distinção entre a saúde e a enfermidade. Mas isso – clausura operacional – não significa isolamento, visto que a comunicação é inerente ao sistema. O entorno provoca resso-

---

[10] O termo *clausura* é empregado na teoria dos sistemas a partir da obra de TEUBNER, Gunther. *O Direito como Sistema Autopoiético*. Lisboa: Fundação Calouste Gulbenkian, 1989.

[11] MANSILLA, Darío Rodríguez. *Introducción*. In: LUHMANN, Niklas. *Organización y Decisión. Autopoiesis, Acción y Entendimiento Comunicativo*. Introducción de Darío Rodríguez Mansilla. Barcelona: Anthropos; México: Universidad Iberoamericana; Santiago de Chile: Instituto de Sociología. Pontifícia Universidad Católica de Chile, 1997.p. 21.

[12] Sobre a necessidade da correlação da abordagem jurídica x abordagem da sociedade, sugere-se a leitura de ROCHA, Leonel Severo. Da Teoria do Direito à Teoria da Sociedade. In: —— (Org.). *Teoria do Direito e do Estado*. Porto Alegre: SAFE, 1994. p. 65-80.

nância, ruído de fundo, mas não modifica o sistema, que se encontra imunizado em relação a tais aspectos. Portanto, a dicotomia sistema/entorno torna possível a auto-referencialidade dos sistemas,[13] ou, melhor dito, sua autopoiese.

## 1.1. Noções preliminares de autopoiese

A possibilidade de se verificar a característica autopoiética dos sistemas sociais interessa, sobremaneira, à descrição tanto do sistema sanitário como do sistema jurídico, uma vez que os sistemas somente podem ser considerados como a unidade da diferença entre o entorno, suas estruturas, seus processos e seus elementos, quando se está sob a mirada de um sistema ao mesmo tempo autônomo e interdependente do entorno.

A essa dinâmica dá-se o nome de *autopoiesis*. O termo *poiesis* vem do grego e significa produção. Autoprodução. Autocolocação. Auto-referência. Foram Maturana e Varela que cunharam o termo nas bases que atualmente é estudado, e que, em certo tempo, Luhmann anexa à sua teoria dos sistemas sociais. Esses autores utilizaram o termo em suas pesquisas de origem biológica. Conceberam a *autopoiesis* como o centro da dinâmica constitutiva dos sistemas vivos, conceituando-a como o meio pelo qual se estuda os seres vivos a partir de seus processos internos – que pode ser fertilizada por outro modo de ver. Tal abordagem os concebe em termos de suas interações com o ambiente, no qual, é claro, estão os demais seres vivos.[14]

Por meio da teoria autopoiética, pode-se observar a lógica da vida de uma forma que desvela o que restava encoberto. Verifica-se que a vida possui uma lógica própria, que se (re)cria e se auto-reproduz, circularmente, a partir de seus elementos. Mas, ao mesmo tempo, observa-se que os sistemas vivos são também comunicáveis com o entorno, porquanto necessitam dele para obter os recursos necessários para a sua sobrevivência.[15] Na

---

[13] A respeito, diz LUHMANN, Niklas. *Sistemas Sociales: lineamientos para una teoría general.* México: Anthropos: Universidad Iberoamericana; Santafé de Bogotá: CEJA, Pontificia Universidad Javeriana, 1998. p. 189: "el sistema reproduce la diferencia sistema/entorno que le orienta continuamente en el interior, bajo la forma de diferenciación".

[14] MATURANA, Humberto R; VARELA, Francisco J. *A Árvore do Conhecimento: as bases biológicas da compreensão humana.* São Paulo: Palas Athena, 2001., p. 12-13.

[15] Sobre a lógica autopoiética biológica, esclarece TEUBNER, *O Direito como Sistema Autopoiético,* 1989, p. 12: "Os biólogos fundadores da teoria da autopoiesis, adiantaram uma nova e revolucionária idéia: o que define a vida em cada sistema vivo individual é a autonomia e a constância de uma determinada organização das relações entre os elementos constitutivos desse mesmo sistema, cuja organização é auto-referencial no sentido de que sua ordem interna é gerada a partir da interação dos seus próprios elementos e auto-reprodutiva no sentido de que tais elementos são produzidos a partir dessa mesma rede de interação circular e recursiva."

autopoiesis de Maturana e Varela,[16] existem, ainda, três diferentes graus. Os indivíduos são vistos como células; os grupos de indivíduos, como organismos e a união dessas ordens, como um sistema social.

Entretanto, esse conceito e essa lógica ultrapassam o campo biológico e passam a ser estudados por todos os campos do saber. Nessa escala, Luhmann, em certo tempo,[17] agrega à idéia dos sistemas sociais o conceito autopoiético, redefinindo-os como sistemas sociais autopoiéticos. Transmuda a problemática do campo biológico para uma teoria cognitiva, refundando a origem biológica da autopoiese, procurando descrever a sociedade a partir de uma teoria reflexiva.[18]

De acordo com Luhmann, *autopoiesis* significa que *um sistema reproduz os elementos de que é constituído, por meio de uma ordem hermético-recursiva, por meio de seus próprios elementos*.[19] Significa que um sistema possui elementos próprios que se auto-reproduzem. Tais elementos necessitam de distinções baseadas em esquemas auto-referenciais, em códigos. No caso do Direito, essa distinção é feita sob o código Direito/Não-Direito, enquanto no sistema sanitário, é procedida pelo código Saúde/Enfermidade. Essas distinções codificadas constituem-se em um paradoxo que somente pode ser desparadoxalizado por um *outsider*, o observador, que pratica a observação de segunda ordem, uma vez que a auto-observação é dada, de forma contínua, no plano operacional dos sistemas (autodescrição).

Muito embora estejam conectados, é necessário não se confundirem sistemas auto-referenciais com sistemas autopoiéticos. O primeiro trata da formação das estruturas dentro de um sistema, enquanto o segundo faz referência a todos os fenômenos que acontecem no sistema como operação, onde se incluem, também, as estruturas.

Mediante a autodescrição[20] dos sistemas, quaisquer que sejam eles – sanitário ou jurídico –, é possível a eles controlar a produção de suas

---

[16] MATURANA, Humberto R; VARELA, Francisco J. *De Máquinas e Seres Vivos: Autopoiese – a Organização do Vivo*. São Paulo: Palas Athena 1997., p. 19.

[17] O primeiro texto dessa fase é encontrado em LUHMANN, Niklas . *Organización y Decisión. Autopoiesis, Acción y Entendimiento Comunicativo*. Introducción de Darío Rodríguez Mansilla. Barcelona: Anthropos; México: Universidad Iberoamericana; Santiago de Chile: Instituto de Sociología. Pontifícia Universidad Católica de Chile, 1997.

[18] Nesse sentido, observa CLAM, Jean. The Specific Autopoiesis of Law. In: PRIBÁN, Jirí; NELKEN, David. *Law's New Boundaries*. Cornwall: Ahsgate, 2001. p. 48,: "The point I am making here is solely that autopoiesis should be understood as what it is in Luhmann's work: not a simple import from biology or cybernetics to be fitted into a composite theory, but the expression of a much more fundamental transformation of sociological – and more generally scientific – theory as such."

[19] LUHMANN, Nklas. O Enfoque Sociológico da Teoria e Prática do Direito. Tradução de Cristiano Paixão, Daniela Nicola e Samantha Dobrowolski. *Seqüência*, n. 28, junho/1994. p. 20.

[20] Cf. LUHMANN e DE GIORGI, *Teoria della Società*, 2000, p. 341.

---

O tratamento jurídico do risco no Direito à Saúde

próprias estruturas, restando possível a renovação a partir delas mesmas. Mas o processo não é rígido. Não é hierárquico. É circular. O sistema verifica o motivo pelo qual houve a mudança estrutural, identificando o problema a ser resolvido. O passo seguinte é comparativo. Colocam-se, lado a lado, as realidades históricas e os preconceitos. Então, partindo de suas próprias estruturas, ir-se-à reorganizá-las e, sendo o caso, ocorrerá renovação.[21]

Dessa forma, inexiste teleologia e/ou hierarquia na orientação dos sistemas autopoiéticos. O que há é uma circularidade hermético-recursiva, que, por exemplo, no caso do sistema jurídico,[22] leva às seguintes características:

1) não é factível Direito fora do sistema jurídico;

2) não há Direito atual. Ele vive em constante (re)produção;

3) o Direito se acopla a outros sistemas mediante a cognição, que será dada via comunicação.

Portanto, a teleologia é dada pelo observador. No campo das reproduções operativas, onde há distinção entre Direito/Não Direito e/ou Saúde/Enfermidade, o sistema é cego.

De outro lado, o fato de os sistemas serem, ao mesmo tempo, autônomos e independentes, dependem, basicamente, dos elementos componentes do sistema. Lembra Nicola[23] que um sistema autopoiético *é autônomo porque a produção de novos elementos depende das operações precedentes e constitui pressupostos para as operações posteriores.* É a auto-referência. A referência é dada pela observação sobre a distinção, ao passo que a "auto" está voltada para o fato de que a operação resulta incluída naquilo que a designa.[24]

Pode-se dizer que a grande contribuição da *autopoiesis* no terreno dos sistemas sociais (jurídico ou sanitário – e até mesmo o acoplamento entre ambos) se dá pelo fato de que a resposta para um problema somente será possível se tratada recursivamente. E, mais, nesta operação recursiva, será necessária uma clausura interna, a fim de que o sistema se autonomize de forma tal a se constituir unidade de diferença entre suas estruturas/elementos e o entorno. A girada autopoiética consiste no fato de se pensar que os sistemas possuem uma lógica peculiar, mas que não resta desco-

---

[21] A respeito desta lógica ver LUHMANN, *Sistemas Sociales...,* 1998, p. 300 et. seq.

[22] No capítulo II, o tema da autopoiese do Direito será tratado de forma mais delimitada. Aqui se trata de uma mera sinalização contextual e, também, indicativa do que se exporá adiante.

[23] NICOLA, Daniela Ribeiro Mendes. Estrutura e Função do Direito na Teoria da Sociedade de Luhmann. In: ROCHA, Leonel Severo (Org.). *Paradoxos da Auto-Observação: percursos da teoria jurídica contemporânea.* Curitiba: JM Editora, 1997, p. 228.

[24] Ibidem, p. 225.

nectada do entorno, produzindo ruídos de fundo que irritam comunicacionalmente os sistemas (afinal, no entorno, existem mais entornos). Por intermédio da comunicação, o sistema absorverá e filtrará, mediante seu código específico, as influências externas, selecionando sua especificidade, trazendo-as, para seu interior recursivamente hermético, onde a questão será (re)processada em sua lógica clausural, auto-referencial e autopoiética.

É assim que os sistemas sociais são sistemas autopoiéticos, que operam de forma fechada, em seu interior, e que, ao mesmo tempo, são abertos às entradas e pressões do entorno com o qual se comunicam. É uma clausura operativa interna que possibilita sua estabilidade e uma abertura ao exterior que permite sua comunicação com os demais sistemas.[25]

Esse modelo autopoiético, circular, torna impossível falar de causa ou efeitos. Tal impossibilidade se deve ao fato de aquilo que ocorre em um sistema se encontrar não apenas determinado por sua própria organização interna, como também, pelos ruídos de fundo e pelas perturbações advindas do entorno. Assim, e, exatamente como defende Capra,[26] o interior do sistema é um mundo deveras complexo que entabula redes de comunicações consigo mesmo e que, simultaneamente, resta aberto para os estímulos do exterior.

O sistema, portanto, pode ser compreendido também sob este prisma: a constante e ininterrupta diferenciação resultante da clausura interna influenciada pelos estímulos do entorno. Um sistema que se orienta pela evolução. Um sistema que permite passar do passo elementar ao seguinte e que privilegia mais a capacidade de enlace, rejeitando controle unilateral do que a repetição.[27] Dessa forma, o sistema social é a instância última e autopoiética do horizonte de sentido dos processos de comunicação possíveis. Os limites da sociedade são limites de autoconstrução do possível em uma sociedade.

Frente a essas questões, vale questionar: que tipo de sociedade é a contemporânea e quais os elementos que a compõem? Enfim, quais as características que permitem sua observação de segundo grau, e, assim, tentar verificar os elementos que possibilitam a auto-reprodução dos sistemas sanitário e jurídico, bem como seu acoplamento, a fim de que se possa (re)pensar o futuro com base na distinção passado/presente?

---

[25] Em verdade, o sistema autopoitético é um paradoxo. Todavia, sua auto-referencialidade não se choca com a idéia de um sistema aberto às influências externas, mas operacionalmente fechado. Assim, "la cerradura como manera operativa auto-referencial es más bien una forma de ampliación de los posibles contactos con el entorno; amplía su capacidad de contacto en la medida e que constituye elementos determinables y con ello aumenta la conplejidad del entorno posible para el sistema". LUHMANN, *Sistemas Sociales...*, 1998, p. 58.

[26] Ver CAPRA, Fritjof. *A Teia da Vida: uma nova compreensão científica dos sistemas vivos.* São Paulo: Editora Cultrix, 1996.

[27] Cf. LUHMANN, op. cit., p. 58.

O tratamento jurídico do risco no Direito à Saúde

## 1.2. Sociedade (pós) moderna?

O termo pós-moderno carece de uma definição. A própria colocação do prefixo "pós" ao adjetivo gera extrema discussão entre os modernistas e aqueles que advogam uma ruptura com o moderno e, em conseqüência, o nascimento de uma sociedade após. Pós-moderna. No sentido que ora se propõe, a pós-modernidade é apenas um corte diverso daquele já apresentado e necessário para entender o risco na sociedade contemporânea, ou até mesmo, da sociedade de risco.

Com isso, a procura pelas características da sociedade pós-moderna[28] e, em conseqüência de um Direito assim conceituado, passa, necessariamente, por uma revisão do que é moderno. Simplistamente, pode-se dizer que a sociedade pós-moderna é, como o próprio prefixo sugere, aquela sociedade erigida a partir da diferenciação funcional[29] entre o pós e o moderno, ou seja, a sociedade erigida a partir da unidade da diferença entre o moderno e o seu posterior. Mas a proposta lançada necessita de um detalhamento maior a respeito, descrevendo-se algumas características iniciais da pós-modernidade. Nesse sentido, parte-se do entendimento de Luhmann,[30] ao dizer que

> se entiende por posmodernidad la falta de una descripción unitaria del mundo, una razón vinculante para todos o aunque solo sea una posición correcta y común ante el mundo y la sociedad, éste es precisamente el resultado de las condiciones estructurales a las que expone la sociedad moderna. No soporta ningún pensamiento concluyente, no soporta por tanto autoridad alguna. No conoce posiciones a partir de las cuales la sociedad pueda ser descrita en la sociedad de forma vinculante para otros.

De ditas características, exsurge a estonteante velocidade dos eventos sociais. Em contrapartida, juridicamente falando, o programador-legislador não age em tempo hábil para que seja disponibilizado um programa (lei) apto a aliviar todas as expectativas individuais lançadas sobre as expectativas normativas (expectativa de expectativas). É assim que a *ir-*

---

[28] Existem várias denominações que os autores dão para o que se pretende com pós-moderno. Assim, é corrente o emprego das expressões modernidade da modernidade, alta modernidade, sociedade complexa e sociedade de risco (entre outras) para descrever o fenômeno.

[29] A evolução da sociedade deve ser analisada sob a ótica de sua diferenciação funcional, como apregoa Luhmann em várias de suas obras. De um modo mais didático, consultar LUHMANN, Niklas. *Introducción a la Teoría de Sistemas.* Lecciones Publicadas por Javier Torres Nafarrate.Barcelona: Anthropos; México DF: Universidad Iberoamericana; Guadalajara: ITESO, 1996.De forma mais argumentativa, ver LUHMANN, *Sistemas Sociales...,* 1998. Este aporte se torna necessário para explicitar as condições metodológicas que vão possibilitar um novo tipo de observação acerca da sociedade em si e dos sistemas que a compõem.

[30] LUHMANN, Niklas. *Observaciones de la Modernidad.* Barcelona: Paidós, 1997, p. 41.

*resistível velocidade dos processos sociais aparece, então, como o reverso de uma cultura saturada, em estado de cristalização.*[31]

Assim, questões como as que se apresentam, intentam maior reflexão acerca do assunto. Que sociedade é essa que, marcada pela incerteza e pela indeterminação, pretende avançar rumo ao futuro? Que sociedade é essa em que quanto maior a possibilidade de cura, maior a possibilidade de morte? Enfim, quais as características que aliviam as expectativas negativas dos indivíduos e tornam possível a convivência social e a auto-regulação dos sistemas?

### 1.2.1. As sociedades antiga e moderna

De um lado e de forma geral, podem-se identificar três tipos de sociedade: a antiga, a moderna e a pós-moderna. A diferença entre as modalidades consiste no grau de complexidade, de cada uma que aumenta de acordo com a diferenciação funcional, necessariamente, existente no sistema social. De outro, a normatividade sanitária dessas sociedades é alterada conforme sua contínua auto-reprodução. Resulta disso a necessidade de se verificar as comunicações anteriores que possibilitaram a comunicação atual, resultante na complexidade da sociedade contemporânea.

Para Luhmann,[32] a liberdade dos indivíduos da sociedade moderna é muito maior que aquela dos indivíduos da sociedade. O fato atribui-se ao desprendimento da dominação política da antiga ordem das famílias e da linhagem, o que tornava bastante previsível e seguro o estamento societário. Enquanto, a sociedade antiga vê-se marcada pelo "todo" social ou político, cujo indivíduo é sujeito empírico, a moderna tem o indivíduo como sujeito ou ser moral.[33] Naquela, inexiste a mobilidade social. Em outras palavras, não há comunicação que possibilite a ascensão social.

Alguns autores, como Giddens,[34] referem, em contraponto à regionalização da sociedade antiga, que a modernidade é globalizante e que as relações sociais (é dizer: comunicação) são operadas em âmbito mundial. Nessa perspectiva, a vida social da modernidade deve ser analisada sob um prisma tempo/espaço (distanciamento). A sociedade antiga não possuía tal código. Nela, os fenômenos sociais eram determinados por acontecimentos locais e pelos padrões de conduta também locais.

---

[31] HABERMAS, Jürgen. *O Discurso Filosófico da Modernidade*. São Paulo: Martins Fontes, 2000, p. 6.

[32] LUHMANN, *Sociologia do Direito I*, 1983, p.25.

[33] Ao que se chama de neoiluminismo luhmanniano.

[34] GIDDENS, Anthony. *As conseqüências da modernidade*. São Paulo: Editora UNESP, 1991. p. 68.

De Giorgi,[35] um sistêmico-luhmanniano, em análise dessa estética globalizadora, refere que o melhor termo a ser utilizado seja: *sistema compreensivo da sociedade moderna*. Para ele, esse sistema vê a si mesmo em relação ao futuro, restando a sociedade em um contínuo processo de irritação autopoiética.

Pode-se afirmar, ainda, que uma outra diferenciação entre a sociedade antiga e a sociedade moderna, é o fato de que *em condições de modernidade, uma quantidade cada vez maior de pessoas vive em circunstâncias nas quais instituições desencaixadas, ligando práticas locais a relações sociais globalizadas, organizam aspectos principais da vida cotidiana.*[36] Trata-se de uma auto-referência à sociedade antiga. Quer dizer, nela, as instituições eram vinculadas, e as práticas locais desvinculadas dos aspectos cotidianos de outras regiões.

Por sua vez, a modernidade diferencia-se da sociedade antiga justamente no jogo do recuo ao passado para sua autoconstrução. Nesse sentido, Brüseke[37] aponta alguns mecanismos que refletem a diferenciação da sociedade antiga e que resultou na sociedade moderna. São eles:

a) a separação de espaço e tempo,

b) o desencaixe dos sistemas sociais e

c) a ordem e a desordem reflexiva das relações sociais.

Em uma ótica luhmanniana, pode-se afirmar que é justamente o desencaixe dos sistemas sociais que permite seu encaixe, visto que a repetição interior das operações de sua clausura levou inevitavelmente a uma comunicação unificadora entre os sistemas. E, mais, a (des)ordem reflexiva é o reflexo da necessária auto-observação do sistema social. Todavia, em termos de Direito, modernidade e sociedade antiga possuem uma diferença básica. A primeira é baseada na liberdade individual, no valor máximo, enquanto a última limita essa liberdade.

O direito natural e o direito da razão, através da natureza e da razão (comunicação auto-referencial), expressavam, no nível mais elevado, a idéia de igualdade. Enquanto racionalidade positivada, era dever do Direito conter condições de igualdade, contendo *as mesmas condições de possibilidade social.*[38]

A desigualdade estava na natureza, especialmente na humana, enquanto a igualdade residia na bondade divina. Com a modernidade, a

---

[35] Para maiores detalhes, ver DE GIORGI, Rafaelle. DE GIORGI, Rafaelle. *Direito. Democracia e Risco: vínculos com o futuro*. Porto Alegre: SAFE, 1998.

[36] GIDDENS, *As Conseqüências da Modernidade*, 1991, p. 83.

[37] BRÜSEKE, Franz Josef. *A Técnica e os Riscos da Modernidade*. Florianópolis: Editora da UFSC, 2001. p. 19.

[38] DE GIORGI, *Direito, Democracia e Risco...*, 1998, p. 114.

binariedade igualdade-desigualdade se torna totalizante, de vez que cabe ao Estado legitimar o que é igual através dos instrumentos jurídicos competentes para tal (Constituição). Assim, é que a generalização e a individualização passam a ser garantidas e estabilizadas pelo Direito via sistema jurídico, mediante princípios constitucionais. Assim, como referencia Luhmann, *as constituições modernas substituem o Direito natural e o Direito da razão tornando os princípios operacionalizáveis.*[39]

As Constituições, portanto, podem ser observadas como formas aquisitivas e contingenciais de uma elevação de complexidade que diferencia a sociedade moderna da antiga, sejam como acoplamento estrutural, entre o sistema do Direito e os demais sistemas componentes da sociedade (especialmente, o político), ou como processo de diferenciação sistêmico/autopoiético.

De outra maneira, a sociedade antiga e a sociedade moderna podem ser vistas como sistemas simples, de complexidade relativamente exígua. Isso só é possível, uma vez que se podem verificar papéis tradicionais em uma sociedade que perdura muito tempo e que possui grande previsibilidade e determinabilidade. Reside, portanto, na velocidade das mudanças estruturais a principal distinção entre as sociedades antigas e modernas, em relação à sociedade contemporânea.

No entanto, convém assentar a inexistência de um corte radical que separe o moderno do pós. Não há um momento histórico que rompa tais barreiras. Em verdade, não há, mesmo, uma delimitação precisa do surgimento da modernidade, porque o seu aparecimento na história real e o aparecimento de uma teoria da modernidade se confundem. Ou, como defende Giddens,[40] a pós-modernidade é um período descontínuo que impede falar de uma ruptura radical entre o pós e o moderno.

De acordo com a narrativa de Von Beyme,[41] uma rigorosa periodização de épocas é algo rechaçado pela ciência histórica, nascendo a idéia da acontemporaneidade do contemporâneo. Essa corrente enfatiza que a história é um segmento contínuo, não interrompido por datas, sendo uma transformação permanente. Nesse sentido, Giddens[42] refere que descontruir a escola do evolucionismo histórico – cuja defesa da história recai sobre ponto de eventos ordenados de forma evolutiva e seqüencial – significa afirmar que os eventos fazem parte de um *continuum*, de uma forma a qual não pode ser separada.

---

[39] DE GIORGI, *Direito, Democracia e Risco...*, 1998, p. 118-119.

[40] Cf. GIDDENS, *As Conseqüências da Modernidade,*1991, p. 50.

[41] VON BEYME, Klaus. *Teoria Política del Siglo XX: de la modernidad a la postmodernidad.* Madrid: Alianza Editorial, 1994.

[42] GIDDENS, *As Conseqüências da Modernidade,* 1991, p. 16.

Ora, o que é modernidade, então? As classificações tradicionais apontam a modernidade como estilo, costume de vida e organização social que a Europa oitocentista conhece e que se tornam quase mundiais em sua influência.[43] Mas essa divisão não responde corretamente ao questionamento.

A ciência histórica, como recorda Von Beyme,[44] assevera que a modernidade abriu uma divisão entre experiência e expectativa que as sociedades mais tradicionais não haviam conhecido. O futuro se desligou do passado, e a história deixou de ser a mestra para a configuração do futuro. O tempo moderno estava orientado para o futuro.

Essas idéias são bem explicadas por Giddens,[45] naquilo que o autor denomina de *descontinuidades do mundo moderno*, que desvenciliam o homem moderno dos tipos tradicionais de ordem social e que podem ser elencadas como:

a) a mudança paradigmática que torna as sociedades contemporâneas mais dinâmicas do que as pré-modernas;

b) o escopo da mudança, centrada na interconexão global das sociedades e

c) o fato de que formas sociais contemporâneas não encontram similares históricos precedentes.

De outra banda, saliente-se que, com a ideologização dos conceitos teóricos sobre o mundo moderno,[46] deu-se menos importância a experiências anteriores, crescendo as expectativas em relação ao futuro, principalmente, em decorrência de novas idéias como a democracia, o estado do bem-estar e o socialismo.

Para Von Beyme,[47] pode-se dividir a modernidade em nova e clássica. A modernidade nova é aquela resultante do evolucionismo,[48] enquanto a modernidade clássica é aquela que procura superar os vestígios pré-modernos: sociedade feudal, inexistência de ascensão social e segurança.

---

[43] GIDDENS, *As Conseqüências da Modernidade,* 1991, p. 11.

[44] VON BEYME, *Teoría Política...,* 1994, p. 30.

[45] GIDDENS, Op. cit., p. 16.

[46] Fala-se, especificamente, de Marx. Não se pode negar que sua teoria possuía toques pré-modernos (enfoque materialista, reducionismo). Mas interessava-se por demais pela transformação revolucionária, que se impôs na construção da teoria moderna. Por isso, Marx se torna tão influente para os teóricos da modernidade, uma vez que, aliado aos enfoques empíricos, vai iluminar várias vigas da modernidade e, até mesmo, filósofos atuais, como Jürgen Habermas e sua tese da democracia deliberativa e ação social.

[47] VON BEYME, *Teoría Política...,* 1994, p. 31.

[48] O evolucionismo aparece tanto na teoria de Marx como na de Freud,. Ancora-se em um modelo de conflito: há um embate que consegue, em um resultado, final harmônico. Disso resulta o evolucionismo.

Entretanto, diz Von Beyme,[49] a modernidade nova e a modernidade clássica[50] possuem similitudes que não se podem negar:

a) a universalidade da mudança social,

b) a possibilidade de planejamento da mudança,

c) a inovação como algo a não ser temido e

d) a crença de uma identidade racional de sociedade.

Seguindo, pode-se afirmar que as noções básicas da pós-modernidade iniciam com o simbolismo da queda do Muro de Berlim, o que muitos autores apontam como o fim da história.[51] Acreditava-se que a democracia iria se espalhar pelo mundo, o que, de fato, não ocorreu.

Em um corte histórico, a sociedade moderna encontrava-se sob a égide de dois mundos: o capitalista e o socialista. Ambos os sistemas possuíam líderes e nações aliadas bem conhecidas e delimitadas, motivo pelo qual era possível se ter uma boa noção do perigo e das certezas, fatores inexistentes nas sociedades pós-modernas. Nessas, não existe mais o perigo. Existe o risco.

O Direito da modernidade, por seu turno, é um Direito ligado à noção clássica de Estado (povo, território e governo). É o Estado que produz a norma, que somente é legitimada se, por ele, é produzida. O normativismo reinante nos tempos modernos apregoava o desejado modelo racional mediante um projetado sistema jurídico fechado,[52] em que o Direito era tratado como uma ciência apartada dos demais estamentos sociais.

É de se considerar, ainda, que as leis modernas eram feitas para durar um lapso temporal bastante longo, uma vez que a velocidade das mudanças na modernidade não era por demais acelerada. Dito de outra forma: o Direito era simples porque a sociedade também o era. Com isso, Arnaud[53] elenca as características do Direito moderno:

---

[49] VON BEYME, *Teoría Política...*, 1994, p. 32.

[50] Para teoria dos sistemas, o importante dessa dicotomia consiste na verificação dos pontos em comum existentes entre a modernidade clássica e a modernidade nova, que Parsons, com base no tripé Durkheim-Weber-Pareto, formulou um ponto de vista. segundo o qual todo o desenvolvimento teórico necessário para a análise da sociedade confluía na teoria dos sistemas, posteriormente aperfeiçoada por Luhmann.

[51] GIDDENS, *As Conseqüências da Modernidade,* 1991, p.55.

[52] Basilares para a compreensão desse fenômeno são os postulados da pureza do Direito elaborado por Kelsen. Para ele, o Direito deve ser entendido como uma ciência própria, metodologicamente direcionado à análise de seu objeto (a norma). Nesse sentido, consultar KELSEN, Hans. *Teoria Pura do Direito.* São Paulo: Martins Fontes, 2000; KELSEN, Hans. *Teoria Geral das Normas.* Porto Alegre: SAFE, 1986. Também BOBBIO, Norberto. *Teoria do Ordenamento Jurídico.* Brasília: UnB, 1984.

[53] ARNAUD, André-Jean. *O Direito entre Modernidade e Globalização: lições de filosofia do Direito e do Estado.* Rio de Janeiro: Renovar, 1999, p. 203.

a) abstração;

b) subjetivismo;

c) universalismo;

d) unidade da razão;

e) axiomatização;

f) simplicidade;

g) dirigido à Sociedade Civil e ao Estado e

h) segurança.

Desde a década de 70 do século passado que esse Direito, com as características acima mencionadas, não mais responde aos problemas sociais, conforme anota De Giorgi.[54] Para o autor, os problemas do Direito da modernidade podem ser identificados em quatro tópicos:

1) problemas na unidade do Direito. Tanto a filosofia analítica quanto a hermenêutica voltaram-se unicamente para a questão lingüística do Direito. A resposta de Luhmann, para isso, é que o Direito é a unidade da diferença entre seu ambiente e o entorno;

2) inexistência de variabilidade estrutural do Direito, uma vez que um sistema fechado pressupõe uma segurança que não permite sua variação[55] interna;

3) disso deriva o fato de que a desejada normatividade especificamente jurídica torna-se impossível, ante a necessária comunicação dos sistemas jurídicos com os demais sistemas componentes da sociedade. Como afirma Luhmann[56] a respeito: "Não se vê ou ao menos não se considera suficientemente o fato da comunicação acerca do Direito e da disposição sobre o Direito ocorrerem, na maioria das vezes, fora desse núcleo sistêmico organizado e profissionalmente competente, como se aqui estivessem em jogo apenas fatos que interessam ao Direito em situação de conflito e não nos outros casos".

4) Assim, resta uma abrupta separação entre Direito e Sociedade, que os desconecta e causa rupturas sensíveis entre as expectativas normativas e as decisões tomadas pelo sistema jurídico.

Pode-se aduzir que, diante das características do Direito da modernidade, torna-se grave que, em uma pretensa sociedade pós-moderna, utilizem-se, ainda hoje, critérios modernos para problemas que lhes são

---

[54] DE GIORGI, Rafaelle. Luhmann e a Teoria Jurídica dos Anos 70. In: CAMPILONGO, Celso Fernandes. *O Direito na Sociedade Complexa*. São Paulo: Max Limonad, 2000, p. 183 et. seq.

[55] Com maiores detalhes a respeito, ver ROCHA, Leonel Severo. *Epistemologia Jurídica e Democracia*. São Leopoldo: UNISINOS, 1999. p. 89-100.

[56] LUHMANN, A Posição dos Tribunais..., 1990, p. 159.

posteriores. Problemas após o moderno. Problemas pós-modernos. Tais situações necessitam de um Direito conectado à Sociedade. Um Direito que seja não mais pré ou, muito menos, moderno, mas sim, um Direito pós-moderno. Um Direito para o futuro.

### 1.2.2. A sociedade pós-moderna

Para a pós-modernidade, a modernidade não se relaciona com nenhum acontecimento específico da história. É algo diferente.[57] Para o pensamento pós-moderno, a modernidade é uma constelação histórica, produzida de formas diversas em épocas diversas. É, também, uma chance histórica que a modernidade possui de abrandar sua intolerância racional em direção a uma solidariedade global. Nessa linha, recorda Bauman[58] que *a pós-modernidade é uma chance da modernidade. A tolerância é uma chance da pós-modernidade. A solidariedade é a chance da tolerância.*

A pós-modernidade deve ser analisada como uma série de transições que são próprias e estão afastadas dos diversos feixes institucionais da modernidade. Como lembra Leonel Severo Rocha,[59] a pós-modernidade não acentua a racionalidade ou o consenso. Muito menos a identidade. Acentua, todavia, a produção da diferença, da fragmentação, da singularidade. Acentua contingência e complexidade.[60] Logo, acentua risco.

Luhmann,[61] no entanto, assinala aquilo intitulado como pós-modernidade possui uma outra grande característica: o não-rompimento com o passado. Não se recusa totalmente o que já feito. Não se recusam, por completo, as características da modernidade. Não há necessidade de uma dissidência. Avança-se recursivamente sobre ditas características para (re)criar um futuro aberto, de consciência de risco e de convivência com a incerteza.

Morin[62] reflete que a incerteza, ou, a perda da certeza do amanhã, decorre em dois tipos de reações:

---

[57] GIDDENS, *As Conseqüências da Modernidade,* 1991, p. 52.

[58] BAUMAN, Zygmunt. *Modernidade e Ambivalência.* Rio de Janeiro: Jorge Zahar Editor, 1999. p. 271.

[59] ROCHA, Leonel Severo, *O Direito na Forma de Sociedade...,* 2001, p. 127.

[60] Com maiores detalhes, ver LUHMANN, *Observaciones de la Modernidad,* 1997, p. 87.

[61] LUHMANN, Niklas. Entrevista Realizada no dia 7.12.1993, em Recife, PE. In: GUERRA FILHO, WILLIS SANTIAGO. *Autopoiese do Direito na Sociedade Pós-Moderna.* Porto Alegre: Livraria do Advogado, 1997, p. 99.

[62] MORIN, Edgar. Por uma Reforma do Pensamento. In: PENA-VEGA, Alfredo; NASCIMENTO. Elimar Pinheiro do. *O Pensar Complexo: Edgar Morin e a crise da modernidade.* Rio de Janeiro: Garamond, 1999. p. 12.

1) o neofundamentalismo, que se fechou em si mesma como forma de autoproteção e de tentativa de retorno ao passado e

2) o pós-modernismo, que vem a ser uma tomada de consciência, de que o novo não é superior ao que o precede. Não se podem negar direitos estabelecidos e consagrados durante os períodos históricos antecedentes (liberdade,mobilidade de camadas sociais...), mas, ao mesmo tempo, deve-se conviver com a imprevisibilidade a com a incerteza social. Ou, como lembra De Giorgi,[63] há que se conviver simultaneamente com *segurança e insegurança, determinação e indeterminação, instabilidade e estabilidade.*

Nesse sentido, pode-se dizer que a sociedade pós-moderna é uma sociedade composta de sistemas de diferenciação funcional própria que, a partir de sua própria recursividade, (re)cria formas sociais (e de Direito) novas. Isso significa dizer que do ponto de vista da unidade da sociedade pós-moderna, a diferenciação é dada pela função de cada sistema social, diferenciada, por sua vez, do sistema que a originou. Daí, decorre o entendimento de que o Direito é como um sistema autonomizado[64] (de segundo grau) do sistema social (de primeiro grau), operacionalmente enclausurado, mas a ele conectado por meio do entorno e pelos ruídos de fundo ali produzidos.

Muito embora não se aceite amplamente o termo pós-moderno, visto que tal conceito não comporta um conceito, podem-se atribuir ao Direito desta época algumas características,[65] como:

1) visão pragmática dos conflitos;

2) descentramento do sujeito;

3) relativismo;

4) pluralidade das racionalidades;

5) lógicas estilhaçadas;

6) complexidade;

7) retorno da Sociedade Civil;

8) risco.

Nota-se que as características desse Direito pós-moderno divergem radicalmente das características do que se convencionou chamar Direito moderno. Onde antes havia simplicidade, hoje existe complexidade. Onde outrora havia perigo, há risco. Resta cristalino, portanto, que os critérios a serem utilizados para problemas jurídicos pós-modernos devem ser cri-

---

[63] DE GIORGI, *Direito, Democracia e Risco...*, 1998, p. 192.

[64] Em especial, ver TEUBNER, Gunther. *Droit et Réflexivité: l'auto-référence en droit et dans l'organisation.* Bruilant: Belgique ; L.G.D.J.: Paris, 1996.

[65] Cf. ARNAUD, *O Direito entre Modernidade e Globalização...*, 1999, p. 203.

térios aptos à nova realidade – realidade complexa e de risco, de uma sociedade com enorme rapidez na (re)produção dos eventos sociais (comunicação).

## 1.3. O risco e a sociedade contemporânea

*Quem é o inimigo, quem é você?*[66]

Do exposto a respeito da discussão entre a divisão modernidade e pós-modernidade, existe apenas uma certa aproximação entre os doutrinadores no sentido de se admitir que a sociedade contemporânea tem como característica maior o risco e a incerteza, no que se diferencia da sociedade moderna, que primava pelo perigo e pela certeza. Sob esse aspecto, opta-se por referir que a sociedade contemporânea deve ser observada através da variável risco.

Em um primeiro momento, fica claro que a idéia do risco e da incerteza aumentam a complexidade. No entanto, essa não é uma impossibilidade de desvelamento do futuro. Ao contrário. É condição essencial para o desenvolvimento dos sistemas sociais. Num outro fato, há o fato de a busca etimológica do conceito de risco ser algo bastante recente. Como narra Giddens,[67] a Idade Média desconhecia até mesmo a palavra *risco*. Sua origem remonta ao século XVII e está ligada a raízes portuguesas e/ou espanholas, sendo usada para designar a cartografia de águas que jamais haviam sido navegadas. Logo após,[68] passa a ser utilizada para empréstimos bancários, naquelas transações em que se avaliava a possibilidade de alguém contrair empréstimo.

Em verdade, as culturas tradicionais não conheciam a palavra *risco* porque não necessitavam de uma designação para algo que não ocorria.[69] Havia o perigo, porém os atores que proporcionavam o perigo eram conhecidos e facilmente identificáveis, o que tornava bastante simples a dinâmica social. Via de conseqüência, o Direito seguia na mesma esteira, preparado para responder a uma realidade social estática e simplista.

---

[66] Da música "Soldados", cuja letra é de Renato Russo, da extinta banda de rock brasileira Legião Urbana.

[67] GIDDENS, Anthony. *Mundo em Descontrole: o que a globalização está fazendo de nós.* Rio de Janeiro: Record, 2002. p. 32.

[68] LUHMANNN, Niklas. *Sociología del Riesgo.* México: Triana Editores, 1998, p. 43.

[69] Ibidem, p. 42: "En las grandes culturas antiguas se desarrollaron técnicas mui diversas para hacer frente a problemas análogos, sin que existiera, en consecuencia, ninguna necesidad de acuñar una palabra para lo que en la actualidad entendemos por riesgo".

Ost[70] identifica três formas históricas do conceito de risco:

1) Em uma primeira fase, a sociedade liberal do século XIX trata o risco como acidente, algo impossível de se prever, individual, repentino e ligado a elementos exteriores. Nesse tipo de concepção, o máximo a fazer era demonstrar algum tipo de previdência, mediante a contratação de algum tipo de seguro. A essa idéia de risco-acidente segue-se a noção de uma reação, nas palavras do autor,[71] curativo-retroativa, que encontra similaridade na noção de saúde "curativa", desenvolvida nessa mesma época;

2) Em um segundo momento, o risco passa a ser conectado com a noção de prevenção. Aqui, a sociedade passa a ser dona de si mesma em todos os aspectos da vida cotidiana,[72] mediante o pretendido controle do risco através das técnicas científicas. Essa modalidade de constatação do risco também encontra paralelo na noção de saúde "preventiva", posteriormente desenvolvida pelo sistema liberal como forma de barateamento dos custos de manutenção do trabalhador. No entanto, nota-se que a única distinção feita entre a noção curativo/preventiva reside no tempo de constatação da doença. O primeiro atua "após", enquanto o segundo atua "antes";

3) A terceira fase refere-se à atual, em que o risco assume proporções antes nunca vistas, frustrando as capacidades preventivas e de domínio, minando a pretendida racionalidade humana. O homem, de certa forma, fica relegado a um segundo plano quando contraposto à insegurança moderna, afetando, assim, sua apreensão do futuro. Nesse sentido, não existe um paralelismo entre noções de saúde ligadas ao risco, exceto a propalada qualidade de vida, que tem como grande contribuição o fato de se pensar a saúde como promoção, relegando a concepção de que saúde é unicamente ausência ou prevenção de doenças. Mesmo tal expressão, todavia, resta desconectada do risco, visto que não o apreende dentro de si e ainda fica isolada do aspecto decisional/temporal que o risco carrega consigo, sem falar que, exatamente, por esse motivo último, não desenvolve suficientemente uma necessária visão de precaução sanitária.

---

[70] OST, François. *O Tempo do Direito*. Lisboa: Piaget, 1999. p. 343-347.

[71] Ibidem, p. 344.

[72] Idem: "No despontar do século XX, no momento em que se lançam as bases do Estado Social e da sociedade assistencial, a utopia científica e técnica de uma sociedade dona de si mesmo confirma-se em todos os aspectos: «prevenção das doenças (com a descoberta efectuada por Pasteur), escreve F. Ewald, prevenção dos crimes (com a política de defesa social), prevenção dos acidentes (com as seguranças sociais)»."

Por outro lado, perigo e risco são realidades diferenciadas. Por exemplo: não se pode falar de risco quando existe a certeza de um resultado 100% certo. Uma anedota referida por Giddens[73] ilustra bem a situação. Nela, um homem salta de um arranha-céu, de mais ou menos cem andares. Durante sua queda, as pessoas que se encontram dentro do prédio ouvem ele dizer que, por enquanto, "está tudo bem". Ele age como se tivesse um cálculo de risco. Mas, faticamente, o resultado já está determinado.

No referido exemplo, pode-se referir que existe uma inseguridade com o dano futuro. Mas, a distinção entre perigo e risco parte desta mesma inseguridade. Se o futuro dano é conseqüência de decisão, está-se diante do risco. Por outro lado, se se julga que o dano posterior é provocado externamente, ocorre o perigo. Essa é a lição de Luhmann:[74]

> Puede considerarse que el posible daño es una consecuencia de la decisión, y entonces hablamos de riesgo y, más precisamente, del riesgo de la decisión. O bien se juzga que el posible daño es provocado externamente, es decir, se le atribuye al medio ambiente; y en este caso, hablamos de peligro.

Sob a ótica dos sistemas sociais, o risco deve ser tratado como um fenômeno da contingência advinda da complexidade da sociedade contemporânea. Ele pode ser caracterizado com unidade de distinção entre o que foi decidido e o que não foi decidido. Ou o que poderia ter sido decidido. O risco é uma unidade de distinção que possibilita a diversos observadores percepções diferenciadas a respeito do mesmo objeto observado.

A percepção do risco é parte essencial para a compreensão do risco em si. Toda decisão tem, ínsita, a possibilidade de um dano, seja ele futuro, presente ou retroativo. O dano está ligado ao risco. Porém, este dano é contingente. É dizer: contingente. E, mais, para que haja a percepção do risco, é necessário que sejam fornecidos ao observador de segunda ordem aspectos de distinção baseados em possibilidades equivalentes funcionais que lhe permitam verificar o limite entre ambas as possibilidades.

Uma grande parcela dos estudiosos do risco prefere colocá-lo como oposto à noção de seguridade. Essa posição parte da suposição de que exista a possibilidade de se escolher entre uma situação de risco e uma situação de seguridade. Optando-se por esta última, haveria uma hipótese em que não existiria possibilidade alguma de um dano. Mas essa distinção continua sendo contingente. Não existe segurança em dizer que a oportunidade perdida não era a escolha segura e, muito menos, asseverar que a opção eleita resta infensa da probabilidade do dano.[75] O risco está ligado

---

[73] GIDDENS, *Mundo em Descontrole...*, 2002, p. 33.

[74] LUHMANN, *Sociología del Riesgo*, 1998, p. 65.

[75] Exemplifica LUHMANN, *Sociología del Riesgo*, 1998, p. 64-65: "Ciertamente podemos renunciar por completo a orientarnos de acuerdo a decisiones que encierran un cierto riesgo; por ejemplo, en

à insegurança,[76] característica da sociedade contemporânea, e dele não se separa, devendo, no entanto, ser enfrentado, sob pena de retrocesso social.

Nessa linha, Beck[77] assevera que, nessa sociedade (contemporânea e de risco), o estado de urgência tende a tornar-se o estado normal, visto que a inovação e o desenvolvimento não podem ser barrados, mas devem ser trazidos a níveis de confiança, abstratos mínimos, o suficiente para que se relativize a indeterminação. Ainda, para o mesmo autor,[78] se a noção de risco se prolifera, os riscos também se proliferam, referindo que a globalização dos circuitos econômicos, a intensificação dos intercâmbios comerciais e o progresso dos meios de transporte contribuem sobremaneira para a dita proliferação, mesmo que ela ocorra de forma oculta ou imperceptível. Inexiste, pois, a possibilidade de risco zero.[79] Nesse intermédio, a equivalência funcional do risco parece ser mais acertada quando pensada a partir da contraposição ao perigo. A variante perigo passa a ser o elemento de reflexão do binômio, enquanto a noção de risco é enfrentada como a complexidade inerente à sociedade contemporânea e que deve ser enfrentada mediante processos decisórios, no que concorda Ost,[80] conjuntamente com outros autores:

> Luhmann e Beck, dois teóricos da sociedade do risco convergem neste ponto: enquanto que o «perigo» vem de alguma forma do exterior, o «risco» é um produto derivado, um efeito perverso ou secundário (na acepção dos «efetios secundários» indesejáveis dos medicamentos) das nossas próprias decisões. A sociedade der isco é pois uma sociedade que se põe ela própria em perigo: basta pensar no risco sanitário (sangue contaminado), no risco alimentar (doença da «vaca louca»)...

Nessa dinâmica, não se abandona a noção de seguridade. Ela segue possuindo particular relevância, seja por aversão ao risco, seja por medo do perigo. Mas ela não é delimitável. Para que se consiga compreender o risco como decisão contingente que abre um leque de possibilidades destinadas ao futuro, é necessário que o observador tenha possibilidade de eleger a opção de menor risco. E isso somente é possível quando perscru-

---

el contexto de una empresa primariamente religiosa o de algún modo *fanática*. Pero si consideramos riesgos, entonces toda variante de un repertorio decisional – y por lo tanto, la alternativa en su totalidad – se vuelve riesgosa, sin importar que se trate tan solo del riesgo de no percibir oportunidades reconocibles que posiblemente hubieran sido ventajosas."

[76] DE GIORGI, *Direito, Democracia e Risco...*, 1998, p. 182: "O risco está ligado à incerteza que caracteriza o futuro dos indivíduos, quer se trate daqueles que o observam a si mesmos, ou de um observador externo, como um sistema social."

[77] Cf. BECK. Ulrich. *La sociedad del Riesgo: hacia una nueva modernidad*. Barcelona: Paidós, 2001, p. 79.

[78] Ibidem, p. 45.

[79] Afirma categoricamente PERETTI-WATEL, Patrick. *La Societé du Risque*. Paris: La Découverte, 2001, p. 16: "Le risque zéro n'existe pas".

[80] OST, *O Tempo do Direito*, 1999, p. 345.

tado sob a ótica do oposto, do marco de reflexão, do ponto de transição entre o que se denominou sociedade moderna e aquela que o sucedeu: o perigo. Se, outrora, as decisões eram tomadas com base no conhecimento do perigo, hoje, elas o têm como ponto reflexivo, de partida, de uma decisão que supõe que inexistem condutas livres do risco.[81] É dessa forma que *los riesgos constituyen aspectos de la observación de las decisiones, incluyendo la observación que hace quien decide (autobservación).*[82]

Inobstante, o risco, dentro da teoria dos sistemas sociais, deve ser compreendido como elemento que irrita o sistema social e seus subsistemas. Tal ocorrência faz com que os mesmos reajam a fim de estabilizarem estruturas de expectativas e, em conseqüência, fornecerem variantes mais cristalinas para as decisões.

O sistema jurídico pode ser visto sob este prima, como um programa que tem por objetivo estabilizar internamente as expectativas normativas e o risco que o princípio do livre convencimento do juiz traz ínsito consigo, afinal, a decisão judicial baseia-se unicamente em uma distinção contraditória entre os argumentos de ambas as partes. A lei passa a ser vista como o meio pelo qual se reduz e se traz a níveis aceitáveis a indeterminação decisória de um processo judicial que, possui imanente a conseqüência danosa a algum dos postulantes.

A aceitação do risco como parte imanente da estrutura do sistema social é elemento essencial para uma sociedade inovadora, afinal, como assinala Giddens:[83] *o risco é a dinâmica mobilizadora de uma sociedade propensa à mudança, que deseja determinar seu próprio futuro em vez de confia-lo à religião, à tradição ou aos caprichos da natureza.*

Por outro lado, sob a ótica da distinção, o risco pode, paradoxalmente, trazer menos perigo, assim como a instabilidade pode trazer mais estabilidade. Daí que sua aceitação torna-se uma referência fundamental, pois, como diz De Giorgi,[84] o risco distribui os *goods,* e não os *bads*, uma vez que sua aceitabilidade baseia-se na suportabilidade da distribuição deste risco no futuro – mesmo que esta orientação para o futuro distribua mais risco no próprio futuro. Tem-se, pois, uma consciência do risco como risco. Essa consciência tem como conseqüência a confiança em ações arriscadas.

---

[81] Existem exceções, todavia, como a morte. Daí que "no existe, em sentido estricto, um riesgo de muerte, sino unicamente el riesgo de um acortamiento del tiempo de vida. Quien considera que la "vida" es el bíen supremo haría bien en decir :"una larga vida". LUHMANN, *Sistemas Sociales...,* 1998, nota de rodapé 58, p. 72.

[82] Ibidem, p. 151.

[83] GIDDENS, *Mundo em Descontrole...,* 2002, p. 34.

[84] DE GIORGI, *Direito, Democracia e Risco...,* 1998, p. 198.

Portanto, ao se (re) pensar a saúde e o Direito a ela, há que se reportar que vivemos em uma sociedade complexa. Logo, contingente. Daí, que a estruturação da sociedade como sistema autopoiético, por meio de sua dinâmica hermético-recursiva e, também, de suas expectativas decisórias, assume particular relevo na redução de dita complexidade (sanitário-jurídica), mesmo que contenha em si a probalilidade de dano. A apreensão do risco como parte do processo decisório não estanca o avanço sanitário. Ao contrário, auxilia o enfrentamento de sua hipercomplexidade como percepção apreensiva de futuro. Mesmo assim, faz-se necessário explicitar melhor o funcionamento autopoiético do sistema sanitário e de seu acoplamento com o sistema jurídico, isto é, delimitar funções e limites desses subsistemas sociais para que se obtenha o propósito referido.

Na esteira do raciocínio anteriormente despendido, a saúde encontra-se no sistema social, constituindo-se em exemplo de sistema autopoiético.[85] Sua evolução/proteção é dada de forma auto-referencial, através da repetição de seus próprios elementos. No entanto, há que verificar sua dinâmica própria (homeostase), analisando seus limites operativos, sua comunicação com o sistema social, bem como estabelecendo seu próprio código. Com isso, em um jogo recursivo, é possível, com base na descrição do passado, perscrutar possibilidades futuras de tentativa de compreensão do sistema sanitário e seu elemento conexo, o risco.


### 1.4. A complexidade sanitária

Em um mundo que é complexo, sistêmico e paradoxal, isto é, um mundo onde as redes[86] (quaisquer que sejam elas) da vida encontram-se em permanente comunicação/diferenciação racional, evidencia-se que a saúde não está isolada do restante do todo. Muito pelo contrário. Em um verdadeiro movimento autopoiético, resta impossível analisar a saúde – e o Direito a ela conexo (Direito à saúde) – sem verificar seu interior e sua relação com o entorno. Portanto, a saúde, inserida que está na sociedade, *repete-se e reproduz-se a cada momento do presente, o qual gera o novo a partir de si.*[87] Logo, a possibilidade futura da reconstrução sanitária, também a partir da atuação judicial, passa pela compreensão e análise da complexidade que lhe é ínsita.

---

[85] A constatação pode até soar por demais óbvia, se se leva em consideração que é do campo da saúde que nasce a teoria autopoiético-biológica. Para maiores detalhes, ver MATURANA e VARELA, 2001.

[86] Conforme expressão utilizada por CAPRA, Fritjof, 1996. p. 12.

[87] HABERMAS, *O Discurso Filosófico da Modernidade,* 2000, p. 11.

### 1.4.1. A baixa complexidade sanitária nas sociedades antiga e moderna

*O rei te toca, Deus te cura.*[88]

A preocupação pela saúde é uma realidade presente desde os primórdios da humanidade. Vale dizer: desde que existem sistemas sociais, houve demandas comunicacionais sanitárias. Em uma pequena digressão histórica,[89] conhecida é a idéia da saúde como uma atividade mágica. Somente aqueles que conheciam os meandros do divino ou do insondável (como, por exemplo, os antigos xamãs e feiticeiros) possuíam o condão de restabelecimento dos males que afligiam os homens dos tempos antigos, ministrando chás e infusões recuperadores do *status quo ante*.

Vista assim, nas sociedades antigas, a saúde era ligada a uma idéia de cura por via divina. A uma desgraça dos deuses que somente poderia ser combatida por este prisma. Com mágica. Por exemplo, com o fim do Império Romano, *a palavra mágica abracadabra deveria ser escrita por inteiro na primeira linha; a partir daí uma letra era retirada. A pessoa que usasse pendurado ao pescoço um pergaminho com a inscrição estaria preservada de doenças.*[90]

Na mesma linha, a Bíblia é pródiga em exemplos dessa natureza, colocando nas mãos de Deus a possibilidade da cura de doenças que, em tese, eram originárias de sua própria indignação para com a condição humana. Assim é, quando assevera que *De Deus vem toda a cura,*[91] ou quando o próprio Deus revela que *Eu sou o Senhor, e é saúde que te trago.*[92] Em verdade, pode-se dizer que esse é um grande paradoxo. Confundem-se os agentes operativos sanitários. Na esteira bíblica, quem provoca a doença é o mesmo que cura.

Veja-se e constate-se que essa idéia de saúde tem um aspecto negativo. Ter saúde àquela época era não estar doente. Tão-somente. Todavia, tal pensamento vigorou até há muito pouco tempo na história da humanidade, muito embora os antigos médicos egípcios e gregos já procurassem "cientificizar" a saúde.

---

[88] Cf. SCLIAR, Moacyr. *A paixão transformada: história da medicina na literatura.* São Paulo: Companhia das Letras, 1996, p. 47, este era o mote de Luís VI. Acreditava-se, então, na capacidade do monarca, por descendência divina, de fazer cessar os transtornos advindos da aquisição de doenças e/ou assemelhados.

[89] Com maior profundidade a respeito ver SCHWARTZ, Germano André Doederlein. *Direito à Saúde: efetivaçãoem uma perspectiva sistêmica.* Porto Alegre: Livraria do Advogado, 2001, p. 11-47.

[90] SCLIAR, *A Paixão Transformada...,* 1996, p. 44.

[91] Eclesiastes, 38, 1- 9.

[92] Êxodo, 15, 26.

No entanto, essa idéia simplista, com baixo grau de incerteza e indeterminação quanto à origem e ao tratamento das doenças, permitia àquelas sociedades uma boa convivência no aspecto sanitário, uma vez que era possível verificar e personificar o perigo. Ou seja, sabia-se de onde vinha a doença e como ela devia ser combatida.

Assinale-se, todavia, que o "conhecimento mágico" como resposta aos males que afligiam a saúde coletiva e individual somente foi posto de lado com a concepção grega – precedida em algumas partes – pelo conhecimento dos sumérios – da *Mens Sana In Corpore Sano*. Esse é um primeiro conceito de saúde estabelecido, claramente influenciado pela idéia de *Polis* espartana.

A Hipócrates, por exemplo, cabe a descoberta de que a doença não é algo divino, mas sim com causalidade terrena.[93] Essa observação deriva de seu método empírico até hoje observado nas faculdades de medicina. Hipócrates[94] também descartava a idéia da doença sagrada, dizendo que a idéia da doença possuía origem natural, e não divina. Entender a doença como uma vingança divina por algum pecado somente refletia a ignorância humana.[95]

Também se deve asseverar que os romanos, por seu turno, seguiram a tradição clássica grega, esmerando-se na busca de uma engenharia sanitária que atendesse à crescente demanda populacional romana concentrada

---

[93] Para maiores detalhes, ver SCLIAR, Moacir. *Do Mágico ao Social: a trajetória da saúde pública*. Porto Alegre: L&PM Editores, 1987, p. 17.

[94] Vale recordar que as idéias deste pensador encontram-se permeadas até hoje no imaginário dos profissionais sanitários. Tanto isto é verdade que até hoje nas colações de grau de medicina há o pronunciamento de seu valoroso juramento: "Estimar, tanto quanto a meus pais, aquele que me ensinou esta arte; Fazer vida comum e, se necessário for, com ele partilhar meus bens; Ter seus filhos por meus próprios irmãos; Ensinar-lhes esta arte, se eles tiverem necessidade de aprendê-la, sem remuneração e nem compromisso escrito; Fazer participar dos preceitos, das lições e de todo o resto do ensino, meus filhos, os de meu mestre e os discípulos inscritos segundo os regulamentos da profissão, porém, só a estes. Aplicarei os regimes para o bem do doente segundo o meu poder e entendimento, nunca para causar dano ou mal a alguém. A ninguém darei por comprazer, nem remédio mortal nem um conselho que induza a perda. Do mesmo modo não darei a nenhuma mulher uma substância abortiva.
Conservarei imaculada minha vida e minha arte. Não praticarei a talha, mesmo sobre um calculoso confirmado; deixarei essa operação aos práticos que disso cuidam.
Em toda casa, aí entrarei para o bem dos doentes, mantendo-me longe de todo o dano voluntário e de toda a sedução sobretudo dos prazeres do amor, com as mulheres ou com os homens livres ou escravizados.
Aquilo que no exercício ou fora do exercício da profissão e no convívio da sociedade, eu tiver visto ou ouvido, que não seja preciso divulgar, eu conservarei inteiramente secreto.
Se eu cumprir este juramento com fidelidade, que me seja dado gozar felizmente da vida e da minha profissão, honrado para sempre entre os homens; se eu dele me afastar ou infringir, o contrário aconteça."

[95] SCLIAR, *Do Mágico ao Social...*, 1987, p. 17.

em grandes cidades, como é o exemplo da antiga cidade de Roma, que chegou a possuir mais de um milhão de habitantes.[96]

Durante certo tempo – notadamente na Idade Média – a Igreja atravancou a cientifização da saúde, retornando a idéia da doença como pagamento de algum pecado cometido. Mas é essa mesma Igreja que, em 1543, publica o primeiro livro sobre dissecação de cadáveres e começa a dar possibilidades de surgimento para o nascimento da moderna saúde pública.

Contudo, à medida que a sociedade foi se complexificando, começaram-se a verificar novas doenças. A maioria delas com potencial efeito devastador, como foi, por exemplo, a Peste Negra na Europa, que dizimou cerca de 25 a 30 milhões de pessoas. Não deixa de ser curioso observar que a Peste Negra teve origem nas Cruzadas católicas, trazida que foi da Ásia ao seio do Velho Continente pelos "mártires" cristãos. Nesse sentido também importa assinalar que a primeira grande epidemia registrada se confunde com a origem da religião católica. A lepra, ex-sinônimo de morte iminente, é ilustrada por vários livros bíblicos.

Nessa época, a idéia de cura de doenças (e não de prevenção) se alastrou. Todavia, como resultou ineficaz a idéia de que cada um deveria cuidar de sua saúde, o Estado começou a avocar para si o tratamento das doenças, e o indivíduo passou, por exemplo, a ter Direito de freqüentar um hospital, ao que se pode denominar de início de um Direito à saúde ligado à presença do Estado – entendido como instituição demonstrativa da elevação de complexidade/contingência da sociedade.

Dessa forma, pode-se afirmar que a tese da saúde unicamente como negatividade de doenças e/ou enfermidades perdurou até o advento do *Welfare State*. A partir daí o Estado começa a avocar para si o papel que antes era do indivíduo: tratar da saúde. E aí a saúde passa a ser pública, e não mais individual. E é por questões financeiras que o Estado passa a adotar a estratégia da saúde preventiva: o trabalhador não pode adoecer porque prejudica o processo de acumulação capitalista simplesmente porque não pode produzir. Uma vez doente ("estragado"), o trabalhador deve ser curado ("consertado"). Afinal, a produção não pode cessar, e a força de trabalho deve ser a máxima possível para que se obtenha o maior lucro. A saúde passa a ser não apenas Direito de comprar a cura, mas também o Direito ao acesso à cura.

Com o Estado e seu conseqüente dever de assunção da saúde, surgem os hospitais, estabelecimentos em que se abandona a idéia mágica sanitária e local. É nesses estabelecimentos que a figura do médico começa a adquirir relevo na sociedade. Dessa forma,

---

[96] Tem-se aqui, também, o início de uma preocupação de uma saúde local e descentralizada, conforme SCLIAR, *Do Mágico ao Social...*, 1987, p. 19.

o lugar em que se forma o saber não é mais o jardim patológico em que Deus distribui as espécies; é uma consciência médica generalizada, difusa no espaço e no tempo, aberto e móvel, ligada a cada existência individual, mas também à vida coletiva da nação, sempre atenta ao domínio indefinido em que o mal trai, sob seus aspectos diversos sua grande forma.[97]

Nesse prisma, a saúde começa a adquirir uma complexidade não presenciada antes, influenciada, sobremaneira, pelo desenvolvimento da sociedade e da medicina– que, por sua vez, voltava ao passado na tentativa redutora da complexidade já inerente à época.

Os processos confluentes/comunicacionais dos sistemas geram sistemas que, por sua vez, criam subsistemas organizacionalmente abertos e funcionalmente fechados. Com a mudança de paradigma da doença mágica para a doença avocada para o Estado, a conotação a ser dada ao próprio Direito e à saúde também sofre alterações.

O direito à saúde não escapa desta incidência. Foulcault já sustentava o controle estatal sanitário, destacando como fio condutor o biológico ou biopoder, restando evidente a interação comunicacional entre o sistema sanitário e o sistema político. Nas palavras do autor:

Minha hipótese é que com o capitalismo não se deu a passagem de uma medicina coletiva para uma medicina privada, mas justamente ao contrário; que o capitalismo, desenvolvendo-se em fins do século XVIII e início do século XIX, socializou um primeiro objeto que foi o corpo enquanto força de produção, força de trabalho. O controle da sociedade sobre os indivíduos não se opera simplesmente pela consciência ou pela ideologia, mas começa no corpo, com o corpo. Foi no biológico que, antes de tudo, investiu a sociedade capitalista. O corpo é uma realidade bio-política.[98]

Constata-se, todavia, que, muito embora haja elevação de complexidade, inexiste aumento de generalização, pois a saúde ainda é vista somente sob o aspecto curativo. Ter saúde é não ter doenças tanto para a sociedade antiga como para a moderna. Tão-somente. Com isso, o direito à saúde dessas sociedades tornou-se um Direito simples para um sistema simples, procurando unicamente curar. Jamais prevenir.

Quando ocorrem as grandes guerras do século passado, emerge a visão coletiva do social, e a saúde deixa de ser tratada como uma possibilidade de compra, sendo vista, também, como um Direito de que todos tenham acesso à cura. Logo, o Estado Interventor deveria proporcionar a saúde aos seus cidadãos mediante serviços básicos de atividade sanitária. Todavia, o marco teórico-referencial do conceito de saúde foi o erigido pela Organização Mundial de Saúde, em resposta à complexidade dos

---

[97] FOUCAULT, Michel. *O Nascimento da Clínica*. Rio de Janeiro: Editora Forense Universitária, 1998. p. 35.

[98] FOUCAULT, Michel. *Microfísica do Poder*. 14ªed. Tradução de Roberto Machado. Rio de Janeiro: Edições Graal, 1999, p. 80.

novos tempos pós-guerra. Nele tem-se que a *saúde é o completo bem-estar físico, mental e social e não apenas a ausência de doenças.* Verifica-se, portanto, o alargamento do conceito de saúde. Anteriormente tida apenas sob os aspectos "curativo" e "preventivo", a saúde passa a aliar uma qualidade *promocional,*[99] ligada à qualidade de vida. Ou seja, saúde não é tão-somente ausência de doenças. É também o Direito a ter uma vida com qualidade, incorporando todos os Direitos necessários à real persecução da desejada saúde. É, também, uma vez que lançado em 1946, um conceito avançado demais para a época.

Entretanto, o conceito não é operacional, pois o que pode ser saúde para uma pessoa pode não ser para outra. E quem pode definir o que seja um perfeito bem-estar? Esse perfeito bem-estar é, em verdade, um objetivo a ser alcançado, que se alarga ou diminui de acordo com a evolução da sociedade e da tecnologia. O conceito mais atual de saúde, é, portanto, inaplicável, porque sustenta a saúde como realidade, quando deve ser ponto de reflexão, uma vez que o ponto fático e palpável do sistema sanitário é a doença. Assim,

> a doença é o lado noturno da vida, uma cidadania mais onerosa. Quem nasce tem a dupla cidadania, uma do reino da saúde, outra do reino da enfermidade. Preferimos usar o passaporte da saúde, mas somos obrigados, ao menos por um instante, a nos identificar como cidadãos daquele outro lugar.[100]

Mas, seguindo o raciocínio, importa afirmar que a maior complexidade da sociedade fez com que o sistema sanitário fosse levado a dar uma resposta à irritação de fundo, advinda do sistema social e também dos demais subsistemas sociais. Via de conseqüência, o ordenamento jurídico sanitário também avançou. Tudo em uma lógica auto-referencial e autopoiética, denominada, por alguns, pós-modernidade e, por outros, sociedade de risco. Assim, cabe declinar quais os fatores que elevaram a complexidade sanitária na sociedade contemporânea.

### 1.4.2. A hipercomplexidade sanitária

*A saúde é antes uma imagem-horizonte do que um objetivo concreto.*[101]

Um dos grandes paradoxos do sistema sanitário reside no fato de que o grande responsável pelo aumento de sua complexidade na sociedade

---

[99] Interessante relacionar tal idéia com o art. 225, da CF/88, sugerindo que o constituinte brasileiro adota todos os elementos componentes de tal conceito. Mais, relaciona saúde com qualidade de vida que, diante da complexidade inerente à idéia, aparece como elemento iminentemente sistêmico.

[100] SCLIAR, *A Paixão Transformada...,* 1996, p. 267.

[101] SCLIAR, *Do Mágico ao Social...,* 1987, p. 33.

contemporânea – ou hipercomplexidade – advém dos avanços que a medicina implantou no tratamento, na prevenção e na promoção de doenças. Ou seja, resta evidente a necessidade da busca de um equivalente funcional para a saúde que seja compatível com os avanços de uma sociedade de indeterminação e de risco.

Nessa seara, torna-se premente verificar as causas da hipercomplexidade sanitária. Tentar elencá-las, de forma exaustiva, todavia, será sempre uma tentativa frustrada face à velocidade dos acontecimentos no campo sanitário. A observação das causas é, portanto, não um retorno analítico ao passado, e sim um ponto de reflexão voltado ao futuro.

Moreau e Truchet[102] assinalam as seguintes causas:

1) *A Revolução Tecnológica Modificou a Atitude do Homem perante a Morte* – o mito da imortalidade, bem abordado por Steffen,[103] é a tradição do homem em jogar sua vida em mãos divinas. Esse é o dilema do Cristo crucificado: *Meu Deus, meu Deus, por que me abandonaste?*.[104] O simbolismo de perceber que a morte, no mínimo, rompe o cordão umbilical entre o ser e o mundo físico torna por demais doloroso ao homem entender a abstração de conceitos. Mitos, lendas e religiões foram esculpidas tentando sobrelevar ou ao menos, amenizar a certeza da morte e a incerteza da vida.

Com a medicina científica das sociedades contemporâneas, o que antes era a negação do infinito, agora é a reafirmação da finitude. Uma constatação empírica que conecta o homem atual à sua natural e originária condição finita, em franca oposição aos sonhos pré-medievais de eternidade, como era o exemplo dos faraós egípcios. Nessa linha, a saúde substitui a salvação. O meandro médico, em sua *mise en scene*, assume uma aura filosófica jamais vista. Conforme a lição de Foucalt:[105]

> A medicina oferece ao homem moderno a face obstinada e tranqüilizante de sua finitude; nela, a morte é reafirmada, mas, ao mesmo tempo, conjurada; e se ela anuncia sem trégua ao homem o limite que ele traz em si, fala-lhe também deste mundo técnico, que é a forma armada, positiva e plena de sua finitude.

É, portanto, com o avanço da ciência médica, e com o conseqüente advento das técnicas e tecnologias próprias da complexificação social, que o homem adquire outra visão da morte. O que antes era fatalidade ou castigo divino, doravante tem origem biológica, passando a ser tratado como objeto de uma ciência – a medicina. Logo, suas causas e efeitos

---

[102] MOREAU, Jacques; TRUCHET, Didier. *Droit de la Santé Publique*. Paris: Dalloz, 2000. p. 11-19.

[103] STEFFEN, Gabrielle. *Droit aux Soins et Rationnement: approche d'une definition de soins necessaries*. Berne: Staempfli Editions, 2002. p. 1-4.

[104] Mateus, 27,46.

[105] FOUCAULT, *O Nascimento da Clínica,* 1998, p. 228.

iniciam a ser esclarecidos de forma científica, incluindo-se aí decisões de risco.

2) *A Revolução Científica Transformou a Mentalidade e o Comportamento do Corpo Médico* – interessante observar que não faz mais do que meio século[106] que a assistência médica era dada no seio do núcleo de família, no que se convencionou chamar de médico da família, um clínico-geral não especialista. Hoje, ocorre exatamente ao contrário. Além de se ter deslocado a assistência médica do núcleo familiar para os hospitais e congêneres, a medicina é uma ciência de alta especificidade e de médicos especialistas. Esse fato fez com que os médicos adquirissem uma grande preocupação com aspectos de precaução em seu agir – complexo e específico. Surgiram daí, por exemplo, as concepções de saúde como ausência de doença e também como precaução, além do próprio Código de Ética Médico.

3) *Nos Países Desenvolvidos, a Revolução Médica Criou uma Melhoria Sensível de Saúde que Precisa ser Mantida* – os autores[107] revelam que, nos países ricos, praticamente inexistem epidemias, o que justifica o medo norte-americano pós-11 de Setembro a respeito da guerra biológica. Por outro lado, em tais países, houve um acentuado aumento de expectativa de vida e um decréscimo na mortalidade infantil,[108] o que gera problemas tais como a necessidade de compra de remédios, a inação futura da previdência social, o crescimento populacional estagnado – normalmente suprido com levas imigracionais advindos de países do terceiro mundo.

4) *Aumento no Consumo de Remédios-* todas as conjunturas anteriores levam a um conseqüente aumento no consumo de remédios que, em conseqüência, necessitam ser produzidos e repassados à população, de forma rápida, e em grande escala. Em outras palavras: o aumento do consumo de remédios faz com que, cada vez mais, seja necessária sua fabricação, o que importa gastos, pesquisas e distribuição. De tudo isso, pode-se exemplificar que, no início do século passado, a França gastava apenas 2,8% de seu

---

[106] Interessante observar, todavia, que o Brasil, em 1991, voltou a adotar o sistema do médico de família através do PSF – Programa de Saúde da Família, com bons resultados.

[107] MOREAU e TRUCHET, *Droit de la Santé Publique* , 2000, p. 14.

[108] Ibidem, p. 15. Os autores exemplificam que na França a expectativa de vida, em 1992, para os franceses era de 73,2 anos, enquanto para as francesas era de 80,7 anos. A previsão para 2020 gira em 78 anos para os homens e 86 anos para as mulheres. A respeito, assinala BOBBIO, Norberto. *A Era dos Direitos*. 9ª ed. Rio de Janeiro: Campus, 1992. p. 76: "a exigência de uma maior proteção dos velhos jamais teria podido nascer se não tivesse ocorrido o aumento não só do número de velhos, mas também de sua longevidade, dois efeitos de modificações ocorridas nas relações e resultantes dos progressos da medicina."

Produto Interno Bruto em saúde. Hoje, essa cifra beira a 10%, sendo que, dessa percentagem, 71% é destinada à compra de remédios.[109]

5) *Aumento dos Gastos com Saúde Pública-* como conseqüência das causas anteriores, ocorre uma elevação nos gastos estatais com saúde pública, implicando uma discussão acirrada sobre políticas públicas sanitárias, bem como a forma de organização da prestação em saúde via Estado. Esclarecimentos maiores são fornecidos por dados apontados por Moreau e Truchet.[110] A Alemanha, em 1980, destinava 8,4% de seu Produto Interno Bruto em saúde pública. Em 1992, essa taxa era de 8,7%. No mesmo período, a Espanha aumentou de 5,6% para 7,5% seus gastos nessa área, ocorrendo o mesmo fenômeno na Itália, onde o número, em 1980, era de 6,9% e o de 1992 já beirava os 8,5%.

No Brasil, o último dado oficial[111] é de 1998, época em que os gastos com saúde pública correspondiam a cerca de 7,9% do Produto Interno Bruto. Entretanto, uma emenda constitucional positivou a tendência retrocitada.[112] Nela, até o ano de 2004, os Estados e Municípios deverão alcançar níveis de 12% e 15%, respectivamente, em relação ao valor dos impostos arrecadados em cada uma dessas esferas governamentais.

Devers[113] elenca, ainda, algumas causas para a referida hipercomplexidade sanitária, com o que também concordam Guillod e Sprumont:[114]

1) *O Progresso Sanitário* – a cientificidade médica levou ao desaparecimento de epidemias, ao quase desaparecimento da tuberculose, da varíola, da poliomelite e a um considerável avanço na luta contra doenças genéticas. Entretanto, esse avanço requer recursos

---

[109] DEVERS. Gilles. *Droit Infirmier.* Paris: ESKA, 1996. p. 41.

[110] MOREAU e TRUCHET, *Droit de la Santé Publique,* 2000, p. 14.

[111] La Salud en las Americas, 2002, p. 129-130.

[112] A Emenda Constitucional nº 29 acrescentou aos Atos das Disposições Constitucionais Transitórias o art. 77, que define provisoriamente os recursos mínimos a serem aplicados em ações e serviços de saúde: "Art. 77. Até o exercício financeiro de 2004, os recursos mínimos aplicados nas ações e serviços públicos de saúde serão equivalentes:

...

II – no caso dos Estados e do Distrito Federal, doze por cento dos impostos a que se refere o art. 155 e dos recursos que tratam os arts. 157 e 159, inciso I, alínea *a*, e inciso II, deduzidas as parcelas que forem transferidas aos respectivos Municípios;e

III – no caso dos Municípios e do Distrito Federal, quinze por cento do produto da arrecadação dos impostos a que se refere o art. 156 e dos recursos que tratam os arts. 158 e 159, inciso I, alínea *b* e parágrafo terceiro."

[113] DEVERS, Op. cit., p. 39-41.

[114] GUILLOD, Olivier; SPRUMONT, Dominique. Le Droit à la Santé: un droit en émergence. In: ZEN-RUFFINEN, Piermarco; AVER, Andreas (Eds). *De la Constitution: études en l'honneur de Jean-François Aubert.* Berne: Helbing & Lichtenhahn, 1996, p. 337.

para a investigação, tornando cada vez mais onerosos os remédios e a necessidade de seu consumo.

Em um problema mais específico, pode-se exemplificar a questão da transfusão de sangue. Para Hermitte,[115] a possibilidade de se transfundir sangue foi concretizada somente com a mudança do conceito de saúde de cada sociedade. Nessa ótica, somente com a noção de circulação de sangue difundida por Harvey é que a Academia de Montmort comprovou a necessidade/utilidade da transfusão de sangue. Com essa possibilidade inovadora, complexificou-se o problema. A partir dela, por exemplo, a saúde teria mais uma possibilidade – outrora encoberta – de ser buscada.

2) *Os Debates Éticos* – a ética médica passou a ser bastante discutida e prezada, conseguindo um significativo avanço, uma vez que a melhoria da saúde trouxe consigo outros problemas, como, por exemplo, a fecundação artificial e a manipulação genética, entre outros. Dessas causas podem-se verificar dois problemas delas decorrentes, bem assinalados por Moreau e Truchet,[116] além de um terceiro que resta implícito ao primeiro (de ordem jurídica). A saber:

a) *Problemas de Ordem Moral* – esses problemas se situam em uma zona intermediária entre o sistema sanitário, a deontologia e o Direito. Em verdade, a antiga concepção de saúde como eliminação da doença torna bastante simples a questão e justifica o "sucesso sanitário"[117] de alguns países. No entanto, o que hoje se convencionou chamar de bioética – e não biodireito – requer soluções novas para novos problemas, como, por exemplo, o direito de morrer em contraposição ao direito de viver.[118] Isso confirma a mutação do sistema sanitário e a necessidade da resposta interior do sistema jurídico a tal ruído de fundo.

---

[115] HERMITTE, Marie-Angèle. *Le Sang et le Droit: essai sur la transfusion sanguine*. Paris: Éditions du Seuil, 1996. p. 25 *et. seq.*

[116] MOREAU e TRUCHET, *Droit de la Santé Publique* , 2000, p. 14-16.

[117] Muito embora o Brasil tenha avançado em algumas áreas (contraditoriamente de excelência – vide caso da SIDA que será analisado no último item deste livro), não se pode esquecer que, conforme o relatório La Salud en las Américas, 2002, p. 121, o Brasil ainda possui casos de doenças que já restam extintas em outros países, como, por exemplo, a doença de Chagas, Esquistosomosse e Leishmaniose. Assinala IBAÑEZ, Nelson. Globalização e Saúde. In: DOWBOR, L.; RESENDE, P.E.A. (Org.). *Desafios da Globalização*. Petrópolis: Vozes, 2000. 3ª ed., p. 223, que a situação dos países periféricos é contrastante com a dos países desenvolvidos, pois, nos primeiros, "persistem os padrões relacionados a doenças infecto-contagiosas, elevam-se as chamadas crônico-degenerativas, além do crescimento de causas externas (homicídios, acidentes, etc.)."

[118] De fato, ambas as expressões – direito de morrer e direito de viver – são equivalentes funcionais que se completam. Afinal, não se pode reconhecer a morte pela vida e vice-versa? E, religiosamente, não é a morte um prolongamento/melhoramento da vida?

b) *Problemas de Ordem Política* – a (cons) ciência política, sob o código governo/oposição,[119] recai na problemática decisória da escolha entre as escolhas da sociedade e as necessárias opções do sistema. As causas da hipercomplexidade sanitária exigem do sistema político uma resposta veloz e eficiente para a estabilização/redução de tal complexidade.

Outro grande fator de complexidade sanitária reside no fenômeno que se denominou de *globalização*. A queda das barreiras nacionais e o livre acesso aos mercados internacionais teve como conseqüência uma grande facilidade para o alastramento de epidemias.[120] Ou seja, ampliaram-se os riscos sanitários, face à implantação do modelo globalizante. É a dramaturgia do risco exposta por Beck,[121] em que empresas transnacionais têm maior possibilidade de acesso ao mercado consumidor, estabelecendo uma relação de poder no tabelamento dos preços dos remédios.[122]

---

[119] Para Luhmann, o sistema político funciona sob a dicotomia comunicacional entre governo/oposição, exsurgindo daí as respostas autopoiéticas de dito sistema. Para maiores detalhes, ver LUHMANN, Niklas. *Teoria Política en el Estado de Bienestar*. Madrid: Alianza Universidad, 1997.

[120] O caso mais recente da problemática da queda de barreiras sanitárias via globalização é o da pneumonia asiática. Na reportagem de NEIVA, Paula. Inimigo Desconhecido. *Veja*, edição 1795, de 16/03/2003, p. 106, tem-se uma visão bastante aguçada da problemática. Narra a autora: "Numa investigação digna de Sherlock Holmes, epidemiologistas do Departamento de Saúde de Hong Kong conseguiram traçar a rota de contaminação da síndrome respiratória aguda severa (SARS), a misteriosa pneumonia que se alastrou do Sudeste Asiático para o mundo. Os médicos descobriram que, entre meados de fevereiro e início de março, sete vítimas da doença se hospedaram ou visitaram o nono andar do Hotel Metrópole... A vítima número 1 do surto teria sido um professor, de 64 anos. De 15 a 23 de fevereiro, ele esteve no hotel... No Hotel Metropole, ele recebeu a visita de um amigo... Contaminado pelo professor, antes de ser diagnosticado com a síndrome, ele transmitiu a doença para uma dezena de pessoas. Também foram infectadas no Hotel Metrópole três turistas de Cingapura e um casal do Canadá". Resultado da contaminação de uma doença que teve um início desconhecido foi de que, segundo a mesma reportagem, até aquela data, haviam sido infectados os seguintes países: Canadá, Estados Unidos, Alemanha, Reino Unido, Espanha, Eslovênia, Tailândia, Vietnã, Austrália, China, Taiwan, Filipinas e Cingapura. No total, 15 pessoas mortas.

[121] Diz BECK, Ulrich. *O que é Globalização ?...*, 1999. p. 211: "...o globalismo associa seu poder a uma ínfima parcela de fatos reais. Seu potencial emana muito mais da *encenação da ameaça*: o 'poderia ser que', o 'é necessário', o 'senão' assumem a função coordenadora.
Trata-se, conseqüentemente, de uma sociedade *de risco* que confere poder às empresas transnacionais. Não é a 'desgraça real' do *sucesso* da globalização econômica – como, por exemplo, o deslocamento de postos de trabalho para países com mão-de-obra barata –, mas sobretudo esta ameaça e sua difusão que atiçam o medo, intimidam e terminam por obrigar os adversários políticos e sindicais a fazer aquilo que 'a disponibilidade dos investimentos' exige em nome de sua sobrevivência, para evitar algo mais danoso. A *hegemonia semântica*, a ideologia publicamente defendida pelo globalismo é uma fonte de poder a partir do qual as empresas adquirem seu potencial estratégico."

[122] Paradigmático é o caso do governo brasileiro e sua batalha para a fabricação do coquetel para a SIDA, que será tratado minuciosamente no último item da tese. Adiantando, neste caso, o governo travou uma batalha para o barateamento dos produtos necessários para a distribuição à população carente do referido coquetel. Os grandes laboratórios, donos das patentes, revoltaram-se, exigindo o pagamento do valor das licenças. Valores arbitrários. O caso foi a julgamento na Organização Mundial do Comércio, que deu o ganho de causa ao Brasil.

Por seu turno, o Estado-Regulador passa a ter menor ingerência e capacidade de controle dos medicamentos e dos tratamentos médicos. Por um lado, há uma maior possibilidade de saúde via globalização; de outro, há uma exclusão a tais serviços, justamente, pela dinâmica globalizatória, especialmente, pelas classes menos favorecidas do terceiro mundo que não fazem parte do referido processo produtivo.

Assinale-se que, também da globalização, nasceu a necessidade de regras internacionais a respeito da saúde, o que se convencionou chamar de direito sanitário internacional[123] e que tem, na Organização Mundial de Saúde,[124] seu expoente máximo. Nesse sentido, inclusive, a própria Organização Mundial de Saúde, em sua resolução WHA48.16, de 1995, refere que deve haver uma contínua evolução administrativa da Organização, face aos movimentos globalizantes. Extrai-se dessa resolução que o avanço sanitário dos países ricos não significou, mesmo com o fenômeno da globalização, inclusão dos países periféricos na senda dos progressos da saúde. O grande paradoxo da globalização, no que tange à saúde, é ilustrado por Ibañez:[125] *o paradoxo maior, gerado pelo processo de exclusão e interesse dos países ricos em relação aos pobres, é que, juntamente com a globalização da economia, surge o processo de globalização das doenças.* Assim, quanto menores as barreiras, maiores as chances não de saúde, mas de doença.

De outra banda, o paradoxo não é impossibilidade. Em verdade, a criação da Organização Mundial de Saúde pode ser vista como uma prova de que o Direito (e o direito à saúde também) é uma forma de aquisição evolutiva da sociedade. Muito embora uma grande parcela dos países não possua uma legislação sanitária avançada para dar resposta à globalização e seus efeitos no campo da saúde, não significa que se deva deixar de avançar, seja mediante a própria Organização Mundial de Saúde, seja via Organização Mundial do Comércio, quando for o caso.[126] Isto é, a complexidade deve ser encarada positivamente, e não como atravancamento de problemáticas.

Contrariamente, Tarride[127] utiliza um jogo recursivo para descrever a complexidade sanitária. Refere que tudo começa na missão imprecisa da

---

[123] Para maior aprofundamento sobre o Direito sanitário internacional, veja-se SOARES, Guido F.S. O Direito Internacional Sanitário e seus Temas: apresentação de sua incômoda vizinhança. *Revista de Direito Sanitário*, v.1, n.1, São Paulo, Novembro/2000.

[124] No capítulo seguinte, a Organização Mundial de Saúde passa a ser tratada de forma mais aprofundada. Importa aqui referir sua existência como uma espécie de estrutura internacional do sistema sanitário. Ou, ainda, a resposta do sistema jurídico para a complexa problemática sanitária mundial.

[125] IBAÑEZ, *Globalização e Saúde*, 2000, p. 222.

[126] Nesse sentido, GELIS FILHO, Antonio. Globalização, Serviços de Saúde e Direito Internacional. *Revista de Direito Sanitário*, São Paulo, vol. 2, n.3, Novembro de 2001, p. 73: "A lógica da competição econômica fornece estes dois instrumentos jurídicos poderosos para a defesa da população contra os abusos do poder econômico, dando ao Direito à saúde sua devida proteção".

[127] TARRIDE, *Saúde Pública...*, 1998, p. 41.

saúde pública (protege, promove ou cura?). Disso decorre uma identidade pouco clara a seu respeito, bem como um conceito limitado de saúde. Por seu turno, a complexidade social influencia o sistema sanitário, fazendo com que inexistam hegemonias ideológicas, científicas ou técnicas neste campo da saber, o que leva a falhas estruturais na organização da atenção médica – inclusive por causa da supervalorização das conquistas médicas. Desse jogo, nascem a necessidade do incremento nos custos da atenção médica, a mercantilização da saúde e os questionamentos éticos sobre saúde pública que se reportam e causam novamente a missão imprecisa da saúde pública. Da conjuntura desses fatores nasce, portanto, a complexidade sanitária contemporânea

Ainda com base na idéia da recursividade da complexidade sanitária, Alfieri[128] refere que essa operação é dada por meio da interação de três elementos: o sistema sanitário global, os serviços sócio-sanitários e relação entre o doente e o médico. Dessa relação, a saúde passa a ser mais complexa, mas, ao mesmo tempo, obtém respostas/decisões mais rápidas e úteis, respeitando a sociedade contemporânea e sua comunicação com os subsistemas sociais.

Com isso, e diante da complexidade inerente à sociedade contemporânea atual, torna-se necessário verificar a saúde através de um postulado mais sofisticado e condizente com a realidade em que ela se encontra. Nesse sentido, defende Tarride[129] que *uma saúde pública complexa pretende, precisamente, chamar a atenção sobre o desenvolvimento alcançado por disciplinas tais como a Sistêmica e a Complexidade, com o objetivo de levar em conta seus avanços e usá-los a serviço de uma nova saúde pública.* Assim, é necessário pensar a saúde como um sistema autopoiético. Sistema operativamente fechado e, ao mesmo tempo, aberto com o exterior. Vale dizer: em seu interior, a saúde age em conformidade com as organizações decisórias de seu sistema. Entrementes, interage com seu entorno, o sistema social em si e os demais subsistemas sociais.

### 1.5. A autopoiese do sistema sanitário

*Die Krankheit der Gesellschaft ist die Möglichkeit der Gesundheit.*[130]

A partir das proposições elencadas no item anterior, pode-se depreender que o estabelecimento da saúde como sistema autopoiético possui um

---

[128] ALFIERI, *Dirigeri I Servizi Socio-Sanitari,* 2000, p. 26-29.

[129] TARRIDE, *Saúde Pública...,* 1998, p. 40.

[130] Em tradução livre: "A doença da sociedade é a possibilidade da saúde". LUHMANN, Niklas. *Sociologische Aufklärung 5: konstruktivistische perpektiven.*Opladen: Westdeutscher Verlag, 1993, p. 188.

evidente acoplamento com o avanço da medicina. Comprova-se com afirmação de Luhmann,[131] ao referir que sistemas sanitário e médico são sinônimos para a o entendimento da pretendida clausura sanitária. Em verdade, um sistema sanitário autopoiético só pode ser entendido a partir de suas próprias limitações/orientações.

A busca pela redução reconstrutora da hipercomplexidade sanitária está atrelada à definição do código sanitário. É necessário saber em que os médicos orientam seu agir. A partir de qual ótica eles conseguem dar uma certa segurança a seus diagnósticos, uma vez que se reconhece serem os diagnósticos médicos detentores de alto índice de incerteza e insegurança.

Assim, todas as outras influências do entorno são incapazes de ajudar o doente. Daí que tais intervenções (jurídicas ou financeiras, por exemplo) são sentidas como intervenção do exterior e somente, de forma queixosa, podem ser aceitas. Com isso, pode-se dizer que o sistema sanitário atingiu um grau tal de funcionalidade que se tornou autônomo. Torna-se sistema por:

a) *Sua função* – ninguém pode se curar fora do sistema sanitário (a não ser despercebidamente e por si só);[132]

b) *Seu código* – que dá sua clausura operativa e permite seu contato com o entorno.

Nesse sentido, a verificação do código se faz imprescindível para melhor compreensão do funcionamento do sistema, para, após, perscrutar seu acoplamento com o sistema jurídico.

### 1.5.1. Código e função

A diferenciação funcional[133] de cada sistema segue um esquema binário próprio, mediante um processamento de informações que lhe é exclusivo e que lhe possibilita uma realidade também própria. A opção pela binariedade do código de um sistema funcionalmente diferenciado exclui valores terceiros, conferindo uma manipulação lógica e de alta tecnicidade

---

[131] LUHMANN, *Sociologische Auflkärung 5: konstruktivistische perpektiven*, 1993, p. 190.

[132] Ibidem, p. 191.

[133] Importante assinalar que a diferenciação funcional dos subsistemas sociais é dada não pela hierarquia, mas sim por sua função. A função de um sistema depende de sua diferenciação interna que é proporcionado pelo código binário. Como lembra HERRERA, Sonia E. Reyes. Análise do Sistema Educativo na Perspectiva Teórica de Niklas Luhmann. *Cadernos de Sociologia*, Porto Alegre, v. 10, 1999, p. 90, no do sistema social encontram-se "subsistemas autônomos, funcionalmente diferenciados, que se reproduzem autopoietciamente, sendo que sua reprodução vai ser regida pela função que desempnham para o sistema social global."

que permite um (re)processamento entre ambos os pólos que, ao final, vão, mediante diferença, formar uma unidade.

Nessa estrutura binária há sempre um valor positivo (ou designativo),[134] que traduz a capacidade comunicativa do sistema, e um valor negativo (valor sem designação), que reflete a contingência da inserção do valor positivo no contexto sistêmico. Dessa interação, exsurge uma unidade. Assim, por exemplo, sempre que se trata do código Direito/Não-Direito, trata-se de uma operação do sistema jurídico. Ou, quando se está diante de uma operação Governo/Oposição, trata-se do funcionamento do sistema político, bem como o código Pagamento/Não-Pagamento se encontra na funcionalidade do sistema econômico.

O código é o que facilita as operações recursivas do sistema, a função ou o próprio cumprimento de sua função. A função diferencia funcional e clausuralmente o subsistema. Ainda, é o código que diferencia o sistema do entorno. O código binário relativo à função de um subsistema é de sua exclusividade[135] e opera a partir de seus próprios elementos. O código dá a contrapartida, a equivalência negativa necessária para que se possa minimizar a contingência. O código também pressupõe a exclusividade do subsistema, de tal forma que nenhum outro subsistema possa tratar a sua operatividade, preservando sua identidade quando contraposto ao sistema social e a seus demais subsistemas.[136] Assim, para que se consiga perscrutar o código do sistema sanitário não se pode pensar unicamente na função do sistema (a saúde). É preciso pensar em seu equivalente funcional: a doença. Nesse sentido, assinala Beck:[137] *en la realidad ambigua de la sociedad del riesgo, se crea un inagotable deseo de medicina.*

Com esses pressupostos, cabe verificar se a saúde possui um código próprio, que corresponde às condições explicitadas, que facilite a transformação de um valor em outro, de tal sorte que exista um valor que propicie a comunicação e outro que sirva como ponto de reflexão contingente. Em caso positivo, está-se diante de um sistema funcional sanitário autônomo.

Como anteriormente descrito, a noção de saúde passou por várias percepções. A saúde curativa, a saúde mágica, a saúde preventiva, e, mais recentemente, a saúde promocional. Interessante notar que todas circundam o tema saúde, a partir do aspecto doença. Essa abordagem é criticada

---

[134] LUHMANN, *Sociologische Auflkärung 5: konstruktivistische perpektiven* , 1993, p. 192.

[135] "Cada subsistema, además, utiliza su próprio código, lo que hace mirar al sistema completo – como sistema o como entorno – desde su perspectiva." MANSILLA, La Teoría de la Sociedad, 2001, p. 48.

[136] Por exemplo: "Manipulant ce code des idendtiés et des différences, les systèmes juridiques peuvent bien souvrir a l'extérieur sans perdre leur identité." OST, François. L'Autopoiese en Droit et dans la Societè. *R.I.E.J.* Firenze: Institut Universitaire Européen, 1986, p. 189.

[137] BECK, *O que é Globalização? ...,* 2001 , p. 266.

por Bolzan de Morais,[138] que entende ser necessário conectar a noção de saúde a partir da própria saúde, referindo que a evolução do Direito à saúde não pode mais ser visto unicamente a partir de seu tópico negativo: a doença. Em verdade, a idéia é feliz, porém, entender a saúde sem seu equivalente funcional – a doença – retira do sistema sanitário seu valor positivo. À mesma conclusão se pode chegar, pensando-se no término das equivalências funcionais.

A codificação do sistema sanitário possui uma especificidade em relação às codificações. Normalmente, nos outros subsistemas, o código tem um valor positivo e outro negativo (que, como já dito, exclui uma terceira possibilidade). O ponto positivo aparece, geralmente, como o ponto de enlace da operação interna do sistema. Já o negativo tem como função a condição de reflexão do sistema. Mas *el caso contrario lo constituye el sistema de la salud. Sólo en él, el valor negativo (la enfermedad) posee capacidad de enlace, mientras que la salud serve sólo de valor de reflexión.*[139] Daí que a enfermidade constitui elemento decisivo no sistema sanitário.[140]

Nessa linha de raciocínio, no âmbito funcional do sistema sanitário, o alvo dos médicos e dos pacientes não reside no lado positivo, no ponto de reflexão. A prática tende do positivo para o negativo. O objetivo é a libertação de doenças. A meta é dada pelo valor negativo – a doença.[141]

Sob outra ótica, quando se pensa a doença no tempo, ela se torna bastante simples para que se faça uma redução de complexidade. A doença é atual. Ela não é futuro e nem passado. Ela não depende de ordem cronológica. Ela é demonstrada no corpo,[142] de tal forma que, na prisão corpórea, tudo se contrai em dor. A medicina se ocupa dessa dor, ganhando tempo para o emprego de medicamentos e de aparelhagens.[143]

De uma certa forma, pode-se dizer que todos estão doentes,[144] visto que todos vão morrer. Isso pode levar a um engano. Poder-se-ia objetar

---

[138] MORAIS, Jose Luis Bolzan de. O Direito da Saúde! *Revista do Direito – UNISC*, Santa Cruz do Sul, n.3, p. 7-21, jul. 1995.

[139] LUHMANN. Niklas. *La Realidad de los Medios de Masas*. Barcelona: Anthropos Editorial; México: Universidad Iberoamericana, 2000, p. 25.

[140] Ibidem, p. 61.

[141] Com maiores detalhes ver LUHMANN, Niklas. Therapeutische Systeme – Fragen an Niklas Luhmann. In: SIMON, F.B. (Hg.). *Lebende Systeme. Wirklichkeitskonstruktionen in der Systemichen Therapie*. Berlin: Heidelberg – New York u.a., 1988(c). p. 124-138.

[142] Pode-se afirmar, inclusive, que a constituição de um corpo é dada pela diferenciação saúde/enfermidade, como afirma LUHMANN, Niklas. La Constitution comme Acquis Évolutionnaire. *Droits – Revue Française de Théorie Juridique*, n.22, Paris: PUF, 1995, p. 105: "Comme nous le savon aujourd'hui, la constitution (Konstitution) d'un corps peut par la suite être jugée du point de vue de sa santé/morbidité."

[143] Ibidem, p. 187.

[144] Como refere BECK, *La Sociedad del Riesgo...,* 1998, p. 259: "Todos y cada unos son «enfermos», o pueden serlo potencialmente, con independencia de como sse sienta el hombre."

que o sistema sanitário intervém única e exclusivamente quando alguém está doente. Isso é incorreto. A partir de uma noção que será adiante desenvolvida e que adquire relevo hodiernamente, assume grande proporção a idéia de se enfrentarem os riscos sanitários com cautela, com precaução e prevenção, com um agir anterior que, todavia, complexifica ainda mais o problema. O desenvolvimento da medicina multiplica os conhecimentos dos perigos e dos riscos e tenta precaver o inevitável dano futuro. Em outras situações só se pode esperar pelo dano, porque assim o auxílio médico será mais eficaz.[145] Isso permite assseverar que as intervenções médicas são pouco específicas, mas que deflagram mudanças estruturais[146] no seio do sistema sanitário quando decididas com base na distinção Saúde/Enfermidade. As mudanças estruturais a partir de seu próprio código dão ao sistema sanitário uma característica evolutiva que ele não pode deixar de se apegar.

Dessa forma, a própria estruturação do código sanitário pode reafirmar a idéia de que a saúde deve ser pensada a partir da saúde.[147] Esse é um fato, caso se deseje uma saúde construída em direção ao futuro, uma vez que os processamentos curativos e mágicos dirigem-se essencialmente ao passado. Nesse sentido, a saúde é o ponto de reflexão do sistema sanitário, sua imagem-horizonte,[148] seu objetivo almejado e desejado. Por outro lado, a doença é o aspecto fático, a mola propulsora dos elementos factíveis tendentes a uma reestabilização do sistema. Mas ambos os pólos se integram na busca pela saúde. Jamais na busca pela doença. Jamais pensando a doença como sinônimo de saúde. Mas sim, como seu equivalente funcional – assim como é o esquema vida/morte (na maioria dos casos, a vida é programada a partir da percepção – ou não – da morte).

Disso decorre a possibilidade de se afirmar que somente por intermédio do código Saúde/Enfermidade é que o sistema sanitário poderá orientar-se para sua função: a saúde. Ao sistema sanitário pertencem, portanto, todos os dados que se relacionam com o conjunto de diferenças dos dois aspectos do código. Com isso, abandonar-se-ia a visão patogênica de saúde em favor de uma nova visão: a salutogênica.[149]

---

[145] Cf. BECK, *La Sociedad del Riesgo...,* 1998, p. 187.

[146] TARRIDE, *Saúde Pública...,* 1998, p. 86.

[147] Sob outra ótica, com a mesma conclusão, MORALES, Hernan Duran. *Aspectos Conceptuales y Operativos del Proceso de Planificacion de la Salud.* Santiago de Chile: Naciones Unidas, 1989. p. 37-38, admite que "existe un concepto de sistema de salud cuya salida o " *output*" sería no solo más salud individual sino niveles más elevados de bienestar y de aquellos componentes positivos de la vida humana que incluyen la felicidad, la seguridad, etc."

[148] Cf. SCLIAR, *Do Mágico ao Social...,* 1987, p. 17.

[149] Este é um termo cunhado e defendido por GUILLOD e SPRUMONT, Le Droit à la Santé..., 1996, p. 352, por entenderem que a visão patogênica, paradoxalmente, "revient à ne conferer un droit à la santé quaux personnes malades."

Portanto, o código Saúde/Enfermidade não significa que a saúde seja unicamente a ausência de doenças. É apenas, como já afirmado, sua equivalência funcional, mediante o qual é possível observar o que seja saúde. O pensamento insuficiente da simetria entre saúde e doença obscurece a observação. Quando vista sob o vértice das equivalências funcionais e da teoria sistêmico-autopoiética, pode-se, com maior clareza, perceber que saúde conecta-se com saúde. Verifica-se, pois, a saúde, *no contexto de uma diferença entre saúde e doença.*[150] Doença é a realidade. Saúde é a reflexão e função.[151] Caso se pensasse de forma contrária, o sistema estagnaria e não se adaptaria às influências e irritações advindas do entorno.

## 1.5.2. Subcódigos

Levando-se em consideração que um sistema autopoiético encontra-se em contínua auto-reprodução, seu processo evolutivo é constante. Não é algo estático. Muito menos, o sistema sanitário. Para esse sistema, existem, hoje, subcodificações. Ditas subcodificações advêm precipuamente da diferenciação funcional dos subsistemas e de sua abertura para com o entorno. Desse modo, é possível chegar-se a códigos mais técnicos, mas concordes com o código do qual se originam. Com a abertura a novos espaços mais contingentes, os subcódigos correspondem à elevada necessidade de programas e aos problemas do risco e da absorção do risco.[152]

O subcódigo mais latente do sistema sanitário reside na esfera da tecnologia genética. O que antes era tido a partir de critérios tradicionais, doravante passa a ser analisado sob a dicotomia geneticamente perfeito/geneticamente preocupante.[153] As preocupações médicas ficam orientadas a partir de possíveis danos futuros que podem ser reconhecidos nas predisposições hereditárias de cada ser humano.

Dessa noção, surgem várias dúvidas e/ou problemáticas. Uma delas diz respeito ao fato de que a possibilidade de cura do ser humano geneticamente preocupante esteja na morte ou na correção do respectivo ser no momento embrionário de sua vida. Claro que a discussão a respeito é enorme, tanto que a bioética[154] daí se origina. A bioética é a ética da vida. E critérios éticos podem apenas emprestar uma boa fama à causa, mas são

---

[150] NICOLA, *Estrutura e Função do Direito...*, 1997, p. 225.

[151] LUHMANN, Niklas. Medizin und Gesellschaftstheorie. *Medizin Mensch Gesellschaft*, Jg. 8, 1983. p. 170.

[152] Cf. LUHMANN. *Medizin und Gesellschaftstheorie*, 1983, p 193.

[153] CORSI, ESPOSITO e BARALDI, *Glosario sobre la Teoría Social de Niklas Luhmann,* 1996, p. 105.

[154] Defende-se aqui a não-existência do chamado biodireito.Através do acoplamento estrutural entre o sistema jurídico e o sistema sanitário, é que se dará uma decisão a respeito dos acontecimentos advindos da bioética. Ademais, não parece claro que exista um biodireito tal que permita sustentar de uma diferenciação funcional própria a seu respeito. Em suma: os problemas bioéticos são também problemas de expectativas normativas a serem decididos pelo âmbito jurídico sob o código Direito/Não-Direito, e não por critérios filosóficos, educacionais ou políticos.

insuficientes como critérios jurídicos.[155] Na realidade, verifica-se a discussão a respeito dos avanços genéticos, guiada por postulados confusos e com uma emoção capaz de impedir o progresso médico. E, com isso, o impedimento do avanço do sistema sanitário, e, em conseqüência, involuções à saúde humana.

Por sua vez, os subcódigos abrem somente possibilidades de abstração e comparação. Com eles, o código continua sendo o fio condutor do sistema. A discussão deve tomar como base, portanto, o imbricamento entre Saúde/Enfermidade e geneticamente perfeito/geneticamente preocupante. Esse último subcódigo permite determinar uma segunda distinção entre curável/incurável.[156] O fato é que o avanço dos diagnósticos médicos torna possível oferecer um tratamento absolutamente diferenciado para o paciente curável e o incurável. Quanto ao primeiro, o tratamento é relativamente simples, atingindo suas causas biológicas. Já o segundo, face ao desconhecimento da origem biológica da doença e, logo, de sua cura, aumenta a possibilidade de vida na esperança de que se consiga, no futuro, uma reversão do quadro.

Ademais, desse segundo código chega-se a um terceiro: a qualidade de vida/não-qualidade de vida.[157] Essa noção torna mais saliente a necessária observação do sistema sanitário, especialmente a auto-observação. A percepção da saúde como um processo qualitativo que engloba os elementos que a circunda, tais como: lazer, moradia e trabalho, somente é conseguida pela observação. A análise desse subcódigo é, enfim, uma parte do código Saúde/Enfermidade. Se não existe qualidade de vida, mais fácil é a possibilidade da doença. A qualidade de vida, por seu turno, continua sendo objetivo (saúde), visto que sempre há a possibilidade de novas decisões que venham a elevá-la.

### 1.5.3. A necessária observação

A observação é sempre feita sobre um objeto e é obtida mediante a distinção entre os demais objetos. Deve ser feita por fora e por dentro do

---

[155] LUHMANN, *Sociologische Auflkärung 5: konstruktivistische perpektiven,* 1993, p. 192.

[156] Ibidem, p. 190.

[157] Na doutrina do direito sanitário moderno, a idéia de qualidade de vida/não-qualidade de vida torna-se princípio imperativo a regular as decisões a respeito do Direito à saúde provindas do sistema jurídico. Para KRAUT, Jorge Alfredo. *Los Derechos de los Pacientes.* Buenos Aires: Abeledo Perrot, 1997, p. 196 "el derecho a la protección de la salud está intimamente vinculado a la calidad de vida. Se extiende no solo a la prohibicíon de comportamientos con efectos disvaliosos para la persona humana que puedan provocar su deterioro, o incapacidad, sino a toda conducta que, com la finalidad que fuere, configure cualquier forma de tratamiento cruel, inhumano o degradante.". No mesmo sentido refere MORAIS, 1995, p. 19, "a qualidade de vida é o 'núcleo central' da idéia de 'promoção de saúde', que, por sua vez, está ligada aos novos Direitos de solidariedade, onde há um conjunto não mais identificável de titulares." Dessa forma, o referido subcódigo atinge a juridicidade necessária para ser abarcado pelo já declinado código do sistema jurídico: Direito/Não-Direito.

sistema ao mesmo tempo. Por alguém que é, simultaneamente, um *insider* e um *outsider,* de tal forma que é *impossível para o observador exterior integrar-se ao processo auto-referencial.*[158] Portanto, a decisão, ou o tipo de decisão a ser tomada depende do critério do observador.

Em decorrência, a definição/distinção entre Saúde/Enfermidade define a especificidade comunicacional entre médico e paciente. O código serve de forma pré-concebida, para os atores da observação. Para o médico, a doença serve como elemento instrutivo de seu agir. É a partir dela que ele se orienta. A saúde não especifica o que fazer, porque, em uma situação sã, não há o que fazer. Sob o ponto de vista médico, existem os doentes e aqueles que ainda não estão doentes.[159] Os saudáveis, portanto, são aqueles que foram curados ou aqueles que, cedo ou tarde, necessitarão de algum tipo de intervenção médica. Assim, em cada subsistema funcional, como é o caso do sistema sanitário, tem-se:

a) a observação do sistema social global;

b) a observação dos outros sistemas funcionais face ao sistema social global;

c) a auto-observação.

Nesse contexto, assume particular relevância a compreensão da observação no encontro clínico. Como já referido, a doença é atual, não se prolongando no tempo ou no passado. Ela se faz presente de forma contínua no corpo e, justamente nesse fato, reside sua atualidade. Daí que o encontro clínico tem uma função destacada. O que ali é dito consiste na base para distinção codificada, e as observações ali feitas terão uma conseqüência direta no corpo, na lida com a doença.

Nesse sentido, a linguagem, a categoria de pré-conhecimento necessário para o desenvolvimento do tratamento da doença. Como lembra Tarride,[160] o que se designa como saúde das pessoas *seria a conseqüência de nosso ser social na linguagem, ao referir-se certo tipo particular de ações.* A linguagem acopla, estruturalmente, a comunicação e a consciência. Ela passa a ser uma coordenação de condutas consensuais entre indivíduos. Desse modo, a observação é uma categoria extremamente necessária para o desenvolvimento do encontro clínico. Possui conexão direta com a linguagem que, recursivamente, permite ao observador *tratar de suas próprias descrições como se fossem eventos do domínio lingüístico e descrever-se a si mesmo e a sua circunstância.*[161] O âmbito de

---

[158] ARNAUD, *O Direito Traído pela Filosofia,* 1991, p. 236.

[159] LUHMANN, *Sociologische Auflkärung 5: konstruktivistische perpektiven ,* 1993, p. 186.

[160] TARRIDE, *Saúde Pública...,* 1998, p. 87.

[161] Ibidem, p. 87.

comunicações entre paciente e médico é então definido pela distinção Saúde/Enfermidade.

Um encontro clínico pode ser visto como um sistema social. Um sistema comunicativo, portanto. A doença é o sistema de interpenetração. Médico e paciente são entorno, uma vez que são sistemas psíquicos. A diferenciação é dada pela distinção entre a *autopoiesis* do sistema clínico e da linguagem utilizada pelos participantes. O paciente faz a auto-referência e o médico pratica a observação de segundo grau, que recebe um *input* e processa um *output*, formando a unidade do sistema. Com isso, *el sistema se constituye en observador que observa a si mismo, y de esta observación de las observaciones es de la que se derivan tanto la posibilidad de imputar unidad al sistema, como la de observar uma apertura a las influencias del entorno.*[162]

O fim do médico consiste na intervenção quando um indivíduo não se encontra em condições de ser uma base orgânica ou psíquica para a comunicação.[163] A figura do médico assume particular relevo, pois são eles os profissionais que tornam factível a relação/observação do Código Saúde/Enfermidade. Nesse sentido, observa Beck:[164]

> Lo que socialmente se entiende por «salud» y «enfermidad», pierde su carácter «natural», dado, en el marco del monopólio médico, y se convierte em un criterio producido por el trabajo médico y definible desde la profesión. De ahí que «vida» y «muerte» se convierte en algo contingente en y por el trabajo de los médicos.

Desse modo, as possibilidades de cura aumentam, sobremaneira, com a comunicação feita pelo paciente a partir de sua auto-referência. Mas não se pode deixar de observar que sem a comunicação, a função (saúde) é procurada por outros modos, tais como exames clínicos (que, todavia, fazem parte do processamento recursivo do próprio sistema sanitário, seja de forma principal ou secundária).

Contraditoriamente, a auto-observação é apenas um dos muitos sistemas de interpenetração que contribuem para o conhecimento do *self*. Mas é exatamente esse fato que interessa para o desenvolvimento da análise da doença para a sociedade. Constrói-se, pois, a saúde pública mediante interpenetração comunicativa entre elementos únicos (psíquicos).

O paradoxo reside, portanto, no fato de que tanto o paciente como o médico contribuem para o desenvolvimento da saúde pública mediante observações (internas e externas). A observação interna é a própria obser-

---

[162] NAVARRO, *El Derecho y la Moderna...*, 1998. p. 112.

[163] Cf. CORSI, ESPOSITO e BARALDI, *Glosario sobre la Teoría Social de Niklas Luhmann*, 1996, p. 103.

[164] BECK, La Sociedad del Riesgo, 1998, p. 265.

vação do sistema social, e o sistema (encontro clínico) só é possível mediante comunicação. E é esta mesma comunicação que vai possibilitar o acoplamento estrutural entre o sistema jurídico e o sistema sanitário.

Com a noção de acoplamento estrutural, ocorre a possibilidade de se perceberem suficientemente os paradoxos de ambos os sistemas. Os paradoxos são tidos como a aceitação de descrições a partir de observações contrárias.[165] Nesse sentido, a possibilidade da saúde é doença, e o Direito somente pode ser compreendido a partir do não-Direito e, nesse caso, com um agravante, pois é o próprio sistema jurídico que faz essa distinção.

No entanto, mais do que assimilá-los, o acoplamento estrutural permite a possibilidade de desparadoxizá-los. São os códigos dos sistemas que dão vazo a tal requerimento. As comunicações sociais amealhadas para o interior do sistema jurídico, por exemplo, irão se ordenar por um de seus pólos e, somente por eles, de tal forma que a operatividade interna do sistema seja preservada.

Com isso, segue-se que o observador deve perquirir os paradoxos não como obstáculo, mas sim como um mundo de possibilidades auto-referenciais de desparadoxalização, de desvelamento do que restava encoberto mediante os códigos (equivalências funcionais). Os códigos irão oferecer aos sistemas as informações necessárias para o (re)processamento interno das influências do entorno.[166] Desse modo, eles tornam possível a convivência autopoiética entre os subsistemas funcionais e diferenciados da sociedade. Nenhum sistema pode ser considerado auto-referente se não é baseado na contradição, se não relaciona distinções que proporcionem distinções. Mediante os códigos, é possível universalizar: na clausura do Direito, tudo é analisado sob a forma Direito/Não-Direito. Dito de outra forma: na autopoiese do sistema jurídico ou é Direito ou não-Direito.

Assim se podem enfrentar alguns paradoxos do Direito e, conseqüentemente, do Direito advindo do acoplamento estrutural entre o sistema jurídico e o sistema sanitário: o Direito à saúde. São eles:

a) uma das distinções jurídicas internas do sistema do Direito consiste no subcódigo justiça/injustiça. Paradoxo: essa distinção é justa ou injusta?[167]

b) a validade das normas jurídicas está no seu descumprimento;[168]

---

[165] Cf. TEUBNER, *O Direito como Sistema Autopoiético,* 1989, p. 64.

[166] Assevera LUHMANN, *Politique et Complexité,* 1999, p. 64: "L'observateur doit donc transformer cette autocréation paradoxale en une particularité de son objet, et cela en posant la question de savoir comment le système dissout lui-même ces paradoxes."

[167] LUHMANN, Niklas. *O Paradoxo dos Direitos Humanos e Três Formas de seu Desdobramento.* Traduzido por Ricardo Henrique Arruda de Paula e Paulo Antônio de Menezes Albuquerque. *Themis,* Fortaleza, v.3, n.1, 2000(c), p. 155.

[168] Ibidem, p. 159.

c) os Direitos humanos são individuais, mas seguem regras gerais;

d) o Direito só se torna válido quando pode haver uma decisão que o contrarie e, com isso, decide-se com base no que poderia ter sido não decidido;

e) devem ser utilizados critérios universais (códigos) para observar o que não pode ser observado, visto que uma decisão depende de uma nova observação a respeito de uma descrição (observação).

Não se deve deixar de considerar, no entanto, que a noção de organização toma particular relevância na teoria dos sistemas, visto que os sistemas estão sempre direcionados à sua função. E as funções e suas estruturas, para que se tornem operacionais, necessitam de decisões. Logo, a forma organizativa que um sistema constitui para atingir sua função influencia, sobremaneira, a necessária decisão tendente à estabilização do sistema. Cabe, portanto, perscrutar não-somente a estrutura organizacional do sistema sanitário como também a dos critérios/observações que tomam relevo na caracterização do direito à saúde.

## 2. O acoplamento sistema sanitário x sistema jurídico: modelos organizativos em saúde

*Decidir é optar pela produção de uma diferença.*[169]

O acoplamento estrutural entre os sistemas sanitário e jurídico é elemento essencial para o deslinde das comunicações interacionais entre ambos. O Direito, na visão da teoria dos sistemas, deve ser visto como uma forma de aquisição evolutiva da sociedade, possuindo características próprias – notadamente a autopoiese. Nesse sentido, perscrutar o fenômeno jurídico sob a ótica sistêmica autopoiética significa procurar as possibilidades que permitem o referido acoplamento.

### 2.1. O direito sob o ponto de vista autopoiético

Como um subsistema funcional da sociedade,[170] o Direito também é compreendido como um sistema autopoiético.[171] Logo, a autopoiese do sistema jurídico é uma continuação da autopoiese da sociedade. No entanto, é necessário que o sistema jurídico demarque sua própria *autopoiesis* a partir da distinção entre sua unidade e o entorno,[172] formando sua dife-

---

[169] ROCHA, Leonel Severo, *O Direito na Forma de Sociedade...*, 2001, p. 121.

[170] LUHMANN, Niklas. Closure and Openness: on reality in the world of law. In: TEUBNER, Gunther (Ed.) *Autopoietic Law: a new approach to law and society*. Berlin: New York: Walter de Gruyter, 1988. p. 340: "The legal system is a subsystem of the social system."

[171] TEUBNER, Gunther. Evolution of Autopoietc Law. In: —— (Ed.) *Autopoietic Law: a new approach to law and society*. Berlin: New York: Walter de Gruyter, 1988, p. 221.: "In this respect I am following Luhmann's highly sophisticated attempt to conceptualize societies as autopoietically organized systems of communication (Luhmann, 1984 b) and pose the question wich follows from this idea: wheter one can consider the differerentiated functional system of law as being autopoietcially organized within the autopoietic system of society."

[172] LUHMANN, *Closure and Openness...*, 1988, p. 335: "A system can reproduce itself only in na environment."

renciação funcional. Ele deve ser capaz de traçar seus limites, visto que somente como sistema vai adquirir sentido, uma vez que o entorno é pura complexidade.

Nesse sentido, Teubner[173] defende que um subsistema funcionalmente diferenciado, ou em suas palavras, um sistema de segunda ordem somente pode-se desenvolver quando produz seus próprios elementos por si mesmo e de forma exclusiva. Mediante a repetição de seu elemento básico – a decisão – o Direito pode produzir diferença e (re)iniciar sua própria *autopoiesis*. É o próprio Direito que define suas premissas de validade por intermédio de uma norma jurídica[174] e das decisões judiciais.[175] Tal é o início do movimento autopoiético do sistema jurídico que se descortina em sua auto-referencialidade.[176]

No entanto, a auto-referência não se confunde com sua *self-constitution*,[177] como já dito anteriormente. A autocriação do sistema jurídico emerge quando ele constitui, por si próprio (auto-referência), novos elementos diferenciados dos demais subsistemas sociais.

Nesse sentido, a positividade do Direito exige que ele seja variável. Somente com o pressuposto da variabilidade do Direito é que se pode responder à questão de como se pode formar um sistema autopoiético-jurídico.[178] Ora, o Direito vigente produz frustrações. No entanto, elas devem ser continuamente reprocessadas no seio das decisões jurídicas e então serem absorvidas para servirem de base à mudança do Direito. Assim, forma-se o sistema do Direito de forma autopoiética. Fechado em seu interior, mas aberto ao entorno. Sua evolução reside na interação de sua parte endógena, absorvida pelo exógeno social.

---

[173] TEUBNER, *Evolution of Autopoietic Law*, 1988, p. 221.

[174] Essa idéia não é novidade no Direito. Veja-se a idéia das normas primárias e secundárias de Hart, por exemplo. São um exemplo claro de autocriação. Veja-se especialmente o capítulo VII (A textura aberta do Direito), de HART, Herbert L.A. *O Conceito de Direito*. Lisboa: Fundação Calouste Gulbenkian, 1994. 348p.

[175] TEUBNER, op. cit., p. 222: "It is the legal system and not its political, economic and social environment that defines the premises for the validity of a legal act, or a legal rule. The law regulates its own operations, structures, processes, boundaries, and identity reflexively."

[176] Para Teubner, a *autopoiesis* emerge quando os componentes cíclico-recursivos constituem-se em generalizações congruentes, restam de tal forma conectados que vêm a formar um *hiperciclo*. Esse hiperciclo é o resultado da auto-reprodução circular do ato-norma-ato. Para maiores detalhes a respeito do hiperciclo ver Ibidem, p. 223.

[177] Idem, p. 222: "It is one thing when a system constitutes its components, i.e., when it defines self-referentially its elements, structures and processes as units and uses them operatively. It is another thing if the system reproduces itself in the sense that elements produce structures and vice versa."

[178] Cf. LUHMANN, Niklas. Le Droit Comme Système Social. *Droit et Société*, Paris, n. 11-12, 1989, p. 61.

Desse modo, o Direito se torna autopoiético *quando suas auto-descrições permitem desenvolver e aplicar uma teoria de fontes jurídicas no contexto da qual as normas possam ser geradas através de precedentes jurisprudenciais ou outros processos de criação jurídica endógena.*[179] É na mera produção de elementos próprios do Direito que reside seu caráter autopoiético. Tudo isto tendo como base a auto-observação, a autoconstituição e a auto-reprodução do sistema.[180]

O sistema jurídico autopoiético é, portanto, um sistema observável, um sistema ativo de observação, consistente na possibilidade de o próprio Direito ser observado por um observador. É um sistema auto-referente no modo de observar a realidade. Suas normas são derivadas de outras normas e suas decisões ou se socorrem de suas próprias decisões ou se socorrem das próprias normas.

Por outro lado, a unidade de um sistema é dada pelo fato de que sua autonomia evidencia-se no marco de que suas operações recursivas partem de suas próprias operações, de seus próprios elementos e estruturas.[181] Com isso, o sistema consegue controlar o entorno, outrora inacessível para ele.

Teubner[182] explicita e diz que a auto-reprodução do Direito somente ocorre quando as normas jurídicas perpassam atos judiciais (decisões) e vice-versa, ou ainda, quando as normas procedimentais e a doutrina se imbricam mutuamente. Mas, a idéia continua a mesma. A recursividade hermética do sistema jurídico é pressuposto para sua *autopoiesis*. Resta claro, portanto, que, na autopoiese do Direito, a jurisdição passa a ter papel fundamental, uma vez que ela pressupõe medidas judiciais coercitivas.[183]

De outra banda, como já referido, a função do Direito *reside em proteger quem espera um comportamento conforme a norma.*[184] Por isso, ninguém solicita divórcio ao parlamento, porquanto seu código está especificado na fórmula Direito/Não-Direito. É mediante esse código que o Direito se diferencia do entorno.

---

[179] TEUBNER, *O Direito como Sistema Autopoiético,* 1989. p. 85.

[180] Como defende Ibidem, p. 70.

[181] LUHMANN, *Closure and Openness*, 1988, p. 337: "The concept of autopoietic closure therefore initially states only that the recursive application of its own operations is an indispensable aspect of system's reproductions. This defines the unity and autonomy of the system."

[182] TEUBNER, *Evolution of Autopoietic Law*, 1988, p. 224.

[183] A idéia de legislação/jurisprudência, mais adiante aprofundada, é fundamental para o entendimento da teoria jurídica em Luhmann. Basta observar sua seguinte afirmação: "L'autopoièse du droit, la produciton du droit par le droit, doit déjà être possible pour que l'institution centrale qu'est une juridiction ayant un pouvoir de décision obligatoire qui la rend possible, soit elle-même possible". LUHMANN, Le Droit comme Système Social, 1989, p. 62.

[184] CAMPILONGO, Celso. *O Direito na Sociedade Complexa*. São Paulo: Max Limonad, 2000. p. 97.

No entanto, o sistema jurídico possui outros subcódigos que se derivam daquele primeiro e que o auxiliam a continuar a produzir a unidade mediante a diferença.[185] São eles:[186]

a) legislação/jurisprudência;

b) normas Jurídicas/normas Positivas;

c) jurídico/antijurídico.

Toda operação do sistema jurídico parte da anterior (lei ou jurisprudência), criando-se condições para a operação seguinte.[187] Com isso, conserva-se a exclusividade do sistema mediante uma recursividade que lhe é interna e exclusiva. Assim, ocorrem interferências econômicas, políticas, morais, entre outras. Porém, elas somente afetam o Direito à medida em que sua estrutura pode tolerar.[188] Significa, por exemplo, *que a economia, enquanto forma de pagamento em dinheiro, não entra no Direito, mas é "decodificada" juridicamente em legal ou ilegal.*[189]

O sistema passa a ser operativamente fechado e cognitivamente[190] aberto ao entorno. No caso de uma norma penal, por exemplo, é fácil perceber o ponto de abertura do sistema. No caso do artigo 121 do Código Penal Brasileiro,[191] a descrição típica refere a matar alguém. A abertura reside na pergunta: terá A matado X? O sistema processa informações mediante o código Direito/Não-Direito, modificando seu interior, dando continuidade à sua autopoiese.

O sistema jurídico, portanto, tem sua autonomia dada não por sua auto-regulação ou autocriação. Ele consegue autonomia a partir do estabelecimento de seu próprio código, universalmente aplicado a partir de sua própria e peculiar especificidade. É mediante o código que o sistema jurídico se estabelece como um subsistema funcionalmente diferenciado

---

[185] Esses subcódigos serão tratados amiúde, cada um a seu tempo, nas partes posteriores deste livro.

[186] LUHMANN, *La Diferenziazzione del Diritto*, 1990, p. 155.

[187] Como lembra NAVARRO, *El Derecho y la Moderna...*, 1998, p. 118: "las normas, como estructuras sistémicas, apuntan a normas, se generam a partir de ellas, y se constituyen em premisa de la regulación posterior."

[188] O Direito sofre várias influências "pero los efectos estructurales se hacen notar sobre todo en el tipo de roles con los que el sistema jurídico se estimula a si mismo." LUHMANN, Nilas. Poder, *Política y Derecho. Metapolítica*, vol. 5, n. 20, México: DF, 2001. p. 10.

[189] NICOLA, *Estrutura e Função do Direito...*, 1997, p. 228.

[190] Dizem ARNAUD e FARINAS DULCE, *Introdução à Análise Sociológica...*, 2000, p. 168: "Deve-se considerar que a relação que o sistema jurídico mantém com o extrajurídico não é uma relação normativa, mas, nesse caso, uma relação 'cognitiva' ('abertura cognitiva do sistema'), porque se trata de um processo auto-regulado (regulado do interior). Isso significa que, na comunicação, a informação ou os 'estímulos' externos são transformados pelo sistema, ao longo do processo auto-referencial."

[191] Esse é o exemplo trazido por NICOLA, *Estrutura e Função do Direito...*, 1997, p. 235.

do sistema social,[192] dele se isolando, mas, ao mesmo tempo, permanecendo em contato com ele e todos os seus subsistemas. Logo, o sistema jurídico somente terá sua autonomia afetada quando o seu código estiver em perigo.[193]

Na esteira do raciocínio expendido, pode-se afimar que o Direito como sistema autopoiético funda-se em sua circularidade,[194] e não mais em sua hierarquia. Deve-se, ao mesmo tempo, analisar sua estrutura interna e suas relações com o exterior, de tal forma que o Direito possa ser visto sob a metáfora de Teubner[195] – como uma dança sem fim de correlações internas em uma rede fechada de elementos interacionais.

A circularidade do Direito se baseia nas decisões judiciais, ou, como quer Teubner,[196] na relação circular entre os atos legais (decisões) e as normas jurídicas. Assim, se a circularidade das decisões judiciais constitui-se na autopoiese jurídica, tem-se, novamente, que o sistema deve ser fechado. A clausura do Direito protege sua grande função: a decisão. Dessa forma, protege-se, também, a hierarquia interna da instituição do Direito.[197] A interface com o entorno é representada no Direito pela já explicitada combinação das expectativas normativas com as expectativas cognitivas.

---

[192] Nesse sentido observa HESPANHA, Benedito. A Autopoiese na Construção do Jurídico e do Político de um Sistema Constitucional. *Cadernos de Direito Constitucional e Ciência Política*. São Paulo. n. 28 – julho/setembro, 1999, p. 68: "O Direito constitui um sistema que se ordena em clausura comunicativa; não há Direito fora do Direito; as normas jurídicas não podem ser válidas como Direito fora do próprio Direito (Teubner, 1989). As normas *extrajurídicas* somente se adquirem validade no sistema jurídico após sua qualificação pelo código interno das comunicações jurídicas."

[193] LUHMANN, *Closure and Openness*, 1988, p. 338: "The law as autonomy is in danger only when the code itself is in danger – for instance when decision are taken in the legal system itsel increasingly according to the difference between beneficial and harmful rather than the difference between legal and illegal." ou seja, quando começar a tomar decisões com base em códigos de outros subsistemas.

[194] Assim como Luhmann, também François Ost defende que o sistema jurídico deve ser concebido de forma circular. Nele, segundo o autor, há *loopings* que interagem com todos os outros sistemas, naquilo que o referido autor chama de o jogo do Direito. Diz ele: "Hay pues, en el sentido fuerte del término «juego» Del Derecho. Este sentido fuerte es un sentido neutro o medio: como se habla del "juego" delas olas o del «juego» de las luces; hay una espécie de movimiento endógeno del Derecho, de producción interna, no como deseo de no se sabe qué orden jurídico hipostático, sino como proceso colectivo, ininterrumpido y multidireccional de circulación del logos jurídico". OST, François. Júpiter, Hercules, Hermes: tres modelos de juez. *Doxa*, n. 14, 1993, p. 182. Na linha de Ost, por exemplo, explica FALCÓN Y TELLA, María José. *The Validity of Law: concept and foundation*. Porto Alegre: Ricardo Lenz Editor, 2000, p. 207, que o julgamento é uma evolução da interatividade circular do julgamento de validade de uma norma Também da circularidade nasce a idéia do hiperciclo teubneriano. Diz o autor: "O Direito constitui um sistema autopoiético de segundo grau, autonomizando-se em face da sociedade, enquanto sistema autopoiético de primeiro grau, graças à constituição auto-referencial dos seus próprios componentes sistêmicos e à articulação destes num hiperciclo". TEUBNER, 1989, p. 53.

[195] TEUBNER, Gunther. Introduction to Autopoietic Law. In: —— (Ed.) *Autopoietic Law: a new approach to law and society*. Berlin: New York: Walter de Gruyter, 1988, p. 1.

[196] Ibidem, p. 4.

[197] Idem, p. 7, a identidade de um sistema autopoiético "iis defined by its organizational closure."

Para Luhmann,[198] o Direito está voltado para seu entorno contingencial também porque a recusa em não julgar é proibida.[199] Toda norma só é norma porque a expectativa comportamental pode ser diversa daquela prevista. O Direito é fechado porque necessita reproduzir suas operações. Todavia, quando possui o programa específico, ele se abre para o mundo externo amealhando essa comunicação mediante seu código (Direito/Não-Direito) e, a partir daí, retoma sua recursividade. No sistema brasileiro, o artigo 4° da Lei de Introdução ao Código Civil[200] é exemplar nesse sentido. É uma norma jurídica que autoriza a abertura do sistema, mas que, em seguida à abertura, traz para si, dita comunicação, desta vez já sob o amparo de seu código específico.

No entanto, paradoxalmente, a idéia de circularidade , que pressupõe clausura interna, está diretamente ligada à idéia de abertura. Em verdade, a abertura de um sistema se apóia em sua clausura.[201] Quanto mais enclausurado for um sistema, mais ele possui capacidades de se autocriar a partir de seus próprios elementos e sem esquecer as influências advindas do entorno.[202] Isso ocorre no momento do acoplamento estrutural entre os sistemas e, no caso específico, do acoplamento entre os sistemas jurídico e sanitário.

## 2.2. O acoplamento estrutural entre o sistema sanitário e o sistema jurídico

O acoplamento estrutural com dois sistemas funda-se na relação estrutural entre um sistema e os pressupostos do entorno que devem se fazer presentes para que se possa continuar dentro de sua própria autopoiese.[203] Todavia, o acoplamento não significa fusão. Relaciona-se com um evento que desaparece no momento exato de sua aparição. Resta conectado às

---

[198] LUHMANN, *A Posição dos Tribunais...*, 1990, p. 161.

[199] Veja-se, por exemplo, o artigo 126 do Código de Processo Civil Brasileiro: "O juiz não se exime de sentenciar ou despachar alegando lacuna ou obscuridade da lei. No julgamento da lide caber-lhe-à aplicar as normas legais, não as havendo, recorrerá à analogia, aos costumes e aos princípios gerais de Direito."

[200] Diz o artigo: "Quando a lei for omissa, o juiz decidirá o caso de acordo com a analogia, os costumes e os princípios gerais de Direito."

[201] A respeito, defende MORIN, Edgar. *La Méthode – Vol. 1 – La Nature de la Nature*. Paris: Seuil, 1977, p. 197: "L'ouvert s'appuye sur le fermé".

[202] "The more the legal system gains in operational closure and autonomy, the more it gains in openness towards social facts, political demands, social science theories and human needs." TEUBNER, Introduction to Autopoietic Law, 1988, p. 2.

[203] Cf. CORSI, BARALDI e ESPOSITO, *Glosario sobre la Teoría Social de Niklas Luhmann,*, 1996, p. 19.

estruturas de um sistema, e não à sua auto-reprodução, no que mantém a estrutura autopoiética dos sistemas.

Nesse sentido, *el acoplamiento estructural entre dos sistemas surge, en el plano de una observación de procesos, cuando podemos determinar, desde una perspectiva externa, la presencia de ciertas recurrencias en el comportamento mutuo de todos os sistemas.*[204] Desse modo, o acoplamento estrutural atua no interior dos sistemas, em suas estruturas, não se confundindo com o entorno e não possuindo atuação fora dos sistemas. Sua função reside na contínua irritação dos sistemas, na constante ressonância provocadora de respostas dos sistemas autopoiéticos. Assinala Luhmann:[205]

> Los acoplamientos estructurales no determinan los estados del sistema, sino que su función consiste en abastecer de una permanente irritación (perturbación: Maturana) al sistema; o visto desde el sistema, se trata de la permanente capacidad de resonancia: la resonancia del sistema se activa constantemente mediante los acoplamientos estructurales.

Pode-se pensar que o código sanitário e seus subcódigos façam com que o sistema sanitário fique por demais dependente da sociedade e de seus demais subsistemas funcionais, o que é incorreto. Por exemplo, no caso do diagnóstico de uma doença genética, é corrente afirmar-se que a decisão não se subsume unicamente ao sistema sanitário, por estar conectado com problemas éticos e jurídicos.

Ademais, a interdependência com os demais subsistemas autônomos da sociedade pode, no caso da relação com o sistema jurídico, ser vista na edição de leis sobre esse processo. Assim é a Lei 9313/96, que obriga ao Estado o fornecimento de medicamento gratuito aos pacientes portadores do vírus HIV. Atualmente, esses pacientes são incuráveis. Mas o prolongamento da vida pode-lhes garantir uma cura a ser descoberta no futuro. Nesse lapso temporal intermédio, tais pacientes votam e, sob o ponto de vista do código político, são vistos através do código Governo/Oposição. Também é verdade que, para o sistema econômico, os pacientes podem ou não adquirir os remédios. Ou o governo adquirir para eles. A partir dessa ótica, o vírus HIV é perscrutado sob a funcionalidade Pagamento/Não-Pagamento. Nessa esteira, a legislação possui um significado político e econômico e, se legalmente válida, traz, simultaneamente, uma mudança estrutural no sistema jurídico.

No entanto, os sistemas jurídico e sanitário continuam a operar com seus códigos próprios, que lhes são exclusivos. A construção da doença,

---

[204] NAVARRO, *El Derecho y la Moderna...*, 1998. p. 120-121.
[205] LUHMANN, *Introducción a la Teoría de Sistemas*, 1996, p. 103.

seu diagnóstico, tratamento, informação e aconselhamento seguem sendo objetos únicos do sistema sanitário. Como refere Corsi:[206]

Las interdependências entre medicina y otros sistemas de función son muy importantes. El sistema de la medicina está estructucturalmente acoplado com la economia, la ciência, el sistema jurídico y etcétera: la curación médica necesita decisiones políticas, conocimientos científicos, financiamentos, regulación jurídica. Las interdependências no anulan la autonomia del sistema de la medicina: pueden intervenir organizaciones laborales, sesiones parlamentarias,comisiones éticas, sacerdotes, padres de família, pero la construcción de la enfermedad (el diagnóstico y la curación, la información y los consejos) sigue siendo uma mateira de la medicina.

Por sua vez, uma vez editadas leis de conteúdo sanitário, o sistema jurídico deve responder aos problemas por seu código próprio Direito/Não-Direito.[207] Assim, quando o Poder Judiciário não concede uma prestação sanitária sob o argumento, por exemplo, de falta de verba orçamentária, está-se diante de uma extrapolação sistêmica e de uma elevação de complexidade contrária à sua função primária (redução de complexidade).

Sobre o tema, assinala Rocha:[208]

No momento em que o Estado enquanto programador do Direito deixa de ser o centro da organização política, a programação sofre uma perda de racionalidade, recuperando a indeterminação que visa reduzir. Neste sentido, em muitas questões jurídicas o poder judiciário em vez de simplesmente aplicar a programação condicional necessita recorrer a fundamentações extra-estatais. Ou seja, a quebra de racionalidade do controle do Estado sobre a política faz com que a política invada setores do Direito forçando o judiciário a tomar decisões de um outro tipo: a programação finalística.

Assim, ditas decisões não estão conformes com o código jurídico, pelo que carecem de legitimação.[209] Decidem de acordo com o sistema político ou com o sistema econômico, ferindo inclusive a independência e a harmonia entre os Poderes e elevando ainda mais a complexidade a que o sistema se propõe reduzir.[210]

---

[206] CORSI, BARALDI e ESPOSITO, 1996, *Glosario sobre la Teoría Social de Niklas Luhmann*, p. 105.

[207] Refere NAVARRO, *El Derecho y la Moderna...*, 1998, p. 120: "Las comunicaciones sociales, en la medida que han de considerarse incorporadas en el subsistema derecho, han de ordenarse a uno de estos pólos. Este código representa una diferencia rectora fundamental para el sistema: las comunicaciones han de guardar una referencia estricta al mismo y en el seno de sistema, el código representa rasgos de exclusvidad universal."

[208] ROCHA, Leonel Severo. Teoria do Direito e Transnacionalização. *Revista do Direito – UNISC*, nº 9-10, jan../dez., 1998. p. 11.

[209] Para maior aprofundamento, ver LUHMANN, *Legitimação pelo Procedimento*, 1980.

[210] Um bom exemplo é dado por Idem, Closure and Openness, 1988, p. 343: "It is clear that the legal system could not treat a payment as a payment, were is not a payment in the economic system; just as the political system could not see a law as proof of success of political activity, or combat it as an opposition, if the legal system were to treat the law not as law, but, say, as a legally irrelevant expression of opinion by certain politicians.
One might go on to imagine examples of a much looser linkage, in which even an external observer would have trouble in relating the twofold membership to a definable event. Attendance at school is

Ora, sistema político e sistema jurídico não se confundem. São sistemas funcionalmente diferenciados. Não se nega, no entanto, que existe um *feedback* entre ambos os sistemas. Mas, importante é assinalar que eles estão clausurados, têm funções específicas, programas próprios e codificações únicas.

A função do sistema jurídico reside na decisão. Por sua vez, o sistema político *talk*,[211] mas, na maioria das vezes não decide – ou não tem a pretensão de decidir. O poder político é soberano. E se é soberano não precisa decidir. Lembra Luhmann[212] que

en el sistema jurídico, las alternativas se tratan de manera completamente diversa: las alternativas están dispersas y dependen del caso particular y de las reglas. No hay allí los mínimos rudimentos de una oposición "consolidada" y, si existiera, no se le reconocería como forma jurídica sino como forma política.

Com a noção de acoplamento estrutural, ocorre a possibilidade de se perceberem suficientemente os paradoxos de ambos os sistemas. Os paradoxos são tidos como a aceitação de descrições a partir de observações contrárias.[213] Nesse sentido, a possibilidade da saúde é doença, e o Direito somente pode ser compreendido a partir do não-Direito e, nesse caso, com um agravante, pois é o próprio sistema jurídico que faz essa distinção.

No entanto, mais do que assimilá-los, o acoplamento estrutural permite a possibilidade de desparadoxizá-los. São os códigos dos sistemas que dão vazo a tal requerimento. As comunicações sociais amealhadas para o interior do sistema jurídico, por exemplo, irão se ordenar por um de seus pólos e, somente por eles, de tal forma que a operatividade interna do sistema seja preservada.

Com isso, segue-se que o observador deve perquirir os paradoxos não como obstáculo, mas sim como um mundo de possibilidades auto-referenciais de desparadoxalização, de desvelamento do que restava encoberto mediante os códigos (equivalências funcionais). Os códigos irão oferecer aos sistemas as informações necessárias para o (re)processamento interno das influências do entorno.[214] Desse modo, eles tornam possível a convivência autopoiética entre os subsistemas funcionais e diferenciados da

---

in compliance with legal obligation, but learning cannot be legally required. The purchase of Christmas present may be an event within the system of the family that is not perceivable as such in the stop, and only rarely brings up legal problems – if, for instance, the present has been chosen in such a way as to amount to grounds for divorce."

[211] LUHMANN, Poder, *Política y Derecho*, 2001, p. 20.

[212] Ibidem, p. 23.

[213] Cf. TEUBNER, *O Direito como Sistema Autopoiético*, 1989, p. 64.

[214] Assevera LUHMANN, *Politique et Complexité*, 1999, p. 64: "L'observateur doit donc transformer cette autocréation paradoxale en une particularité de son objet, et cela en posant la question de savoir comment le système dissout lui-même ces paradoxes."

sociedade. Nenhum sistema pode ser considerado auto-referente se não é baseado na contradição, se não relaciona distinções que proporcionem distinções. Mediante os códigos, é possível universalizar: na clausura do Direito, tudo é analisado sob a forma Direito/Não-Direito. Dito de outra forma: na autopoiese do sistema jurídico ou é Direito ou não-Direito.

Assim se podem enfrentar alguns paradoxos do Direito e, conseqüentemente, do Direito advindo do acoplamento estrutural entre o sistema jurídico e o sistema sanitário: o Direito à saúde. São eles:

a) uma das distinções jurídicas internas do sistema do Direito consiste no subcódigo justiça/injustiça. Paradoxo: essa distinção é justa ou injusta?[215]

b) a validade das normas jurídicas está no seu descumprimento;[216]

c) os Direitos humanos são individuais, mas seguem regras gerais;

d) o Direito só se torna válido quando pode haver uma decisão que o contrarie e, com isso, decide-se com base no que poderia ter sido não decidido;

e) devem ser utilizados critérios universais (códigos) para observar o que não pode ser observado, visto que uma decisão depende de uma nova observação a respeito de uma descrição (observação).

Não se deve deixar de considerar, no entanto, que a noção de organização toma particular relevância na teoria dos sistemas, visto que os sistemas estão sempre direcionados à sua função. E as funções e suas estruturas, para que se tornem operacionais, necessitam de decisões. Logo, a forma organizativa que um sistema constitui para atingir sua função influencia, sobremaneira, a necessária decisão tendente à estabilização do sistema. Cabe, portanto, perscrutar não-somente a estrutura organizacional do sistema sanitário como também a dos critérios/observações que tomam relevo na caracterização do direito à saúde.

### 2.3. Sistemas organizacionais do sistema sanitário

O acoplamento estrutural entre o sistema sanitário e o sistema jurídico vai dar vazo ao direito à saúde, entendido como uma ramificação deste último sistema, que mantém a clausura do Direito mediante o código Direito/Não-Direito. No entanto, o direito à saúde possui uma abertura

---

[215] LUHMANN. *O Paradoxo dos Direitos Humanos e Três Formas de seu Desdobramento...*, 2000(c), p. 155.
[216] Ibidem, p. 159.

cognitiva, um momento em que a referida clausura se desfaz – mesmo que momentaneamente –, possibilitando a comunicação entre ambos os sistemas.

Não se pode esquecer, todavia, de que os sistemas, em seu interior, mantêm uma dinâmica própria. Somente conseguem tal fato mediante uma organização peculiar e específica. Essa peculiaridade e especificidade necessitam, sempre, de decisões para que seja mantida, ou, para que o sistema se mantenha estável, e, assim, permita uma virada em direção ao futuro.

Nessa linha de raciocínio, os sistemas são, também, organizações direcionadas para a manutenção/consecução da função para a qual foram programados. No caso do sistema sanitário, todas as decisões do sistema giram em torno da pretendida saúde,[217] enquanto o sistema jurídico persegue decisões (sentenças) que estabilizem as expectativas de expectativas normativas.

Nesse sentido, a autopoiese do direito à saúde necessita, para a continuidade de seu fluxo contínuo hermético-recursivo, de dois momentos diferenciados:

1) O momento em que a saúde é almejada mediante a consecução (ou não) de um sistema de saúde por critérios decisórios próprios de um Estado-Nação e/ou de organismos internacionais. Desse momento se ocupa a segunda parte da tese;

2) A análise dos critérios positivados (é dizer: normas) que orientam a tomada de decisões do sistema jurídico quando há casos que evidenciem o imbricamento de ambos os sistemas analisados. Dito de outra forma: quais são as premissas decisórias para processos judiciais que abordem o direito à saúde e quais suas conseqüências: risco e futuro. Desse tópico se ocupa a terceira parte desta tese.

Com isso, tem-se que a organização do direito à saúde na sociedade contemporânea possui, nos próprios sistemas de saúde adotados, um momento propício para a (re)construção de sua realidade, de seus próprios elementos e estruturas, de tal forma que, a partir do existente, crie-se o novo.

Nessa linha de raciocínio, o modo pelo qual se estruturam os sistemas organizacionais de saúde denota o sentido de sua decisão. A estrutura do sistema sanitário se revela, portanto, quando se analisa a decisão a partir

---

[217] Saliente-se, novamente, que a função do sistema sanitário é a persecução da saúde. Contudo, a saúde é imagem-horizonte. Consegui-la somente pode ser possível a partir da doença, ou, melhor, a unidade da saúde é dada pela diferença entre Saúde/Enfermidade.

do que poderia ter sido decidido, um mundo antes encoberto. O paradoxo sanitário é apresentado aos sistemas organizacionais quando estes decidem em função da doença, postulando por saúde. Justifica-se, assim, a análise dos sistemas organizacionais de saúde, visto que sua estrutura decisória dicotômica (decisão com base na não-decisão) tem como objetivo instrumentalizar para o sistema sanitário sua função: a saúde (objetivo a ser alcançado pela unidade distintiva entre Saúde/Enfermidade).

### 2.3.1. A (re)construção do sistema sanitário pelos sistemas de saúde

Um sistema de saúde não é sinônimo de sistema social sanitário. Um sistema de saúde é o modo pelo qual o sistema sanitário se organiza.[218] O sistema social se auto-reproduz por intermédio de seus elementos, enquanto as organizações decidem por intermédio de premissas de decisões.[219] Um sistema organizacional de saúde é o meio em que há a prestação sanitária mediante processos decisórios tendentes à prestação da função sistêmico-sanitária (saúde). É a estrutura que permite processo comunicacional da observação da distinção Saúde/Enfermidade. Suas decisões, baseadas no referido código, dão a unidade do sistema sanitário e possibilitam-lhe sua contínua auto-reprodução. Nesse sentido, assevera Luhmann:[220]

> Le concept d*organization* doit également être mis en relation avec l'augmentation de l'improbabilité des attentes de comportement. Il désigne un type particulier de formation des systemes sociaux dans lesquels on peut entrer au moyen de décisions et desquels on peut à nouveau sortir d'autres décisions.

Por outro lado, os sistemas de saúde também podem ser vistos como uma forma de aquisição evolutiva de uma sociedade. Na medida em que a percepção Saúde/Enfermidade avança e/ou regride, os sistemas de saúde se adaptam à autopoiese do sistema sanitário.

A idéia de sistema autopoiético não prescinde da noção de organização. Nas origens do pensamento sistêmico, Parsons já defendia que todo sistema está orientado para a consecução de uma meta específica, de tal forma que *deverá existir um conjunto de conseqüências dos processos que desenrolam dentro dela e que importa em uma diferença para o funciona-*

---

[218] Cf. MORALES, *Aspectos Conceptuales y Operativos...*, 1989. p. 40.

[219] LUHMANN, *Organización y Decisión...*, 1997, p. 23: "Los sistemas no pueden deshacer y recombinar posteriormente los elementos sobre los que se basan, de acuerdo con su tipo de ordenación; no pueden, por ejemplo, descomponer las decisiones en motivos, o en impulsos nerviosos para nuevamente combinarlos a este nivel. Cada analítica propria permanece consignada a los elementos típicos del sistema. Las organizaciones pueden en consecuencia, descomponer las decisiones sólo en forma tal que se desconpongam en decisiones; ellas pueden mejorar las decisiones sólo de manera que sean mejoradas por decisiones."

[220] LUHMANN, *Politique et Complexité...*, 1999. p. 58.

*mento de algum outro subsistema da sociedade.*[221] Reflete-se, portanto, no funcionalismo parsoniano, a grande importância de uma organização em um sistema, visto que não se alcançará o fim desejado sem instituições que possuam premissas decisórias referentes à manutenção da clausura operativa sistêmica.

Da interação entre as organizações e entorno exsurge a possibilidade de se alcançarem os objetivos das organizações. Com as organizações se torna possível uma estrutura descritível que comporta desdobramento em favor da consecução do fim almejado.

Nesse sentido, a organização é interna ao sistema a que pertence. Ela possibilita e facilita a diferenciação funcional do subsistema ao qual está integrada. No caso específico, os sistemas organizacionais de saúde são as formas de organização próprias do sistema sanitário, local onde pacientes e médicos têm a possibilidade de observar a distinção Saúde/Enfermidade, garantindo a unidade do sistema mediante a diferença.

As organizações, nos termos luhmannianos, são sistemas*cuyos elementos componentes son decisiones.*[222] Na circularidade interna dos subsistemas, as decisões são acompanhadas por atos interacionais direcionados ao cumprimento da meta específica. Vale dizer: os sistemas organizacionais de saúde são estruturas do sistema sanitário que têm como função decidir a respeito da meta (função) do sistema sanitário: a saúde, isto é, os sistemas organizacionais de saúde são uma forma de aquisição evolutiva da sociedade.[223] Tais sistemas são exemplos de uma sociedade que abandona os conceitos metafísicos e mágicos da doença e passa a perscrutar formas futuras de avanços sanitários com base na distinção unitária e sistêmica Saúde/Enfermidade.

Por outro lado, decisão e ação não são sinônimos.[224] Para que se conheça a ação, basta imputar a alguém um ato. Já a decisão não é uma conseqüência de uma ação. A decisão tem a ver com a contingência , com a eleição entre várias possibilidades de uma alternativa que somente é factível porque foi a eleita dentre várias outras. Logo, inexiste decisão em uma sociedade totalitária, visto que ela não existirá sem a possibilidade de escolhas outras.

---

[221] PARSONS, Talcott. Sugestões para um Tratado Sociológico da Teoria da Organização. In: ETZIONI, Amitae.*Organizações Complexas: um estudo das organizações em face dos problemas sociais.* São Paulo: Atlas, 1978. p. 45.

[222] LUHMANN,*Organización y Decisión...,* 1997, p. 123.

[223] Assevera Idem, *Sistemas Sociales...,* 1998, p. 191: "La organización para la capacidad de acción colectiva debe considerarse como uma de las conquistas evolutivas más importantes de los sistemas sociales, precisamente porque pudo mejorar de manera decisiva la relación exterior del sistema por medio de restricciones internas."

[224] Ibidem., p. 9.

O tratamento jurídico do risco no Direito à Saúde

A decisão, portanto, tem uma dupla unidade: a relação de diferença entre alternativas e a alternativa escolhida. Nessa interação, ela forma sua unidade. O risco decisório fica claro, de tal forma, que *decidir es entonces ver y probar, si una de las alternativas en examen resiste al riesgo de ser sólo una alternativa*.[225] Dessa forma, de uma decisão principal – persecução da saúde – há a possibilidade de surgimento de várias outras decorrentes da originária. Com isso, as organizações fazem parte de um sistema autopoiético e também são autopoiéticas na sua autocriação decisória.

As decisões são um tipo particular de comunicação. São seletivas e sempre atribuídas a um membro da organização.[226] Por exemplo: no caso brasileiro, as metas de saúde são dadas pelo Ministério da Saúde (organização) e as decisões a respeito são emitidas pelo Ministro da Saúde.

No entanto, elas só podem ser emitidas porque existem premissas de decisão – que se tornam premissas porque houve uma decisão anterior a respeito. Decisões são tomadas com base em outras decisões,[227] de modo que há um processo cíclico e recursivo que impulsiona o próprio sistema. Decisões de saúde, sob o código qualidade de vida/não-qualidade de vida somente são possíveis porque há a recursividade ao código principal Saúde/Enfermidade e aos demais subcódigos (geneticamente perfeito/geneticamente preocupante e curável/incurável). As premissas de decisão são de três tipos:[228]

1) *A organização estabelece programas* – os programas limitam as possibilidades de comunicação, fazendo com que o sistema opere com base em uma meta futura (saúde) em resposta a um ponto de partida inicial (a doença). É a denominada programação condicional. Estabelecem-se premissas de decisão oficialmente válidas para outras decisões. No exemplo do sistema jurídico, resta claro que as regras procedimentais cumprem o caráter de premissas válidas e oficiais para os atos decisionais.

2) *As decisões são internamente vinculativas* – as decisões geram outras decisões válidas desde que as últimas estejam concordes com a primeira. Daí que a hierarquia é o caso típico de diferen-

---

[225] LUHMANN, *Sistemas Sociales...*, 1998, p. 11.

[226] O fato de que as pessoas podem ser membros de uma organização não significa que estas pessoas fazem parte do sistema organizado. As pessoas exercem sua filiação à organização contribuindo à determinação das estruturas que permitem ao sistema ser operativo, e, enquanto sistemas psíquicos, permanecem no entorno da organização. Cf. CORSI, BARALDI e ESPOSITO, *Glosario sobre la Teoría Social de Niklas Luhmann,* 1996, p. 121.

[227] "Las decisiones no se dejan comprender como mónadas, ni como fenómenos únicos; se condicionan mutuamente en el sentido que sin otras decisiones no habría nada que decidir." LUHMANN, *Organización y Decisión...,* 1997, p. 43.

[228] Ibidem, p. 71 et. seq.

ciação interna de cada sistema. Assim ocorre, por exemplo, no caso dos Tribunais Constitucionais, que são hierarquicamente superiores aos demais porque tratam de matéria tida como suprema por outra premissa decisional válida: a Constituição. Por outro lado, a descentralização dos sistemas organizacionais de saúde também é calcada nessa idéia de decisões vinculativas, mas abertas às formas de cristalização de suas metas.

3) *Os membros das organizações devem se amoldar aos critérios de decisão* - as características individuais dos membros da organização não são tomadas em consideração na hora de decidir. Esse é o mito do juiz imparcial no Direito. No entanto, isso significa que na hora da execução da decisão, importa tomar como base suas premissas (exemplo: a necessidade de fundamentação jurídica para uma sentença judicial).

Assim, a grande característica de se fazer parte de uma organização não reside no aspecto formal, na filiação. Está na sujeição às normas que caracterizam a organização,[229] o que permite à organização a filtragem e o controle dos componentes que nela atuam (de seus membros) ao mesmo tempo em que se distingue do entorno.

Essas três premissas são estruturas de expectativas que permitem ao sistema operar. As premissas estão, ao mesmo tempo, separadas e conectadas. Permitem diferença e unem a organização. Autopoieticamente, criam novas decisões a partir de decisões já tomadas.

Nessa linha de raciocínio, os sistemas organizacionais de saúde assumem relevo por distinguirem suas decisões das decisões vindas do entorno. Ou seja, ao mesmo tempo em que reduzem complexidade, revelam paradoxos mediante o desvelamento binário proporcionado pela Saúde/Enfermidade. Constituem premissas decisionais próprias para um subsistema funcionalmente diferenciado. Tornam possível que os membros atuantes em tal sistema se preocupem única e exclusivamente com a prestação sanitária, no que impulsionam o sistema. Os aspectos internos do sistema sanitário permitem, cada vez mais, sua diferenciação funcional espelhada em seus subcódigos. Como afirma Luhmann:[230]

---

[229] Observa TEUBNER,*Droit et Réflexivité...,*1996, p. 262: "C'est par une innovation intéressante que l'organisation formelle se rende indépendante de ses membres concretes. Elle ne constitue plus la qualité de membre par référence à des individus concretes ou par des qualités abstraites qu'ils doivent posséder, comme la couleur des yeux ou l'amour des lapins. Il n'ya donc plus de renvoi à l'environment du système, mais au contraire aux structures systémiques internes, ou plus exactement aux normes systémiques formellement valides. Cèst uniquement par la sujétion aux règles quèst définie l'appartenance."

[230] LUHMANN,*Sistemas Sociales...,* 1998, p. 186.

> Lo que funge como limite exterior del sistema no es un filtro que reduce la selección, sino, por el contrario, deja pasar más; si el sistema está estructurado de manera distinta al entorno, se vuelve, a la vez, más sensible para el entorno, siempre que el esquema de diferenciación sea seleccionado adecuadamente para este incremento de función.

Desse modo, as decisões diferenciam o sistema do entorno. O que não for possível de ser decidido com base nas já citadas premissas não faz parte do sistema e não diz respeito a ele, de tal maneira que se forma, desse modo, o âmbito operativo e de limites do sistema sanitário e de qualquer outro subsistema funcionalmente diferenciado. Dito com outras palavras: um subsistema funcionalmente diferenciado decide de forma diversa do entorno.

De outra banda, e na esteira do raciocínio expendido, as decisões possuem as seguintes exigências de sentido:[231]

1) As decisões devem permanecer uma unidade. Somente a partir da já pronunciada idéia da unidade mediante a distinção entre a decisão e o que não foi decidido é que se podem formar, também como já referido, premissas para outras decisões;

2) As decisões devem co-tematizar a seletividade de sua relação com outras decisões. Ocorre a eleição de uma única alternativa e, por isso mesmo, tal alternativa impede a relação com outras decisões. Este é o exemplo de um paciente que opta pela medicina alternativa em detrimento à quimioterapia tradicional. A decisão, é, portanto, um critério de diferença a fazer parte da saúde do indivíduo e, no caso de uma decisão individual que se agrega à saúde coletiva.

3) As decisões têm uma função temporal, pois pretendem durar um lapso tão largo quanto possível. As decisões são dadas com base no passado[232] e visando ao futuro, de tal forma que o presente é cego. As decisões são feitas com base na distinção entre o que se quer atingir (futuro-saúde) e o fato (passado-enfermidade). São premissas para o posterior, jamais para o anterior.

As decisões têm, ínsita, a já delineada idéia de contingência. Ora, só há a necessidade de um processo decisional sanitário, porque há a possibilidade de se decidir de forma diversa. Desse modo, as decisões enfrentam uma dupla contingência (operam em um mundo complexo – de alternativas várias – e suas opções não têm segurança e infabilidade) e também são contingentes exatamente por esse motivo. Transforma-se uma contingência passada em uma contingência futura, concatenando-se decisões que são pressupostos uma para a outra, de tal sorte que o futuro pode

---

[231] LUHMANN, *Organización y Decisión...,* 1997, p. 17-18.

[232] Idem, p. 18: "el futuro sólo puede entrar en función en cuanto diferencia con el pasado."

ser apreendido mediante estratégias organizacionais tendentes ao desvelamento do posterior, e não do anterior.

Com isso, segue-se que as organizações tornam possível tratar o comportamento humano sob a forma de decisões.[233] Aceita-se a decisão, ou discorda-se dela. O indivíduo acata o tratamento médico ou busca outro. Submete-se à cirurgia ou adota um tratamento não-interventivo. Dessa forma, os sistemas organizacionais de saúde possibilitam ao ser humano, ao seu corpo (local da dor), a amenização da complexidade inerente à sua particular saúde mediante decisões, ao mesmo tempo em que recoloca uma nova miríade de possibilidades anteriormente desconhecidas e aptas a enfrentar o risco,[234] como, por exemplo, as organizações extranacionais de saúde.

### 2.3.2. Organizações extranacionais

Em resposta à complexidade inerente ao campo sanitário houve, principalmente no período que decorre após o advento da Segunda Guerra Mundial,[235] um incremento de organizações no referido campo, especialmente as de caráter extranacionais. Organizações que, conforme já delineado, também adquirem maior relevo a partir do fenômeno da globalização, que pretende a queda das barreiras e fronteiras.

Marque-se, entretanto, que tais organizações de saúde não possuem poder paranacionais e/ou supranacionais. São organizações que atuam com base na vontade de cooperação entre os Estados, e, que, nesse prisma, têm função subsidiária na prestação sanitária.

Nesse sentido, essas organizações[236] podem ser analisadas como a resposta do sistema sanitário aos ruídos de fundo advindo do sistema

---

[233] Cf. LUHMANN, *Organización y Decisión...*, 1997, p. 45.

[234] DURAND, Christelle. A Segurança Sanitária num Mundo Global: os aspectos legais. O Sistema de Segurança Sanitária na França. *Revista de Direito Sanitário*, São Paulo, vol. 2, n. 1, Março/2001, p. 61: "A referência à segurança faz imediatamente surgir o papel de quem decidirá, e portanto do Estado, na gestão dos riscos sanitários."

[235] Pontue-se, todavia, que o âmbito internacional sanitário possui algum resquício já no século XIV, muito embora não tão complexo e abrangente como o atual. Nesse sentido, assevera VENTURA, Deisy de Freitas Lima. Direito Internacional Sanitário. In: *Curso de Especialização em Direito Sanitário para membros do Ministério Público e Magistratura Federal ed. Brasília*. Brasília: UnB, 2002, p. 1: "A proteção da saúde pública depende da conjugação de muitos fatores e diversas esferas da administração pública colaboram na realização desta tarefa, inclusive em âmbito internacional. Não se trata de novidade pois a cooperação internacional em matéria de saúde é muito antiga. O regime de quarentena, por exemplo, remonta ao fim do século XIV."

[236] Neste livro, opta-se por analisar as mais atuantes: a Organização Mundial de Saúde e a Organização Mundial do Comércio. Também se verifica a formação de um sistema organizacional de saúde nos blocos comunitários da Europa e do Mercosul, por se entender que possuem uma natureza autopoiética que lhes é intrínseca. Contudo, existem outros atores que também interagem como organizações extranacionais, de igual forma, com caráter sanitário e que merecem menção. São eles: a Organização

global societário de se constituírem entidades que persigam a saúde em um mundo cujas fronteiras são cada vez menores e/ou inexistentes. São, também, organizações baseadas em premissas decisórias e que, portanto, decidem com base em operações anteriores, tendo em vista o futuro, reconstruindo a realidade sanitária mundial.

### 2.3.2.1. Organização Mundial de Saúde (OMS)

Conforme narra Devers,[237] a Organização Mundial de Saúde foi criada ao final da Segunda Guerra, com sede em Genebra, sendo parte da Organização das Nações Unidas e tendo como função maior criar um direito sanitário internacional. Mas existem outras funções, também primordiais, apontadas por Moreau e Truchet,[238] que são o exercício de um interesse mundial (a saúde), definir seus próprios objetivos, financiar pesquisas, fazer estatísticas e supervisionar a vigilância sobre epidemias.

A Constituição da OMS foi adotada pela Conferência Internacional de Saúde, em Nova Iorque, no dia 22 de junho de 1946, entrando em vigor em 7 de abril de 1948. Já em seu artigo primeiro[239] ela destaca sua função de criar um direito sanitário internacional ao propugnar que ela tentará alcançar a todos os povos o maior nível de saúde possível. Pode-se destacar da leitura deste artigo outro aspecto: a OMS vê também a saúde como objetivo, de vez que persegue a melhor saúde possível e não uma saúde pronta e estática.

Ademais, no preâmbulo da própria Constituição da OMS, existe a taxatividade de a saúde ser um direito fundamental de todos os povos,[240] ressaltando a universalidade do direito à saúde, bem como o alcance das decisões advindas da referida organização: extranacional.

Fazem parte da Organização Mundial de Saúde todos os países-membros da Organização das Nações Unidas que assinaram a Constituição da OMS ou que a respeitem, bem como os países convidados que participaram da já referida Conferência Internacional de Saúde. Para tanto, basta que tais países aceitem a Constituição ou a assinem.

---

Internacional do Trabalho (OIT), o Fundo das Nações Unidas para a Infância (UNICEF), a Organização das Nações Unidas para a Educação, a Ciência e a Cultura (UNESCO) e a Organização das Nações Unidas para a Alimentação e a Agricultura (FAO).

[237] DEVERS, 1996, *Droit Infirmier,* 1996, p. 41-42.

[238] MOREAU e TRUCHET, *Droit de la Santé Publique,* 2000, p. 34-35.

[239] É o texto: "A finalidade da Organização Mundial de Saúde (doravante chamada de Organização) será alcançar para todos os povos o grau mais alto possível de saúde."

[240] Refere o preâmbulo da Constituição da OMS que "o gozo do grau máximo de saúde que se possa conseguir é um dos direitos fundamentais de todo ser humano, sem distinção de raça, religião, ideologia política ou condição econômica ou social."

A Organização Mundial de Saúde é administrativamente[241] organizada da seguinte forma:

a) Uma *Assembléia Mundial de Saúde* – que possui representantes de todos os Estados-Membros, denominados de Delegados – em número de 3 (no máximo) de cada País-Membro. Possui, também, um Presidente eleito pela própria Assembléia. Reúne-se em sessão ordinária anual ou em sessões extraordinárias, a pedido do Conselho ou da maioria dos Estados-Membros. Sua maior função é determinar a política da Organização, mas possui outros importantes poderes.[242] A saber:
– Pela maioria de 2/3 a Organização pode adotar Convenções ou Acordos que obrigam os Estados-Membros, de tal forma que, em caso de descumprimento do convencionado e/ou acordado, a Organização pode expedir declaração de não-aceitação, ou, em contrário, de recomendação,[243] de um Estado;
– Pode adotar regras obrigatórias para os Estados-Membros, tais como a extinção de doenças, normas de igualização para o tratamento de doenças, diagnósticos *standards*, publicidade de produtos médicos e de vigilância sanitária.[244]

b) Um *Conselho Executivo* – composto por 32 membros eleitos pela Assembléia para mandato de 3 anos. Em verdade, é o órgão executivo da Assembléia, empenhando-se em ampliar e executar suas decisões.

c) Uma *Secretaria* – cujo chefe é denominado de Diretor-Geral, nomeado pela Assembléia mediante proposição do Conselho. Ele exerce o papel da Secretário da Assembléia, do Conselho, das Comissões e dos Comitês e Conferências de Organização.

d) *Organização Regional* – a Organização tem como princípio a descentralização de suas funções. Nesse sentido, existem Comitês Regionais que possuem competências locais e dispõem de orçamentos próprios e relevantes.[245] Em função de critérios sanitários,

---

[241] Vide artigo 9º da Constituição da Organização Mundial de Saúde.

[242] Cf. MOREAU e TRUCHET, *Droit de la Santé Publique,* 2000, p. 33.

[243] VENTURA, *Direito Internacional Sanitário...,* 2002, p. 5: "As Recomendações são freqüentes e contribuem em muito para a harmonização das legislações em matéria sanitária. Elas podem conter solicitações para que os Estados tomem certas medidas internamente, ou podem transmitir o conteúdo de uma norma, para que os Estados a adotem. Mas as Recomendações não têm valor coercitivo."

[244] Cf. DURAND, A Segurança Sanitária num Mundo Global..., 2001, p. 62, a OMS começa a adotar regras de vigilância sanitária a partir da crise da talidomida, de 1960. Novamente fica claro que o sistema sanitário persegue a saúde e se acopla estruturalmente ao sistema jurídico a partir do pólo negativo: a doença.

[245] MOREAU e TRUCHET, op. cit., p. 34: "Chaque région est dotée d'um Comitê Regional et d'un bureau regional qui disposent de compétences locales et de crédits budgétaires importants."

O tratamento jurídico do risco no Direito à Saúde

a Assembléia criou 6 regiões: África; América (Pan American Health Organization); Ásia Sudeste; Europa; Mediterrâneo Oriental e Pacífico Ocidental.

Por outro lado, é com o Regulamento Sanitário Internacional (RSI), por ela editado, que a Organização Mundial de Saúde estabelece algumas premissas decisórias, motivadas pelo fenômeno globalizatório, aplicáveis por ela própria e por intermédio de seus escritórios regionais (que decidem sob essas decisões) em seus específicos campos geográficos, especialmente nas questões que abrangem a segurança alimentar e nos casos epidemiológicos (que possuem notificação obrigatória). Com essa lógica, novamente se faz presente e reforçada a idéia de uma saúde descentralizada e da importância de um sistema organizacional de saúde (notadamente autopoiético e baseado em decisões).

Assinale-se, por fim, quanto à Organização Mundial de Saúde, que sua nova forma de decisão traduz-se, em muitos casos, em menos doenças, e, logo, mais saúde e que essa estrutura decisória consegue atingir sua (saúde) função a partir de novos critérios, fazendo com que a decisão seja prolongação temporal futura e não passado.

### 2.3.2.2. Organização Mundial do Comércio (OMC)

A Organização Mundial do Comércio iniciou seu funcionamento em 1º de janeiro de 1995, em substituição ao antigo Acordo Geral de Tarifas Alfandegárias e Comércio (GATT), possuindo, atualmente, entre seus membros, 142 Estados-Nação. Possui caráter intergovernamental e universal.

Conforme narra Ventura,[246] o organograma da Organização Mundial do Comércio (OMC) tem uma estrutura bastante semelhante à da Organização Mundial de Saúde, articulando-se sobre uma Conferência Ministerial, um Conselho Geral e um Diretor-Geral.

A Conferência Ministerial é seu órgão supremo, possuindo representantes de todos os Estados-Membros, que se reúnem, no mínimo, uma vez a cada dois anos, para tomar decisões a respeito das questões comerciais de sua competência. Ela nomeia também o Diretor-Geral, faz a aceitação de novos Estados e pode reconhecer derrogações de normas pelos Estados-Membros.

Já o Conselho se reúne uma vez ao mês, no mínimo, e é composto por representantes de todos os Estados-Membros. Possui grande relevância, visto que é órgão que detém o poder orçamentário, sendo também

---

[246] VENTURA, *Direito Internacional Sanitário...*, 2001, p. 10.

encarregado das relações com Estados e com organizações internacionais, qualquer que seja sua natureza.

O Diretor-Geral é o administrador da OMC. Sua função é deveras importante, de vez que ele é, segundo Ventura,[247] *o guardião dos acordos assinados, animador da organização de novas rodadas de negociação, conciliador de incontáveis conflitos e negociador, pois ele preside os Comitês de negociação multilaterais.*

O órgão da OMC que atua nesse sentido é Órgão de Solução de Controvérsias (OSC), composto por representantes de todos os Estados-Membros, que adota grupos especiais (*panels*) que adota relatórios. Por sua vez, a parte irresignada ainda pode recorrer ao Órgão de Recurso Permanente (ORP), que assegura ou modifica a execução dos relatórios dos *panels*.

No entanto, de acordo com Ventura,[248] se o Estado-Membro não aplica a decisão que ele deve observância em face da cláusula de conformidade estabelecida pelo artigo XVI-4 do acordo que institui a OMC, o Estado Reclamante pode ser autorizado pela ORP a aplicar compensações (barreiras tarifárias) ou recorrer à suspensão de concessões.

De outra banda, no que tange ao direito à saúde, a atuação da Organização Mundial do Comércio está direcionada na resolução de controvérsias de caráter comercial. Pode-se citar como exemplo, como se verá de forma pormenorizada mais adiante, o caso da quebra de patentes de remédios em benefício dos Estados-Membros de menor recurso onde a SIDA (AIDS) esteja bastante avançada.

Contudo, basta que se atente que um grande número de tratados são estabelecidos no mundo quanto à saúde, especialmente o Acordo sobre os Obstáculos Técnicos ao Comércio (TBT) e o Acordo Sanitário e Fitossanitário (SPS).[249] A aplicação e observância desses Acordos exigem decisões, quer em nível dos Estados-Partes, quer em nível da Organização Mundial do Comércio. Nesse caso, atuando como instância decisória de aplicação sanitária via resolução de conflitos comerciais, legitimada substancialmente pelo fato de ser um acoplamento estrutural entre o sistema sanitário e o direito internacional (parte do sistema jurídico).

---

[247] VENTURA, *Direito Internacional Sanitário...*, 2001, p. 11.

[248] Ibidem, p. 12.

[249] Idem, p. 14: "Diversas situações de conflito surgem da aplicação do SPS. Os labéis de origem, por exemplo, são combatidos pelos industriais que desejam a simples adoção dos padrões *International Standardisation Office* (ISO). Quando se trata da proteção de plantas e animais, por exemplo, uma norma da OMC não permite que um país invoque a proteção ambiental do território de outro para impor uma restrição. Para citar um derradeiro exemplo, os Estados Unidos consideram como barreira não tarifária a exigência feita pela União Européia de etiquetagem dos produtos transgênicos, alegando que o sistema de traçabilidade necessário para tanto apresenta custos excessivos."

### 2.3.2.3. O sistema de saúde da Comunidade Européia

A construção da Comunidade Européia vem sendo estudada pelos operadores jurídicos como uma grande prova da possibilidade de se unirem ordenamentos jurídicos de povos diferenciados em torno de um senso comum. Infelizmente, no campo do direito sanitário, a Europa é um perfeito contra-exemplo[250] da reaproximação jurídica operada pela Comunidade Européia.

Muito embora o Tratado de Roma assinale que a Comunidade Européia deve assegurar o nível mais alto possível de proteção sanitária aos cidadãos da Europa, sua ação é somente completiva, ou seja, atua de forma subsidiária em relação às normas nacionais, o que significa que não possui hierarquia em relação a estas. A partir desse pressuposto, Moreau e Truchet[251] assinalam que as atividades relacionadas com a saúde de incumbência da Comunidade Européia são as seguintes:

1) Harmonização dos regimes de Proteção Social (arts. 39 e 42 do Tratado de Roma);

2) O livre exercício dos profissionais sanitários (art. 47-3 do Tratado de Roma);

3) A livre circulação de medicamentos;

4) Elaboração de legislação sanitária agrícola (art. 32 e seguintes do Tratado de Roma);

5) Proteção geral da saúde pública;

6) Programas de Pesquisa em Saúde.

Até hoje, no entanto, o principal reconhecimento – e único – foi o livre reconhecimento dos diplomas do pessoal da área da saúde entre os Países-Membros. Isso ocorreu no ano de 1975 para os médicos; em 1977, para os enfermeiros; em 1978, para os dentistas e, em 1985, para os farmacêuticos.

Para Moreau e Truchet,[252] porém, esse exíguo reconhecimento e aplicação prática é motivada por dois fatores:

1) Os Estados-Membros não delegaram competência sanitária específica à Comunidade;

2) O próprio Tratado de Roma, em seu artigo 30, impõe taxativamente a eliminação de reservas. No entanto, a eliminação de reservas sanitárias não faz parte de seu objeto.

---

[250] Contundemente, assevera DEVERS, *Droit Infirmier,* 1996, p. 42: "Il n'existe aucune délégation de compétence des Etats au profit de L'Union Européenne, et le droit européen n'intervient que marginalement, quand il s'agit de régler des conséquences du principe de libre circulation des hommes et des marchandises."

[251] MOREAU e TRUCHET, *Droit de la Santé Publique,* 2000, p. 39-41.

[252] Ibidem, p. 38.

Com isso, resta à Comunidade Européia desenvolver todos os direitos que são conexos à saúde e que estão ligados, principalmente, ao subcódigo qualidade de vida / não-qualidade de vida. Podem-se citar como exemplos o direito ao lazer, moradia, trabalho, entre outros.

Ressalte-se, todavia, que a Corte de Justiça Européia tem o poder de, mediante decisões, modificar as leis internas dos Países-Membros. Nesse sentido, via acoplamento estrutural entre o sistema jurídico e o sistema sanitário, países como a França,[253] por exemplo, tiveram que modificar suas estruturas organizacionais de forma a atender as exigências da referida Corte (caso do livre exercício dos profissionais da área da saúde), em um claro exemplo de organização autopoiética de ambos os sistemas e da cristalina comunicação entre eles.

### 2.3.2.4. O sistema de saúde no Mercosul

Muito embora não se tenha o Mercosul como realidade factível, por uma série de injunções, no campo da saúde, os países caminham lentamente para adoção de regras em comum. Isso significa avanço, mas resta longe de ser um caminho para a instalação de um sistema organizacional próprio do bloco. Em verdade, está a provar o acoplamento estrutural entre o sistema sanitário e o sistema jurídico. Em países de desenvolvimento periférico,[254] como é o caso dos Estados que compõem o Mercosul, resta mais saliente a ressonância sanitário-comunicacional que exige do sistema jurídico sua absorção.[255]

Nesse sentido, uma série de Resoluções adotadas pelos Países-Membros já foram incorporadas ao ordenamento jurídico de seus participantes,

---

[253] Para MOREAU e TRUCHET, *Droit de la Santé Publique,* 2000, p. 42, a atuação da Corte de Justiça Européia vem sendo sentida na proteção da saúde. Assinalam:: "D'ores et déja, l'action communitaire a conduit la France à modifier substantiellement sa legislation et sa réglementation sanitaires.". Para maiores detalhes sobre os mecanismos decisórios da Corte de Justiça Européia ver MAGALHÃES, Juliana Neuenschwander. O Uso Criativo dos Paradoxos do Direito: a aplicação dos princípios gerais do direito pela Corte de Justiça Européia. In: ROCHA, Leonel Severo (Org.). *Paradoxos da Auto-Observação: percursos da teoria jurídica contemporânea.* Curitiba: JM Editora, 1997. p. 244-277.

[254] Como o Brasil, que resta distanciado da centralidade dos países ricos, obtendo, dentro do sistema social global, uma modernização periférica, isto é, fazendo parte do sistema, mas conseguindo somente irradiações decisórias do que ali se decide. Disso se depreende que o Brasil participa da globalização, por exemplo, não de forma secundária, mas sim deslocada das grandes decisões. Nesse sentido, ver NEVES, Marcelo. *Verfassung und Positivität des Rechts in der peripheren Moderne: eine theoretische Betrachtung und eine Interpretation des Falls Brasilien.* Duncker u. H. , Bln. Broschiert. 1992.

[255] Assinala ALBERTON, Genacéia da Silva. Tribunalização e Jurisprudencialização no Estado Contemporâneo: uma perspectiva para o Mercosul. *Justiça do Direito*, Passo Fundo, v.2, n. 16, 2002, p. 392: "Embora não seja possível a identificação de um direito comunitário no Mercosul, estamos em fase inicial de integração, processo que exige e tem como suporte um querer livre e coordenado de Estados que decididamente se proponham a se inter-relacionar de forma efetiva."

---

O tratamento jurídico do risco no Direito à Saúde

transformando-se em premissa decisional para o sistema jurídico e também premissa de decisão a orientar as decisões de saúde pública no campo do sistema político e econômico.

A Resolução 4/92 trata das práticas adequadas para a fabricação e inspeção de qualidade de medicamentos. É uma norma que aborda, portanto, a vigilância sanitária. Foi incorporada pelo ordenamento brasileiro pela Portaria 16/96 – SVS/MS, pelo Argentina nos Dispositivos ANMAT 1231/94 e 1930/95, pelo Uruguai na Ordenança MSP 442/97 e pelo Paraguai no Decreto 17057/97.

De outro lado, a Resolução 92/94, que versa sobre as boas práticas de fabricação e controle dos estabelecimentos da indústria de higiene, cosméticos e perfume é introduzida no sistema jurídico pátrio pela Portaria 31/95 – SVS/MS, na Argentina pelo Dispositivo ANMAT 3621/97, no Uruguai pela Ordenança MSP 452/97 e no Paraguai pelo Decreto 17057/97.

Nessa senda, as seguintes Resoluções, entre outras,[256] seguiram o mesmo caminho – a adoção de sua normatividade intra-estatal:

a) Resolução 52/94 – que trata das soluções parenterais de grandes volumes;

b) Resolução 110/94 – que dá a definição de produtos cosméticos;

c) Resolução 16/95 – que dá a lista de agentes colorantes permitidos;

d) Resolução 24/95 – sobre os requisitos para o registro de produtos cosméticos Mercosul e extrazona e para a habilitação de empresas representantes titulares de registro no Estado Parte receptor e importadores;

e) Resolução 25/95 – que dá a lista de filtros ultravioletas permitidos para o uso em produto de higiene, perfumes e cosméticos;

f) Resolução 26/95 – que dá a lista de substâncias que os produtos cosméticos podem conter, sujeitos a restrições e condições estabelecidas;

g) Resolução 27/95 – que dá a lista de agentes conservantes permitidos para o uso em produtos de higiene, perfumes e cosméticos;

h) Resolução 28/95 – que dá a lista de substâncias que não podem ser utilizadas na formulação de produtos cosméticos;

i) Resolução 13/96 – sobre a guia de boas práticas de fabricação para produtos farmoquímicos;

---

[256] Como as Resoluções, 27/98, 129/96, 66/96, 57/96 e 23/96.

j) Resolução 14/96 – que trata da verificação do cumprimento das boas práticas de fabricação e controle em estabelecimentos da indústria farmacêutica;

l) Resolução 21/96 – sobre o programa de capacitação para inspetores em boas práticas de fabricação para a indústria farmacêutica;

m) Resolução 22/96 – sobre o sistema de avaliação de procedimentos para a inspeção de indústrias farmoquímicas;

n) Resolução 41/96 – que trata da nomenclatura para ingredientes utilizados em produtos de higiene pessoal, cosméticos e perfumes de origem Mercosul e extrazona para uso em registro entre os Estados-Partes;

o) Resolução 65/96 – que dá a guia de boas práticas de fabricação e controle para reativos de diagnósticos de uso *in vitro*;

p) Resolução 24/98 – que estabelece o ponto de ingresso/regresso dos entorpecentes e substâncias psicotrópicas.

Em caso de descumprimento das Resoluções, aplicar-se-ia o Protocolo de Brasília para a Solução de Controvérsias de 1992, posteriormente modificado pelo Tratado de Olivos (2002), que criou o Tribunal Permanente do Mercosul, destinado à mantença da escassa ordem jurídica – inclusive sanitária – existente e aplicável no bloco. Tal Tribunal tem sede recursiva, ou seja, funciona como outra espécie de jurisdição, destinado a julgar recursos advindos das Cortes dos Países-Membros, ou, até mesmo, caso convencionado, funcionar como Tribunal inicial.

No entanto, faticamente, isso ainda está longe de acontecer, pois, ao contrário da Comunidade Européia, no Mercosul, não se criaram mecanismos de soberania compartilhada, preservando-se o poder de decisão de cada país-membro,[257] o que torna a implantação do Tribunal mais um simbolismo do que facticidade.

Por outro lado, da leitura das Resoluções, pode-se aferir que o Mercosul, no campo sanitário, reflete seu atual estágio: o livre comércio. Em verdade, quase todas as Resoluções têm forte apelo comercial e estão ligadas à globalização causadora da eliminação das antigas fronteiras do Estado-Nação, e uma das grandes causas da já apontada hipercomplexidade sanitária.

A autopoiese do processo de construção de um sistema sanitário de saúde segue ligada à construção do próprio bloco, ou seja, está conectado à (re)construção de seus pilares básicos (centrais) que irão afetar a peri-

---

[257] Assinala ALBERTON, *Tribunalização e Jurisprudencialização...*, 2002, p. 393: "Entretanto, diferentemente da União Européia, que criou instituições supranacionais de soberania compartilhada, o Mercosul desenvolveu-se preservando o poder de decisão dos governos nacionais."

feria (o sistema sanitário). Suas premissas decisionais irão influenciar e irritar decisões que possibilitem, de fato, a criação de um sistema organizacional de saúde, preocupado com uma prestação unitária e comum a todos os cidadãos do bloco.

## 2.4. Alguns sistemas de saúde nacionais

Os sistemas organizacionais de saúde, normalmente, estão ligados, a um Estado-Nação, com as exceções anteriormente descritas. Isso se deve, principalmente, à idéia de soberania típica dos modelos estatais do pós-revolução francesa. Ter um modelo próprio de prestação sanitária significava motivo de orgulho e de prosperidade de uma nação.

No presente momento, pretende-se destacar o sentido decisório dos sistemas organizacionais de saúde. Pretende-se verificar quem tem o papel de decidir sobre a proteção da saúde: e o Estado ou o indivíduo? Nesse sentido, o mundo se divide em dois sistemas: o liberal e o social. No primeiro, o Estado se abstém do dever da prestação sanitária enquanto, no segundo, é um dever seu.

Nessa linha de raciocínio, são estudados dois grandes exemplos, pretendendo-se, assim, demonstrar as diferenças dos processos de decisão: o sistema americano e o sistema francês. O primeiro significa a decisão sob o ponto de vista liberal e o segundo, na ótica social. Como modelos, estendem-se para o globo terrestre. O modelo brasileiro, o terceiro analisado, é peculiar, e tem forte predominância do cunho social, pelo que, necessita, também ser observado.

### 2.4.1. O modelo francês

Na França, a proteção da saúde possui fundamento constitucional. Em seu preâmbulo, a Constituição de 1946 garante o direito à saúde.[258] Como a Constituição de 4 de outubro de 1958, por meio de seu preâmbulo, revalida o preâmbulo da Constituição de 1946,[259] bem como a Declaração

---

[258] É o texto do referido preâmbulo: "La Nation garantit à tous notamment à l'enfant et à la mère et aux vieux travailleurs la protection de la santé."

[259] Diz o preâmbulo da Constituição Francesa de 1958: "O Povo Francês proclama solenemente o seu apego aos Direitos do Homem e aos princípios da soberania nacional, tal como foram definidos pela Declaração de 1789, confirmada e completada pelo preâmbulo da Constituição de 1946. Em virtude destes princípios e do princípio da livre determinação dos povos, a República oferece aos territórios do ultramar, que manifestem a vontade de a elas aderir, instituições novas fundados no ideal comum de liberdade, igualdade e fraternidade e concebidas em vista da sua evolução democrática".

dos Direitos do Homem de 1789, o Conselho Constitucional Francês[260] entende a saúde como direito fundamental de valor obviamente constitucional, e, mais dever do Estado[261] e direito de todos.

Todo o sistema organizacional de saúde francês decorre da fundamentação preambular/normativa/constitucional anteriormente referida. A estruturação do organograma decisional sanitário francês é uma decorrência do dever atribuído ao Estado, de tal sorte que, na França, se desenvolveu um sistema público forte que merece ser analisado como forma de contraposição ao sistema americano, esmiuçado adiante, em que a estruturação do sistema organizacional de saúde foi totalmente diferenciada diante do não-dever do Estado na prestação sanitária.

Conforme Devers,[262] a organização sanitária da República Francesa é dada da seguinte forma:

1) Ao *Ministério da Saúde* cabe o estabelecimento das diretrizes sanitárias gerais (as premissas decisórias) do governo em mandato. Ficam afeitas à sua competência, ainda, a direção geral da saúde, a direção dos hospitais e a direção da farmácia e dos medicamentos.

O Ministério da Saúde foi criado como resposta a epidemias, notadamente da gripe espanhola e todas suas reformas tiveram como causas grandes doenças.[263] Essa constatação reforça o paradoxo de sentido do código sanitário (Saúde/Enfermidade): só se avança no campo da saúde a partir do equivalente funcional (doença).

2) O *Ministério dos Affaires Sociales* é o órgão em que é mais sentida a atuação da Organização Mundial de Saúde (OMS), visto que uma de suas competências toca à direção das relações internacionais. Ademais, este Ministério dirige a administração geral e de pessoal,

---

[260] A respeito relembra AUBY, Jean-Maire. Source et Étendue du Droit de la Santé dans la Législation Française. In: POHER, Alain; DURIEUX, Bruno; LALUMIÉRE, Catherine (Patr.). *Droit des Persones et Service de Santé en Europe*. Lyon: Alexandre Lacassagne, 1991. p. 38: "Surtout le Conseil Constitutionnel a admis que ce principe constituait une règle de valeur constitutionnele qui devait éter respectée par le legislateur."

[261] Como referem MOREAU e TRUCHET, *Droit de la Santé Publique*, 2000, p. 18: "La protection dela santé de tous devient sans aucune ambiguité um devoir de L'Etat qui se voit imposer en outre quelques obligations supplémentaries à l'egard des enfants, des adolescents..."

[262] DEVERS, *Droit Infirmier*, 1996, p. 40 et. seq.

[263] Narra DURANT, *A Segurança Sanitária num Mundo Global...*, 2001, p. 61: "Como as crises sanitárias têm se repetido, o sistema é sempre questionado. Entretanto a saúde pública tem evoluído. Assim, o ministério da Saúde nasceu em 1920 como conseqüência direta da gripe espanhola que causou de 160.000 a 240.000 mortes. As diferentes crises devidas ao uso de medicamentos ou de produtos cosméticos (a questão do pó de Baumol em 1952, Stalinon em 1954, efeitos da talidomida em 1960, talco Morhange em 1973), foram, cada uma, a oportunidade de reforma do sistema sanitário."

os serviços de estatística e o I.G.A.S.S. (Inspection Génerale des Affaires Sanitaires et Sociales);

3) Os *Conselhos de Consulta* possuem grande força na França e suas decisões, porque, fundadas no princípio da participação popular, adquirem cada vez mais um âmbito político extremamente eficaz para proteção da saúde. Nesse quesito, especialmente atuantes são o Comitê Nacional de Ética, o Conselho Superior de Higiene Pública, o Conselho Superior dos Hospitais, o Conselho da Função Pública Hospitalar e o Conselho das Profissões Paramédicas.

4) As *Comunidades Locais* são o espaço geográfico, seja nos *Départements* ou nas *Communes*, onde de fato se dá a prestação sanitária, onde se obedecem às diretrizes gerais estabelecidas pelo Ministério da Saúde, respondendo ao princípio da descentralização sanitária.

5) As *Ordens Profissionais*, face à grande tradição administrativisto-francesa, também assumem um papel relevante na prestação sanitária da França. São exemplos a *Ordre National des Médecins*, a *Ordre National des Chirurgiens-Dentistes*, a *Ordre National des Sages-Femmes,* a *Ordre National des Pharmaciens*, a *Ordre National des Masseurs-Kinésithérapeutes* e a *Ordre National des Pédicures-Podologues.*

6) Os *hospitais* são públicos ou privados. Conforme o artigo 711-4, do Código de Saúde Pública da França, os estabelecimentos do serviço público hospitalar obedecem às seguintes diretrizes que, por sua vez, traduzem os princípios da igualdade, continuidade e da adaptação contínua: acesso a todos; atendimento dia/noite; garantia de atendimento em outro hospital público, em caso de superlotação e a não-distinção de doenças no atendimento.

Por outro lado, os serviços públicos hospitalares franceses dão-se por intermédio de duas organizações:

a) *Centre Hospitalier Regional (CHR)-* são centros de referência. Atendem à população que reside em suas proximidades. No entanto, são dedicados à mais alta especialização médica;

b) *Hôpitaux Locales* – atendem à grande maioria da população. Por ser mais limitados, não podem tratar de doenças graves. Nesse caso, o paciente é transferido para o CHR mais próximo ou, em sendo mais rápido, a algum hospital privado que participe da rede pública (nesse caso, também com todas as despesas custeadas pelo Estado).

Já os estabelecimentos privados de saúde da França são regidos pelos artigos 711-1 e 711-2 do Código Sanitário Francês. Ditos estabelecimentos também participam da rede pública, de vez que são descentralização/autorização do dever do Estado, a quem solicitam a contraprestação após o atendimento, se for o caso. As formas de adesão ao serviço público são via participação, concessão (que é negociada livremente, normalmente sob a forma de planos financiados) e por cooperativas.

De outra banda, atualmente, assumem grande relevo no sistema sanitário francês algumas outras espécies de órgãos decisórios. Nesse sentido, no início dos anos 90, após a crise do sangue contaminado, foi criada a Agência Francesa dos Medicamentos, bem como, em 1992, deu-se início ao *Reseau National de Santé Publique* (RNSP) e o Estabelecimento Francês de Transplantes (este com ínicio em 1994).

Após a crise da vaca louca, em 1998, a França começa a discutir e edita, nesse mesmo ano, a Lei de 1º de julho de 1998, baseada na constatação de que a fragmentação do processo de decisão e sua falta de coordenação[264] tinham sido uma das causas da referida crise. Rechaçou-se, todavia, a idéia da intervenção ministerial única e exclusiva, dando às agências o caráter de estabelecimento público administrativo, com o que conseguem resposta rápida e eficaz aos casos de sua competência, porque esse tipo de classificação jurídica permite a fácil identificação dos responsáveis. Com isso, por exemplo, *num sistema de estabelecimentos públicos, são facilmente identificáveis, mesmo se o Ministro da Saúde continua sendo o "responsável" pela política da saúde pública.*[265]

Ao contrário dos países anglo-saxões, que, como se verá, primam pela não-intervenção do Poder Executivo na prestação sanitária, a França, como se depreende, optou por uma solução alternativa,[266] em que há agências, pessoas jurídicas distintas do Estado, mas sob sua supervisão.

Assim, o sistema organizacional sanitário da França possui um duplo setor: público e privado.[267] No entanto, eles formam um sistema uno que

---

[264] Cf. DURAND, *A Segurança Sanitária num Mundo Global...*, 2001, p. 66.

[265] Ibidem, p. 71.

[266] Idem, p. 71: "Os parlamentares franceses escolheram uma terceira via que está situada entre a gestão puramente ministerial (que falhou) e esse modelo de "tudo agência". A via francesa implica sempre a criação de agências (pessoas morais de direito público, juridicamente distintas do Estado, sob uma tutela ministerial, ou mesmo interministerial) e uma coordenação do Estado entre as diferentes agências, por um lado, e as agências e serviços descentralizados, por outro lado, atuando por intermédio de seus representantes na hierarquia local que são os prefeitos."

[267] Assinala AUBY, Source et Étendue du Droit de la Santé..., 1991, p. 38: "Il existe em France un double secteur. Secteur publique composé de services publics variés, susceptibles de fournir aux individus des prestations sanitaries diverses. Secteur prive comportant des professionels de santé prives ou encore des établissement de soins, des entreprises de fabrication de produits pharmaceutiques, etc...

L'Etat qui a réglementé ce double secteur est intervenu, au moins, dans une certaine mesure, pour controller la creation et le fonctionnelement des organismes des soins, pour exiger des professionels des diplômes ou des garanties. Lês deux secteurs fournissent des prestations de santé qui pourraient dá àquele país boas respostas nesse setor. Veja-se, por exemplo, nesse sentido, a já citada elevação da taxa de expectativa de vida, sempre em crescimento. Dessa forma, como contraponto ao modelo organizacional francês, passa-se a analisar o sistema organizacional de saúde americano, tendo em vista seus bons resultados e a base firmada em premissas decisionais bastante diferenciadas do modelo francófono.

### 2.4.2. A saúde na Constituição dos USA e sua organização administrativa

Segundo Capron,[268] diferentemente do que ocorre em outras nações, nos Estados Unidos da América, a saúde e sua atenção não alcançam categoria constitucional. Entretanto, a Constituição, o Direito Consuetudinário e o restante da legislação – principalmente a federal – têm contribuído para o desenvolvimento do sistema da atenção da saúde no país. Por muitos anos, esses instrumentos legais distribuíram a competência entre os diferentes ramos e níveis do governo. Como resultado dessa atividade, surgiram vários sistemas destinados a dar atenção à saúde sem que se tenha, porém, logrado êxito em estruturar um "sistema de saúde" único e homogêneo. Dessa forma, como salienta Spiller Junior, tal sistema é *uma colcha de retalhos de soluções individuais para problemas dolorosos, um remendo de tantas soluções a ponto de tais retalhos nunca formarem um todo.*[269]

A Constituição dos Estados Unidos da América foi sancionada em 1787 com caráter de lei suprema da nação, que era, então, composta de treze estados. Atualmente, ela estabelece, de forma simples e breve, as funções e a competência dos poderes do Estado,[270] sendo que, através dele, busca-se assegurar a prevalência da vontade dos cidadãos, expressada por meio da democracia representativa, ao passo que o poder do governo não restrinja as liberdades individuais.

---

apparâitre comme suffisantes si l'acroissement des besoins et des demandes ne donnaient facilement l'impression d'um desequilibre."

[268] CAPRON, Alexandre M. Estados Unidos de America. In: FUENZALIDA-PUELMA, H. L.; CONNOR, S.S. El Derecho a La Salud En Las Americas: estudio constitucional comparado. Washington: Organizacion Panamericana de la Salud,1989, p. 237. Também para este autor, o fato de a palavra *saúde* não ser encontrada no texto constitucional se deve à idéia de que esta era uma responsabilidade local – e não federal.

[269] SPILLER JUNIOR, Robert. Panorama dos Órgãos Envolvidos no Sistema de Segurança Sanitária dos Estados Unidos da América. *Revista de Direito Sanitário*, São Paulo, vol. 2. n. 1. março de 2001. p. 81.

[270] O que pode ser explicado pelo propósito dos redatores constitucionais de estabelecerem um governo nacional com poderes limitados e de reconhecerem que o poder supremo reside no povo.

A fim de garantir, de maneira explícita, a proteção dos direitos dos cidadãos frente à autoridade estatal, foram editadas, em 1791, as primeiras dez emendas constitucionais, conhecidas como a Declaração dos Direitos (*Bill of Rights*). Após a edição dessas emendas, a Magna Carta norte-americana foi reformada mais dezesseis vezes, sendo que a maioria das modificações diz respeito a aspectos do funcionamento da maquinaria governamental.

Destaca-se na Carta Magna a divisão de poderes (do Estado e entre os estados) como limitação ao poder do governo nacional (federalismo). Em decorrência dessa divisão, o Congresso Nacional é capaz de exercer sua intervenção (poder de polícia) sobre um grande número de matérias que corresponderiam à competência de autoridades locais. Desenvolveu-se, assim, um direito nacional uniforme que estabeleceu regras para as atividades de caráter social e econômico, com o propósito de proteger a saúde e a segurança da população, o que, por conseqüência, fragmentou os serviços de saúde.

A auto-suficiência do indivíduo e a preocupação em limitar a excessiva ingerência do governo são os princípios relevantes na estruturação do sistema de atenção da saúde nos Estados Unidos. Também são relevantes outras questões governamentais relacionadas à saúde e à segurança, tais como: a proteção do consumidor, a pureza dos alimentos e medicamentos, o meio ambiente e o estilo de vida.

Essas questões governamentais relativas à saúde são, em sua grande maioria, de competência de uma agência federal denominada FDA – *Federal Drug Administration-*, que *contribui com a proteção à saúde fiscalizando* produtos.[271] Em suma, o FDA decide e aprova produtos farmacêuticos, além de proceder à apreensão judicial de produtos transgressores, indiciar criminalmente os envolvidos no fato típico e promover injunções judiciais na busca do cumprimento de seus objetivos.

Atuam conjuntamente com o FDA, entre outros, os seguintes órgãos:[272] os Poderes Executivo, Legislativo e Judiciário (de todos os entes federados e da Federação), organizações privadas e comerciais, entidades assistenciais, instituições educacionais, Departamento de Saúde e Serviços (DHHS), Institutos Nacionais de Saúde (NIH), Centros para Controle de Doenças (PHS), Controle de Alimentos e Medicamentos, Departamento de Agricultura (USDA), Órgão Administrativo de Financiamento de Tratamentos de Saúde (HCFA) e Departamento de Administração de Proteção Ambiental (EPA).

---

[271] SPILLER JUNIOR, Panorama dos Órgãos Envolvidos..., 2001, p. 82.
[272] Ibidem, p. 86-87.

De outra banda, há, ainda, os elementos culturais incorporados na Constituição, os quais limitam a intervenção do governo em assegurar, acima de tudo, a ordem pública. Nessa esteira, é importante ressaltar que a existência dos diversos valores elencados pelo sistema jurídico, além dos princípios incorporados à Constituição – como a justiça e a igualdade –, entram em conflito constante uns com os outros. Em decorrência disso, e, em função da interpretação legislativa e judicial, ocorre o desenvolvimento do sistema de atenção à saúde.[273]

A estrutura do sistema de atenção à saúde e sua regulamentação nos Estados Unidos evidencia a estreita relação histórica que existe entre o sistema legal e os princípios econômicos do capitalismo, que destacam a economia de mercado com intervenção limitada do governo. Reflete, portanto, o ideal americano de se ter *uma economia de mercado no setor privado como assegurar que um bom sistema de saúde não fique restrito àqueles que têm mais dinheiro.*[274]

Dessa maneira, o sistema de atenção à saúde está, em sua maior parte, a cargo do setor privado, o que faz com que a saúde seja tratada, freqüentemente, como um artigo de consumo oferecido por particulares. Essencialmente, são contratadas apólices de seguro de saúde, pagas ao ano, obrigando de forma impositiva os contratantes. Assim, a maioria dos americanos *adquieren servicios de salud costeados con propios recursos y no con fondos publicos.*[275] Dessa forma, supõe-se *uma retirada da administração do Estado*[276] no campo sanitário.

Entretanto, nem todos os indivíduos têm condições de arcar com os custos de um plano de saúde individual. Estima-se que de 27 a 35 milhões de americanos não possuam nenhum plano de seguro de saúde.[277] Dessa forma, o tratamento para a saúde àqueles indivíduos que não podem se beneficiar de outros subsídios federais recai em três opções, a saber:

1) seguros de saúde que reembolsam quem mantém seguro privado;

2) programa de cuidados de saúde administrados por clínicas particulares;

3) e o pagamento de uma taxa de serviço no mercado que oferece cuidados de saúde particular.

Para alguns grupos, o governo americano subsidia ou reembolsa os custos dos cuidados médicos.[278] São eles: indivíduos de baixa renda, os

---

[273] Cf. CAPRON, *Estados Unidos de America*, 1989, p. 241.

[274] SPILLER JUNIOR, *Panorama dos Órgãos Envolvidos...*, 2001, p. 80.

[275] CAPRON, op. cit., p.242.

[276] DURAND, *A Segurança Sanitária num mundo Global...*, 2001, p. 72.

[277] Dados acessados em 10/05/2003, do site www.aborto.com/saude.htm

[278] CAPRON, Op. cit., p. 242.

idosos e os deficientes. Originários da Lei Americana de Seguridade Social, de 1935, o MEDICARE e o MEDICAID atendem aos grupos anteriormente citados. O MEDICAID[279] atende aos indivíduos considerados pobres e/ou deficientes, ao passo que o MEDICARE,[280] aos anciãos e deficientes. Eram – e continuam sendo – o meio pelo qual o governo americano financia a atenção à saúde.

Em 1986, o MEDICARE, por exemplo, exigiu 74 bilhões de dólares do orçamento federal, cobrindo 32 milhões de habitantes. No mesmo ano, o MEDICAID consumiu 42 bilhões de dólares, dos quais 23 bilhões vieram do governo federal (o restante veio dos governos estaduais). Vinte e três milhões de pessoas foram atendidas por tal sistema.[281]

Entretanto, os gastos federais com os planos sociais de saúde estão cada vez mais em baixa, refletindo a tendência liberal dos postulados sanitários americanos. Por exemplo, a cobertura do MEDICAID, que havia alcançado seu ponto máximo com 12% da população em 1993, foi reduzida a 10% em 1999, e a cobertura do MEDICARE para os adultos maiores se manteve relativamente estável em todo o decênio passado, registrando 13% em 1999.[282]

Essa atuação se situa, portanto, no campo curativo. Todavia, existem ações no campo da prevenção sanitária, reconhecendo-se o caráter sistêmico e complexo do direito à saúde. O programa federal "Gente Sã em Comunidades Saudáveis" traduz a visão da saúde para todos nos Estados Unidos da América. É a atual política de promoção de saúde e de enfermidades nos USA, constituindo-se em um conjunto de objetivos nacionais, baseados em um plano de atividades e em uma série de metas audazes para lograr avanços na saúde pública.[283] Assim, verifica-se que a falta de uma direção única ao Sistema de Saúde tem cedido lugar à criação de vários subsistemas que prestam os serviços sem coordenação nem planificação. Apesar disso, o sistema tem permitido aos cidadãos norte-americanos alto nível de saúde.[284]

---

[279] São elegíveis para este benefício os cidadãos que possuem salários abaixo dos padrões estabelecidos pelos governos federal e estadual. Necessitam, ainda, comprovar um dos seguintes requisitos: ser elegível para ajuda para família com filhos dependentes; ser mais velho do que 65 anos e ter direitos para benefícios do seguro social; ser incapacitado ou ter benefício; ser mulher grávida.

[280] Seus requisitos são: ter 65 anos de idade ou mais, desde que tenham condição de receber benefícios do seguro social.

[281] Estes dados se encontram em CAPRON, *Estados Unidos de America*, 1989, p. 246-247.

[282] *La Salud en las Americas*, 2002, p. 264.

[283] A respeito, com maior aprofundamento, ver MARKIDES, C. P.; MAIESE, D.; GRANTHON, M. Gente Sana En Comunidades Saludables: la visión de Salud para todos en los Estados Unidos de América. *Revista Panam Salud Publical Pan Am J Public Health* 6(5), 1999. p. 430-433.

[284] Cfe. CAPRON, *Estados Unidos de America*, 1989, p. 242.

O desenvolvimento econômico e social dos Estados Unidos, junto aos avanços científicos, contribuiu para a transformação da função do Estado em relação à saúde. Implementaram-se, então, os departamentos de saúde pública locais (tanto no que concerne às pessoas como nos serviços) com vistas à definição e ao controle das enfermidades, bem como à obtenção de informação sobre suas causas. Ainda, nas localidades, estabeleceram-se laboratórios de saúde pública para analisar fluídos e tecidos humanos e controlar a pureza dos alimentos e da água.

No campo estatal, implementaram-se outras medidas relativas à saúde pública, como a coordenação dos departamentos locais de saúde e a realização de outras funções básicas. Nesse sentido, pode-se afirmar que a evolução da função do governo federal na matéria da saúde pode ser considerada cum exemplo típico de desenvolvimento da formulação de políticas nos Estados Unidos.

Três princípios têm dominado a história política daquele país.[285] O primeiro sustenta que a intervenção do governo se justifica, unicamente, quando os particulares não podem ou não querem atuar. Assim, a intervenção do governo constitui um recurso para contrastar as deficiências do mercado.

O segundo princípio estabelece que a intervenção federal só pode ter lugar quando os Estados se encontrarem impossibilitados de atuar. Em decorrência, a intervenção do Governo Federal nos programas de bem-estar social, só são produzidos em resposta às demandas econômicas, sociais e políticas a que os Estados não podem satisfazer.

Em último lugar, tem-se que, tanto o texto da Constituição como a jurisprudência resultam insuficientes para justificar a intervenção do governo em relação à saúde ou a qualquer outro campo relacionado com ela. Tal intervenção reflete o constante antagonismo entre os valores liberdade e igualdade, tão caros à jurisdição constitucional norte-americana. Nesse aspecto é que a Corte Suprema tem orientado sua atuação no campo da saúde.

Dessa forma, tem-se que o modelo americano diverge frontalmente do francês, como já anunciado anteriormente. Todavia, necessário salientar que os pressupostos particulares de cada modelo levam a uma boa prestação sanitária em ambos os países. Com esse desejo, os legisladores brasileiros instituíram o sistema organizacional de saúde do Brasil – o Sistema Único de Saúde (SUS), que possui características pertencentes tanto ao modelo americano quanto ao francês, de quem possui maior influência.

---

[285] CAPRON, *Estados Unidos de America*, 1989, p. 241 et. seq.

### 2.4.3. O Sistema Único de Saúde (SUS) do Brasil

O Sistema Único de Saúde (SUS), implantado no Brasil após a Constituição de 1988, é, como o próprio nome refere, o sistema organizacional de saúde adotado pela nação brasileira em seu período pós-ditatorial. Aparece, em um primeiro momento, marcado por uma maior semelhança com o sistema francês, contendo, todavia, algumas particularidades que se revelam bastante próximas ao modelo americano.

A base do sistema organizacional de saúde brasileiro é constitucional. O art. 196 da Carta Maior[286] inaugurou, em solo brasileiro, de forma bastante atrasada, a proteção constitucional do direito à saúde, explicitando-o. No referido artigo, encontra-se que o dever do Estado em relação à saúde deve ser garantido mediante políticas sociais e econômicas. Aqui, está-se diante de um Estado interventor, que deve, portanto, atuar positivamente na prestação sanitária. Nesse sentido, caso o Estado cumprisse o dever constitucionalmente imposto, desnecessário seria ter de se garantir a saúde, a vida e a dignidade humana.

Essas políticas sociais e econômicas, deveres do Estado, têm como objetivo, segundo reza o art. 196, da Lei Magna:

1) *a redução do risco de doenças e outros agravos.* Algumas observações podem ser extraídas a respeito: resta cristalina e juridicamente comprovada a conexão risco, saúde e direito; a expressão "risco de doenças" está ligada a uma idéia de saúde "preventiva"; de outra banda, "outros agravos" significa a impossibilidade de tudo se prever em relação à saúde, o que reforça a idéia da excessiva contingência sanitária, reduzível a partir da compreensão do código da saúde (Saúde/Enfermidade).

2) *o acesso universal igualitário às ações e serviços.* O cidadão tem direito de ser atendido pelo SUS, pelo simples fato de ser cidadão, respeitando-se sua autonomia individual de ser atendido fora de tal sistema caso seja essa sua decisão.[287] Tem-se, ainda, que a expressão significa a saúde como direito de qualquer pessoa, independentemente de qualquer condição, inclusive ao estrangeiro residente no país;[288] ademais, não haverá preconceito ou privilégio no atendimento, pois deve ser atendido o princípio da igualdade.

---

[286] É seu texto: "A saúde é direito de todos e dever do Estado, garantido mediante políticas sociais e econômicas que visem à redução do risco de doença e de outros agravos e ao acesso universal e igualitário às ações e serviços para sua promoção, proteção e recuperação."

[287] CRUZ, José Francisco das Graças. *Assistência à Saúde no Brasil: evolução e o sistema único de saúde.* Pelotas: EDUCAT, 1998. p. 40.

[288] Cfe. DALLARI, Sueli. *Os Estados Brasileiros e o Direito à Saúde.* São Paulo: HUCITEC, 1995.

Essas ações e princípios, segundo o mesmo artigo, visam à:

1) *promoção*. A Constituição estabelece aqui o vínculo entre qualidade de vida e saúde, pois essa promoção, por mais redundante que soe essa afirmação, visa a promover a saúde, entendendo-a não apenas como a cura e a prevenção de doenças, mas também com o fato de ser um processo que se constrói e que se modifica, sofrendo influência de todos os demais sistemas sociais. A referida qualidade de vida possui uma série de direitos afins, e o art. 3° da Lei 8.080/90 apresenta alguns deles. Já o art. 225 da CF/88 positiva a qualidade de vida, ao mesmo tempo em que a conecta com o meio ambiente.

2) *proteção*. Claramente ligada à já mencionada idéia de uma atuação sanitária presente em um momento anterior ao da doença, conectando-se, também, como estratégia de enfrentamento do risco em saúde.

3) *recuperação*. Novamente se posiciona a necessidade de, em caso de ocorrência de infortúnios na área da saúde, ela ser restabelecida mediante um processo "curativo", ou seja, atuar em um momento posterior ao da ocorrência da enfermidade.

Por outro lado, o art. 2° da Lei 8.080/90 aduz, referindo ser a saúde direito fundamental do ser humano, devendo o Estado prover as condições indispensáveis ao seu pleno exercício, assim como os parágrafos primeiro e segundo do mesmo artigo, além de o artigo subseqüente e seu parágrafo único reforçarem o caráter sistêmico da saúde brasileira.

O art. 197 da Constituição Federal define que as ações e os serviços de saúde são de relevância pública. Tal afirmação torna função institucional do Ministério Público a proteção do direito à saúde, forte no art. 129, II, da CF/88. Para Carvalho e Lenir Santos[289] o termo *relevância pública* significa que o legislador quis

> talvez enunciar a saúde como um estado de bem-estar prioritário, fora do qual o indivíduo não tem condições de gozar outras oportunidades proporcionadas pelo Estado, como educação, antecipando-se, assim à qualificação de "relevância" que a legislação infraconstitucional deverá outorgar a outros serviços públicos e privados, para efeito do disposto no art. 129, II da Constituição.

Daí que não se pode furtar de afirmar que, também por esse motivo, a Constituição conferiu à saúde e à dignidade humana um caráter fundamental e primário, no sentido de antecedente aos demais. Essa é uma premissa decisória básica do sistema organizacional brasileiro de saúde,

---

[289] CARVALHO, G. I. de, SANTOS, L. *Sistema Único de Saúde: comentários à lei orgânica da saúde (Lei n° 8080/90 e Lei n° 8.142/90)*. 2ª ed, atualizada e ampliada. São Paulo: HUCITEC, 1995. p. 287.

irradiando-se a todas suas escalas de decisão de forma cíclico-recursiva,[290] de tal forma que decisões dela derivadas vinculam o Poder Público, tornando seu dever dispor sobre sua regulamentação, fiscalização e controle (art. 197, da CF/88). É, portanto, uma questão de competência em duplo sentido. Por um lado, há que verificar quem pode legislar sobre saúde; por outro, qual(is) é(são) os órgãos que deve(m) "cuidar" dela.

A União legisla sobre a defesa da saúde e de sua proteção, inclusive a do meio ambiente (art. 24, VI, VIII e XII, CF/88), via normas gerais que, em verdade, são declarações de princípios, implementando diretrizes sanitárias, as quais se devem obedecer em todo o território nacional. Todavia, os estados podem suplementar a legislação federal, adaptando – nunca contrariando – e especificando as generalidades de ditos diplomas legislativos (art. 24, §§ 1° e 2°, e 30, II, todos da CF/88).[291] Os municípios, por seu turno, legislam no interesse local, além de suplementar a legislação federal e estadual no tocante à saúde, sempre que o interesse local o exigir. É uma competência indicativa,[292] forte no art. 30, I, da CF/88. Dessa forma, a competência legislativa sanitária é concorrente, em conformidade com o disposto no art. 24, XII, da CF/88, excetuando-se as hipóteses de competência exclusivas da União (arts. 21, XXIV, e 22, XXIII, da CF/88).

Mas a quem caberá "cuidar" da saúde? A saúde é dever do Estado, inexistindo enumeração taxativa constitucional sobre quem deverá ter responsabilidade em relação a ela. Logo, o Estado é entendido como todos os Estados-Membros da Federação, ou seja, a saúde é dever da União, dos Estados, do Distrito Federal e dos Municípios, tratando-se de *competência comum*, sendo tarefa de todos os entes federados.

O art. 23, II, da CF/88 regula o tema da competência de "cuidados da saúde", a respeito do qual Dallari[293] assinala:

> A conclusão inevitável do exame da atribuição de competência em matéria sanitária é que a Constituição Federal vigente não isentou qualquer esfera de poder política

---

[290] Assim é o pensamento de SANTOS, Lenir. O Poder Regulamentador do Estado sobre as Ações e os Serviços de Saúde. In: FLEURI, S. (Org.) *Saúde e Democracia: a luta do CEBES*. São Paulo: Lemos Editorial, 1997, p. 256: "No presente caso, a caracterização da relevância pública dos serviços e ações de saúde, o reconhecimento da saúde como direito social e individual e o fato de a saúde ser resultado de políticas sociais e econômicas que reduzam o risco de doença são os princípios essenciais que vão informar todas as ações e os serviços de saúde".

[291] A respeito, assevera ROCHA, Júlio César de Sá da. *Direito da Saúde: direito sanitário na perspectiva dos interesses difusos e coletivos*. São Paulo: LTr, 1999, p. 40: "A norma geral deve ser, portanto, uma lei-quadro, uma moldura legislativa. A lei estadual suplementar introduzirá a lei de normas gerais no ordenamento do Estado, mediante o preenchimento dos claros deixados por esta, de forma a afeiçoa-la às peculiaridades locais".

[292] Idem, p. 40.

[293] DALLARI, *Os Estados Brasileiros e o Direito à Saúde*, 1995, p. 42.

---

O tratamento jurídico do risco no Direito à Saúde

da obrigação de proteger, defender e cuidar da saúde. Assim, a saúde – "dever do Estado" (art. 196) – é responsabilidade da União, dos Estados, do Distrito Federal e dos Municípios.

Entretanto, a execução dos serviços e das ações de saúde poderá ser realizada por outras formas, além da direta – feita pelo Estado. Terceiro(s), pessoa física e/ou jurídica de direito privado, também poderá(ão) atuar nesse sentido. Assim, o art. 197 da CF/88 estabelece na execução das ações e dos serviços de saúde a possibilidade da participação da pessoa jurídica de direito privado. O Título III da Lei 8.080/90 trata do tema, assim como a Lei 9.656/98.

O art. 198 da CF/88 assevera que as ações e os serviços públicos de saúde integram uma rede regionalizada e hierarquizada, constituindo-se em um sistema único, de acordo com os princípios da integralidade, igualdade e participação comunitária, que são vinculativos tanto aos serviços executados diretamente pela Administração Pública como àqueles efetuados através de contratações, convênios, terceiros ou particulares.

Estabelece-se, pois, o SUS – o Sistema Único de Saúde. Em outras palavras, o art. 198 da CF/88 diz que há a rede pública de saúde e a rede privada (por contratação ou convênio). Ambas formam uma rede regional (para que sejam respeitadas as particularidades locais) e hierárquicas, que devem estrita observância aos princípios do SUS (integralidade, igualdade e participação da comunidade). Daí, surge um Sistema Único de Saúde. Um sistema organizacional de decisão sanitária. Portanto, existe um único sistema de saúde, mesmo que composto por sistemas de natureza jurídica diferenciada, visto que todos estão subordinados aos mesmos princípios decisórios.

O artigo 7º da Lei 8.080/90 corrobora a imposição constitucional de sistema de saúde único, ratificando o preceito constitucional quanto ao cumprimento das diretrizes e fixando os princípios que deverão ser seguidos no desenvolvimento das ações e dos serviços de saúde pública e os serviços privados contratados ou conveniados. Lenir Santos[294] diz que essa organização é baseada na idéia de que um

> sistema pressupõe diversos elementos interligados pelos mesmos princípios; um todo orgânico, compostos de elementos de vária natureza e orientado para um fim determinado, que lhe dá consistência e funcionamento harmônicos. É uma diversidade de elementos atuando, coerente e finalisticamente, como unidade conceitual.

Note-se que essa organização sanitária está ligada a uma idéia sistêmica de saúde (até semanticamente), por entender que a organização deve ser feita de forma regionalizada, pretendendo-se reduzir a complexidade do tema, tratando-o a partir das peculiaridades de cada região.

---

[294] SANTOS, *O Poder Regulamentador do Estado...*, 1997, p. 256.

De outra banda, da mesma forma que a responsabilidade sobre a saúde é dividida entre todas as esferas do governo, o SUS também assim se reparte, possuindo cada ente federado os órgãos, poderes e instrumentos para tal.

À direção nacional do Sistema Único da Saúde, mais especificamente ao Ministério da Saúde – em que o responsável (gestor) será o Ministro da Saúde, compete as matérias elencadas pelo art. 16, da Lei 8.080/90, podendo-se destacar o dever de participar na formulação e na implementação das políticas públicas de saúde, bem como o de promover a descentralização para as Unidades Federadas e para os Municípios, dos serviços e das ações de saúde, respectivamente, de abrangência estadual e municipal.

À direção estadual do SUS, através da respectiva Secretaria de Estado – onde o responsável (gestor) será o Secretário de Saúde do Estado –, compete o estabelecido pelo art. 17 da Lei 8.080/90, como, por exemplo, promover a descentralização para os Municípios dos serviços e das ações de saúde.

Caso o estado decida pela municipalização da saúde, como é o caso do Rio Grande do Sul (art. 241, *caput*, da Constituição gaúcha), não poderá mais decidir sobre o planejamento do sistema, bem como passará a colaborar técnica e financeiramente com os municípios.

A falta de referência expressa em Constituição Estadual no tocante à questão sanitária não autoriza constatar sua ausência, já que, por força do art. 17, XII, da Lei 8.080/90, *é o sistema estadual de saúde que deve dispor, por meio de lei, sobre a regulamentação das ações e serviços de saúde, ainda que a Constituição do Estado não faça referência a essa obrigação e às demais, ou apenas a ela.*[295]

À direção municipal do Sistema Único da Saúde, por intermédio da Secretaria Municipal de Saúde ou do órgão equivalente (o gestor responsável será o Prefeito e a Secretaria Municipal da Saúde – ou diretor do órgão equivalente) , caberá, face ao disposto pelo art. 18 da Lei 8.080/90, participar do planejamento, da programação e da organização da rede regionalizada e hierarquizada do SUS, em articulação com sua direção estadual, bem como formar consórcios administrativos intermunicipais.

Partindo-se do pressuposto legal que há um único comando em cada esfera do Poder Público, atuando de forma hierárquica, mister a existência de Sistemas Municipais de Saúde, que poderão ser concretizados também através de consórcios intermunicipais (arts. 10 e 18, VII, da Lei 8.080/90).

---

[295] DALLARI, *Os Estados Brasileiros e o Direito à Saúde*, 1995, p. 84.

Tem-se, pois, a municipalização das ações e dos serviços de saúde, que possui evidente conexão com o princípio da descentralização (art. 198, I, da CF/88) e que será explicitada no item posterior. Dita municipalização vem ao encontro da nova posição do município na Federação, desde a promulgação da Constituição de 1988, uma posição de vanguarda e, ao mesmo tempo, de valorização do espaço local e de constitucionalização das regiões.

Logo, o acesso aos níveis mais sofisticados do Sistema Único de Saúde depende da análise do caso em concreto – excetuada situações de emergência –, e deve ser autorizado pelos responsáveis diretos. Entretanto, o que se nota, principalmente, nos hospitais públicos das grandes cidades brasileiras, é o abarrotamento dos mesmos, muitas vezes por pacientes e em casos que poderiam ser tratados/resolvidos no âmbito regional, sendo tal fenômeno fruto de uma prática política desconectada com os objetivos do sistema único de saúde.

O princípio do atendimento integral, do art. 198, II, da CF/88, é também diretriz do SUS, e significa que todas as ações e os serviços de saúde (promoção, proteção ou recuperação) são uma realidade una e, portanto, inseparável, constituindo-se em um todo que atua de modo harmonioso e contínuo.

O § 1º do art. 198 da Constituição Federal trata do financiamento do SUS, cuja especificação e procedimentos foi dada pelo Título V da Lei 8.080/90. O financiamento será feito através do disposto no art. 195 da CF/88, com recursos do orçamento da seguridade social, da União, dos Estados, do Distrito Federal e dos Municípios, além de outras fontes, especificadas pela Lei 8.080/90 (art. 32).

Os recursos arrecadados são depositados em conta especial, em cada esfera de sua atuação, e movimentados sob os auspícios e a fiscalização dos respectivos Conselhos de Saúde (art. 33 da Lei 8.080/90). As autoridades responsáveis por tal arrecadação deverão transferir o numerário efetivamente arrecadado para o Fundo Nacional de Saúde (a dotação a cada ente federado será feita de acordo com o art. 35 da Lei 8.080/90).

A Lei 8.142/90 trata do Fundo Nacional de Saúde (artigo 2º), ao mesmo tempo em que estabelece que os recursos destinados para a cobertura das ações e serviços de saúde a serem implementados pelos Municípios, Estados e Distrito Federal serão repassados de forma regular e automática para tais entes federados (artigos 2º, IV e 3º).

O Fundo Municipal de Saúde (art. 33 da Lei 8.080/90) deve ser criado obedecendo à legislação vigente, composta pelos artigos 167, IX, da CF/88, 33 e 34, da Lei 8.080/90, 1º, §2º, 2º e 4º, da Lei 8.142/90, 71, 72,

73 e 74, da Lei 4.320/64, além da Norma Operacional Básica do Sistema Único de Saúde e a Lei Orgânica do Município.

A Emenda Constitucional nº 29 acresceu ao artigo 198 os seguintes parágrafos e numerou o parágrafo único anteriormente existente como parágrafo primeiro. Os novos parágrafos fazem referência aos recursos mínimos a serem aplicados em ações e serviços públicos de saúde, pena de sanções ao responsável em caso de seu descumprimento – especialmente àquelas previstas pela Lei Complementar 101/00 (Lei de Responsabilidade Fiscal) e Lei n. 10.028/00:

A mesma Emenda Constitucional – a de nº 29 – acrescentou aos Atos das Disposições Constitucionais Transitórias o art. 77, que define, também, provisoriamente, os recursos mínimos a serem aplicados nas ações e serviços de saúde:

Art. 77. Até o exercício financeiro de 2004, os recursos mínimos aplicados nas ações e serviços públicos de saúde serão equivalentes:

I - no caso da União:

a) no ano 2000, o montante empenhado em ações e serviços públicos de saúde no exercício financeiro de 1999 acrescido de, no mínimo, cinco por cento;

b) do ano 2001 ao 2004, o valor apurado no ano anterior, corrigido pela variação nominal do Produto Interno Bruto – PIB;

II - no caso dos Estados e do Distrito Federal, doze por cento do produto da arrecadação dos impostos a que se refere o art. 155 e dos recursos que tratam os arts. 157 e 159, inciso I, alínea a, e inciso II, deduzidas as parcelas que forem transferidas aos respectivos Municípios; e

III - no caso dos Municípios e do Distrito Federal, quinze por cento do produto de arrecadação dos impostos a que se refere o art. 156 e dos recursos que tratam os arts. 158 e 159, inciso I, alínea b e §3º.

§ 1º Os Estados, o Distrito Federal e os Municípios que apliquem percentuais inferiores aos fixados nos incisos II e III deverão eleva-los gradualmente, até o exercício financeiro de 2004, reduzida a diferença à razão de, pelo menos, um quinto por ano, sendo que, a partir de 2000, a aplicação será de pelo menos sete por cento.

§ 2º Dos recursos da União apurados no termos deste artigo, quinze por cento, no mínimo, serão aplicados nos Municípios, segundo o critério populacional, em ações e serviços básicos de saúde, na forma da lei.

§ 3º Os recursos dos Estados, do Distrito Federal e dos Municípios destinados às ações e serviços públicos de saúde e os transferidos pela União para a mesma finalidade serão aplicados por meio de Fundo de Saúde que será acompanhado e fiscalizado por Conselho de Saúde, sem prejuízo do disposto no art. 74 da Constituição Federal.

§ 4º Na ausência de lei complementar a que se refere o art. 198, §3º, a partir do exercício financeiro de 2005, aplicar-se-à à União, aos Estados, ao Distrito Federal e aos Municípios o disposto neste artigo.

O art. 199 da Constituição do Brasil fixa a livre participação da iniciativa privada no SUS, repetida pelos artigos 4º, § 2º, e 21, da Lei 8.080/90.

Todavia seu § 1º estabelece que ela será feita de modo complementar, o que significa que dita participação somente ocorrerá quando o sistema não tiver os meios (físicos, humanos, financeiros...) para suprir as necessidades sanitárias da população (art. 24, Lei 8.080/90).

Até o final da década de 80, inexistia interesse privado (e estrangeiro) em atuar em saúde no Brasil. Os fatos que levaram a tal concessão são desconhecidos, mas certamente passam por uma pressão mercadológica aliada a uma concepção neoliberal de economia.

Se é complementar, como afirma o texto constitucional, a participação privada no Sistema Único de Saúde não é obrigatória. É uma livre opção do interessado, plenamente justificável diante da desconfiança popular quanto ao atendimento prestado pelo SUS. Portanto, por exemplo, ninguém ou nenhuma categoria de trabalhadores pode, por força de lei, ser filiado a sistema autônomo de saúde, caso contrário o diploma legal que impõe a associação é eivado de flagrante inconstitucionalidade.

Ainda no § 1º do art. 199, há a obrigatoriedade de as empresas privadas participantes do SUS terem como norte o interesse público e as diretrizes adotadas pelo Sistema. Devem, portanto, obedecer às regras gerais estabelecidas pela União. Os artigos 22 e 26, § 2º, da Lei 8.080/90 contêm o mesmo dispositivo.

Dallari[296] assinala que a iniciativa privada na saúde não exclui a pública. Ao contrário. A obediência das operadoras privadas de saúde às regras gerais sanitárias estabelecidas pela União implica alguns apontamentos. Um é o de que essa duplicidade de possibilidades de serviços sanitários é

> garantia da oferta dessas ações e serviços gratuitamente ou da certeza de que todos poderão ter acesso a eles. Outro é o que afirma a limitação da liberdade, da iniciativa privada ao que não contrariar o interesse público ou o que garante a co-responsabilidade da qualidade dos serviços sanitários pela rede privada, ou, ainda, o que veda a contratação de terceiros para atividades que possam ser regularmente exercidas por servidores públicos.

A relação legal entre as operadoras privadas de saúde e o SUS será regulada mediante contrato de direito público ou convênio (artigos 199, § 1º, CF/88 e 24, parágrafo único, da Lei 8.080/90). Será a Direção Municipal do Sistema Único de Saúde que firmará os convênios e os contratos com as instituições privadas (art. 18, I e X, da Lei 8.080/90).

Mas a participação privada no Sistema Único deve se resumir tão-somente ao indispensável – muito embora não seja essa a realidade – , uma vez que o § 1º do art. 199 da Carta Maior dá preferência às entidades filantrópicas e sem fins lucrativos na participação suplementar do SUS. O art. 25 da Lei 8.080/90, ratifica tal preceito constitucional.

---

[296] DALLARI, *Os Estados Brasileiros e o Direito à Saúde*, 1995, p. 40.

O § 2º do art. 199 da Lei Magna afirma ser vedada a destinação de recursos públicos para auxílios ou subvenções às instituições privadas com fins lucrativos

Por outro lado, o § 3º do art. 199 da CF/88 dispõe a proibição da participação direta ou indireta de empresas ou capitais estrangeiros na assistência à saúde no país, salvo nos casos previstos em lei. Abre, portanto, algumas exceções, todas elas previstas no art. 23 da Lei 8.080/90, quais sejam: doações de organismos internacionais vinculados à Organização das Nações Unidas (a Organização Mundial de Saúde), de entidades de cooperação técnica e de financiamento e empréstimos.

A Lei 9.656/98, modificada pela Medida Provisória nº 1976-32/00, regula a atividade suplementar de saúde, inclusive quanto ao ressarcimento das operadoras privadas de saúde.

Vale ressaltar que é o Conselho de Saúde Suplementar (CONSU) – art. 35 – A, da MP nº 1976-32/00, o órgão que estabelece e supervisiona a execução de políticas e diretrizes gerais do setor de saúde suplementar, e que este órgão faz parte da estrutura regimental do Ministério da Saúde, sendo colegiado e formado pelos seguintes Ministros de Estado (art. 35-B, da MP nº 1976-32/00): Chefe da Casa Civil da Presidência da República (Presidente do CONSU), da Saúde, da Fazenda, da Justiça e do Planejamento, Orçamento e Gestão.

Já a Agência Nacional de Saúde Suplementar (ANS), criada pela Lei 9.961/00, tem natureza de autarquia especial, caracterizando-se por sua autonomia administrativa, financeira, patrimonial e de gestão de recursos humanos, além de autonomia nas suas decisões técnicas e mandato fixo de seus dirigentes (art. 1º, § 2º, da Lei 9.961/00). É órgão colegiado, composto por até cinco Diretores (um será o Diretor-Presidente), que deverão ser brasileiros, indicados e nomeados pelo Presidente da República, após aprovação prévia pelo Senado Federal, com mandato de três anos, e com possibilidade de uma única recondução. Deverá contar, também, com um Procurador, um Corregedor e um Ouvidor.

Sua finalidade precípua é a de propor políticas e diretrizes gerais ao Conselho Nacional de Saúde Suplementar – CONSU – para a regulação do setor de saúde suplementar (art. 4º, I, da Lei 9.961/00).

O art. 200 da CF/88 dá a competência do SUS, ressalvando outras existentes em diplomas legais infraconstitucionais, especialmente as dispostas nas Leis 8.080/90 e 8.142/90. São elas:

a) controlar e fiscalizar procedimentos, produtos e substâncias de interesse para a saúde e participar da produção de medicamentos, equipamentos, imunobiológicos, hemoderivados e outros insumos;

b) executar as ações de vigilância sanitária e epidemiológica, bem como as de saúde do trabalhador; ordenar a formação de recursos humanos na área de saúde;

c) participar da formulação da política e das ações de saneamento básico;

d) incrementar, em sua área de atuação, o desenvolvimento científico e tecnológico;

e) fiscalizar e inspecionar alimentos, compreendido o controle de seu teor nutricional, bem como bebidas e águas para o consumo humano;

f) participar do controle e fiscalização da produção, transporte, guarda e utilização de substâncias e produtos psicoativos, tóxicos e radioativos; colaborar na proteção do meio ambiente, nele compreendido o do trabalho.

A Constituição prevê, ainda, que, em alguns casos, a saúde deverá ter atenção redobrada. O art. 227, § 1°, determina prioridade absoluta no trato da saúde da criança e do adolescente, e isso feito mediante assistência integral, devendo o Estado, para tanto, de acordo com o inciso I do § 1° do referido artigo, aplicar um percentual dos recursos públicos destinados à saúde para a assistência materno-infantil.

A assistência à saúde do educando também possui especial zelo constitucional, de acordo com o disposto no art. 208, VII, da CF/88. A CF/88 prevê esse mesmo cuidado aos deficientes físicos – vide art. 203, IV, aos idosos (art. 230), índios (art. 231,§ 1°) e às crianças e adolescentes dependentes de entorpecentes e de drogas afins (art. 227, § 3°, VII).

Todo esse arcabouço decisório está voltado para a consecução da função (saúde). É uma estrutura funcional destinada a dar saúde ao povo brasileiro que, no entanto, se mostra ineficaz no mundo dos fatos. Quando tal falha é vista sob o ponto de vista autopoiético, pode-se afirmar que há uma falha de comunicação entre o sistema organizacional da saúde e os demais Poderes da República brasileira. Nesse sentido, cabe investigar a atuação do Poder Judiciário no campo da saúde, a fim de que o sistema sanitário reste estabilizado.

# 3. Organização decisória e temporal do sistema jurídico

*O risco é duplamente reflexivo: produto de nossas opções tecnológicas,e, também, fruto de nossos modelos científicos e dos nossos juízos normativos.*[297]

A visão mais divulgada a respeito do direito à saúde o enquadra a partir de sua concepção individual[298] (e, no máximo, social)[299]. Esse tipo de concepção, imbricada em uma observação das características erigidas por um direito moderno (universal, individualista e subjetivista), visava a uma pretensa segurança jurídica a ser fornecida pelo Estado, fato que se mostra insuficiente para a observação do referido fenômeno em uma sociedade de risco e de incertezas.

No plexo sistêmico, o direito à saúde é entendido como uma variante de possibilidades de alternativas maiores do que se possa escolhê-las. Dessa forma, por exemplo, o direito à saúde deve ser individual e universal ao mesmo tempo. Nesse sentido, lembra Arnaud:[300] *o conceito de direito subjetivo atribui à saúde uma propriedade vinculada à pessoa do indivíduo. Será que se pode enunciar rigorosamente que o trabalho ou a saúde pertencem à esfera de uma tal propriedade?*

O direito à saúde apresenta-se, portanto, como uma temática complexa, que necessita de uma criação de ordem com base em sua desordem. O risco sanitário é tanto tecnológico como de produção normativa. Veja-se o exemplo de Bobbio:[301]

A exigência de uma maior proteção dos velhos jamais teria podido nascer se não tivesse ocorrido não só o aumento do número de velhos, mas também de sua longe-

---

[297] OST, *O Tempo do Direito*, 1999, p. 345.

[298] Relacionado com a já referida noção de saúde "curativa".

[299] Conectada com o aspecto "preventivo" e promocional da saúde, também já abordados neste livro.

[300] ARNAUD, *O Direito entre Modernidade e Globalização...*, 1999, p. 223.

[301] BOBBIO, Norberto. *A Era dos Direitos*. Tradução de Carlos Nelson Coutinho. 14ª ed. Rio de Janeiro: Campus, 1992, p. 76.

vidade, dois efeitos de modificações ocorridas nas relações e resultantes dos progressos da medicina. E o que dizer dos movimentos ecológicos e das exigências de uma maior proteção da natureza, proteção que implica a proibição do abuso ou do mau uso dos recursos naturais, ainda que se os homens não possam deixar de usa-los?

A construção de uma lógica sanitária autopoiética tem, basicamente, como já visto, dois vértices. Em um lado, os sistemas organizacionais de saúde postulam, mediante decisões e de forma circular, o fim perseguido – a saúde. Para tanto, baseiam-se em contradições. Seus avanços são dados pelo (des)conhecimento da doença. Em uma dinâmica cíclico-recursiva, o sistema reprocessa informações e emite decisões que fazem a prestação necessária no ramo da saúde. De outra banda, como também já salientado, devido à inclusão da saúde no sistema social, a rede na qual ela resta incluída e a abertura cognitiva do próprio sistema sanitário encarregam-se de fazer a necessária comunicação com os demais subsistemas diferenciados, no caso, o sistema jurídico, que também é baseado em uma contradição: Direito/Não-Direito.

No momento da ocorrência do acoplamento estrutural entre o sistema sanitário e o sistema jurídico, dá-se a atuação desse último, desta vez, sob seu código próprio e mediante sua organização específica – o Poder Judiciário. Assim como no sistema sanitário, o sistema jurídico também possui uma organização interna que lhe permite decidir de forma a reduzir risco e complexidade (expectativa de expectativas), redirecionando suas questões ao futuro. Dessa forma, *quando però, nei casi dubbi, le conseguenze costituiscono l'único criterio giuridico, allora sul diritto e sul non-diritto decide ancora una volta il futuro – un futuro che noi non possiamo conoscere, ma solo costruire.*[302] Com isso, torna-se possível, por intermédio de decisões jurídicas de risco, estabelecer-se um sentido mínimo capaz de abrandar a incerteza e a complexidade da saúde.

De acordo com os delineamentos anteriormente estabelecidos, tem-se que o sistema jurídico possui uma lógica interna própria, espelhada em seu código específico. No entanto, possui uma abertura cognitiva por onde mantém contato com o sistema social. Com isso, o sistema jurídico está internamente limitado a si mesmo, mas, no que se refere às comunicações do entorno, incide nas comunicações da vida cotidiana,[303] como é o caso da saúde.

---

[302] LUHMANN, *La Diferenziazionne del diritto...*, 1990, p. 85.

[303] Ibidem, p. 61: "Al sistema giuridico appartengono non solo quelle comunicazioni che si svolgono nell'ambito di procedimenti regolati attraverso il diritto, ma anche comunicazioni della vita quotidiana, nella misura in cui esse pongano questioni di diritto oppure facciano valere o respingano pretese con riferimento al diritto."

Visto assim, todo e qualquer sistema subsistema da sociedade possui, em suas estruturas, influências comunicacionais provenientes do sistema jurídico – ou até mesmo uma norma jurídica –, pois a interação social se desenvolve paralelamente ao processo de restrição das expectativas de comportamento patrocinado pelo Direito.[304]

Diante disso, a fim de se conseguir perscrutarem os pressupostos decisórios para questões que abordem o direito à saúde, necessário se faz entender sua organização interna, ou seja, delimitar a decisão prévia que organiza o Poder Judiciário ou a norma anterior que torna possíveis decisões posteriores, recursivas e mantenedoras da estabilidade e (re)criação temporal sistêmico-jurídica.

## 3.1. A diferenciação legislação/jurisdição

Na medida em que os subsistemas funcionais de uma sociedade vão-se especificando de forma mais intensa, começam a surgir subcódigos. Tais subcódigos são necessários para o cumprimento da função sistêmica (decisão no Direito e saúde no sistema sanitário), visto que correspondem à resposta autopoiética do próprio sistema ao ruído de fundo advindo do entorno, restando vinculados ao código principal (Direito/Não-Direito e/ou Saúde/Enfermidade).

O sistema jurídico não foge à regra já exemplificada nos subcódigos do sistema sanitário. Nesse sentido, e a diferenciação entre legislação e jurisdição é fundamental para a distinção e diferenciação interna dos casos justiciáveis que chegam à análise do Poder Judiciário. É dizer: a dicotomia legislação/jurisdição é um pressuposto para a decisão a ser dada no caso concreto.[305]

A conseqüência dessa diferenciação se faz notar na organização do sistema jurídico e nas funções ocupadas pelas estruturas componentes de sua auto-referência interna. Passa-se de uma noção hierárquica, advinda de uma base kelseniana, para uma circularidade interdependente, como defende Teubner.[306] Nessa nova concepção, a distinção centro/periferia é pressuposto da necessária diferenciação que dá unidade ao sistema jurídico.

---

[304] Veja-se LUHMANN, *La Diferenziazionne del diritto...*, 1990, p. 64: "Il diritto stesso, come una forma di restrizione delle aspettative di comportamento, viene prodotto in ogni sistema della società, perche, diversamente, l'interazione sociale non è possibile."

[305] Nesse sentido, assinala LUHMANN, *A Posição dos Tribunais...*, 1990, p. 148: "A posição dos tribunais no sistema jurídico é determinada preponderantemente pela distinção entre legislação e jurisdição."

[306] Ver em especial TEUBNER, Gunther. *Diritto Policontesturale...*, 1999. p. 71-112.

Dentro dessa idéia, o binômio legislação/jurisdição é observado com base na diferenciação interna entre o centro e a periferia do sistema jurídico. Para Luhmann,[307] a centralidade é ocupada pela jurisdição, que interliga os tribunais e suas decisões. A posição central dos tribunais é determinada dessa maneira porque somente os Tribunais têm o condão de proferir decisão com *enforcing power* final.[308] Logo, se o sistema jurídico tem a função de decidir, aquela estrutura que pode dar uma decisão final aloja-se em seu centro. Dessa maneira, há uma hierarquização central, mas não no resto do sistema, que é circular. Com isso, as decisões dos tribunais se irradiam perante todo o sistema, alimentando e reprocessando a periferia, ao mesmo tempo em que ela influencia e irrita as decisões dos tribunais.

De outra banda, assinala-se que a jurisdição também tem um papel político. Esse papel é paradoxal, pois reside na manutenção da diferença entre o sistema jurídico e o sistema político, ou seja, na diferenciação funcional seletiva e decisória entre ambos. Dito de outra forma: a função política da jurisdição é apolítica. A respeito, assevera Luhmann:[309]

> La funzione politica della giurisdizione si fonda quindi, per dirla in modo paradossale, sulla sua neutralizzazione politica, intendendo l'aggettivo «politica» dapprima in senso lato, e successivamente nel senso stretto della politica dei partiti. Il paradosso scompare se si prendi in considerazione la differenziazione del sistema politico; appare quindi ovvio definire la funzione politica della girusdizione come mantenimento di questo sistema differenziato di selezione e di attività decisionale.

Nessa lógica, a *distinción en términos de centro/periferia ocurre como resultado de la diferenciación del centro. El centro es mucho más dependiente que la periferia de esta forma de diferenciación.*[310] A periferia (legislação) tem condições de experimentar novas diferenciações mediante contato com o centro. No entanto, no centro, produzem-se diferenciações mais importantes do que aquelas ocorridas na periferia. Dessa forma, por exemplo, a conseqüência imediata de uma decisão proferida por um tribunal para concessão de remédios é maior do que a feitura de uma lei, atuante no caso em tese e de forma abstrata. Decidir é ação. Decidir é dar ação ao Direito e, portanto, a jurisdição tem papel fundamental na diferenciação do sistema jurídico.[311]

---

[307] LUHMANN, *A Posição dos Tribunais...*, 1990, p. 165.

[308] Por exemplo: no sistema econômico, que tem como função o lucro, somente o banco poderá ocupar a função central, visto que é de sua exclusividade a redistribuição do lucro.

[309] LUHMANN, Niklas . *Stato di Diritto e Sistema Sociale. Introduzione all'edizione italiana di Alberto Febbrajo*. Napoli: Guida Editori, 1990. p. 59.

[310] MANSILLA, Darío. *Metapolítica*, p. 45-46.

[311] Cf. LUHMANN, *Stato di Diritto e Sistema Sociale*, 1990. p. 58.

A legislação, por seu turno, é a membrana do sistema jurídico, o ponto onde há a abertura cognitiva e pelo meio do qual se mantém a unidade interna, situando-se em sua periferia como verdadeiro *borderline* entre os sistemas jurídico e político, visto que é produzido pelo último, mas decidido pelo primeiro, em sua lógica codificada própria.

Como ponto fronteiriço do sistema, a legislação, conforme Luhmann,[312] responde à irritação do entorno mediante regras genericamente válidas, positivando expectativas de expectativas. Como ato político, a promulgação de uma lei no âmbito jurídico torna-se um mecanismo de compensação da desarmonia temporal do direito em relação à sociedade. O programador (legislador) reage e dá ao decisor (tribunal e juízes) elementos suficientes para que se possa, mediante a contrafaticidade normativa, regular o tempo. Exemplificando, pode-se ilustrar o sistema jurídico da seguinte maneira:

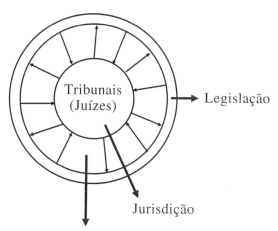

Circularidade Decisional (Norma-Ato-Norma)[313]

Baseando-se no gráfico, pode-se deduzir o papel de outro importante elemento da organização do sistema jurídico: a jurisprudência. Canaris[314] já defendia a essencialidade da jurisprudência em uma concepção de Direito como sistema, apontando-a como a única parte circular do processo. Entretanto, para que se compreenda o papel da jurisprudência, torna-se

---

[312] LUHMANN, *A Posição dos Tribunais...*, 1990, p. 165.

[313] Utiliza-se aqui a noção de Teubner para demonstrar o que ele mesmo denomina de "dança sem fim" da auto-referencialidade jurídica. Para maiores detalhes, ver TEUBNER, *Evolution of autopoietic law*, 1988.

[314] CANARIS, Claus-Wilhelm. *El Sistema en la Jurisprudencia*. Madrid: Fundación Cultural del Notariado, 1998. p. 175.

necessário analisar o papel da legislação, pois ambas estão interligadas, tanto que, para Luhmann,[315] o objeto da jurisprudência é a aplicação do Direito por intermédio das decisões aplicadas aos casos particulares.

Com isso, ocupa a legislação parte indissociável da jurisprudência, constituindo-se em elemento recíproco de auto-alimentação das decisões judiciais (jurisprudência). Dessa forma, mesmo que inovadora, a jurisprudência baseia-se no Direito, isto é, na legislação (*feedback*). Ainda que contra a lei, a decisão deve nela se basear (paradoxo) para que seja considerada válida, sob pena de extrapolação da função sistêmica do Direito.

Por outro lado, como já referido, a distinção entre legislação e jurisprudência importa na posição dos tribunais no sistema jurídico. Na interface de comunicações entre o sistema jurídico – onde se encontram os tribunais – e o sistema político (local do Poder Legislativo), é que surge a função decisional dos tribunais: central e circular. Desse modo, as decisões jurídicas não possuem um único ponto de vista, o que confere ao sistema autopoiético do Direito as seguintes características apontadas por Luhmann:[316]

1) O fundamento de vigência do sistema jurídico ainda é a Constituição, mas vista sob outro ponto de vista, o da escala decisional última. Logo, os Tribunais só são competentes para decidir se agem de acordo e em conformidade com a Constituição;

2) A vigência do Direito é ampliada, não se restringindo unicamente à legislação. No sistema *Common Law,* os precedentes ocupam lugar de destaque. Já no sistema romano-germânico, a jurisprudência, como explicitado, possui necessário *feedback* com a legislação;

3) Os Tribunais não fazem parte do sistema político, devendo se orientar por critérios jurídicos (Direito/Não-Direito). Dessa maneira, via de regra, os Tribunais não podem ser responsabilizados por suas decisões e, por isso, podem transformar o Direito autoconstitutivamente;

4) Com isso, os Tribunais não se apóiam única e exclusivamente no Direito vigente[317] (ao mesmo tempo em que devem afirmá-lo),[318]

---

[315] LUHMANN, Niklas. *El Derecho de la Sociedad.* Madrid: Iberoamericana, 2000. p. 244.

[316] Cf. LUHMANN, *A Posição dos Tribunais...*, 1990, p. 151.

[317] A respeito, recorda LUHMANN, *El Derecho de la Sociedad*, 2000, p. 250: "Los Tribunales no se pueden apoyar en el derecho vigente, incuestionable, sino que deben crear, postular y presuponer ese derecho sin que lleguen a garantizar que mas allá de la fuerza jurídica de la decisión del caso la decisión se válida en calidad de programa."

[318] Dessa maneira, quanto mais complexa a sociedade, "quanto maiores as dúvidas, conflitos e discrepâncias sobre as normas, maiores também as exigências de que os tribunais operem desconsiderando variáveis do tipo governo/oposição, rico/pobre, autoridade/cidadão. Estabiliza-se, ao mesmo tempo, um tratamento às desilusões de expectativas restrito à variável legal/ilegal.". CAMPILONGO, *O Direito na Sociedade Complexa*, 2000, p. 99.

reconhecendo pontos em que se devem utilizar critérios positivados pelo Direito, mas que, em verdade, não são jurídicos, como é o caso do art. 4º da Lei de Introdução ao Código Civil brasileiro. Logo, inexistem lacunas, mas sim, *problemas de decisão não regulamentadas por lei;*[319]

5) Os contratos repousam em fundamentos não-contratuais (paradoxo), mas os Tribunais os reconhecem como lei válidas para as partes contratantes. Com isso, o privado passa a ser conceito jurídico e, portanto, objeto de análise pelos métodos próprios do sistema do Direito;

6) A Constituição se torna o lugar por excelência de ocorrência do acoplamento estrutural entre o sistema jurídico e os demais subsistemas funcionalmente diferenciados da sociedade.

Nessa linha de raciocínio, cada Tribunal possui uma especificidade própria dada por sua competência decisória[320] em casos justiciáveis ou seja, casos que possam ser abarcados pelo código Direito/Não-Direito. Ainda, os Tribunais podem ser vistos como um subsistema parcial do sistema jurídico. Quando o Direito se bifurca internamente em legislação/jurisprudência, há uma unidade distintiva que diferencia seu interior de forma recursiva. Isso assume particular relevo porque o problema não reside nessa diferenciação, mas sim, no sistema que já resta diferenciado e que reage à sua auto-referencialidade.

Seguindo, tem-se que as decisões dos tribunais são centrais no sistema jurídico, conforme demonstrado. É preciso atentar novamente para o fato de que uma decisão é algo complexo, visto que pressupõe alternativas várias de escolha ante a possibilidade do reconhecimento da diferença. E é a diferença que constitui a alternativa[321] e que pode reorientar a jurisprudência dominante em um Tribunal, reconstruindo o Direito, mesmo que haja um paradoxo da transformação da coerção em liberdade,[322] pois quem se vê coagido por uma decisão judicial pode garantir liberdade com base em uma coercitividade anterior.

---

[319] LUHMANN, *A Posição dos Tribunais...*, 1990, p. 161.

[320] No caso brasileiro, por exemplo, a hierarquia dos tribunais tem em seu topo o Supremo Tribunal Federal, pois é ele o guardião precípuo da Constituição Federal, podendo as decisões de todos os tribunais inferiores serem revistas por ele mediante recurso e também porque é o último momento decisional, o último grau de jurisdição. Após, segue-se o Superior Tribunal de Justiça para a Justiça Comum e os Tribunais Superiores para a Justiça Especial (Justiça Militar, Justiça Eleitoral e Justiça do Trabalho), restando, na última linha hierárquica, os tribunais de segundo grau (Tribunal de Justiça, Tribunal Regional Federal, Tribunal de Justiça Militar e Tribunal Regional do Trabalho).

[321] Cf LUHMANN, *El Derecho de la Sociedad*, 2000, p. 245.

[322] LUHMANN, *A Posição dos Tribunais...*, 1990, p. 163.

De outra banda, essa estrutura anti-hierárquica é uma nova forma de percepção daquele que deposita uma expectativa em torno de uma decisão judicial. Pode-se, inclusive, dizer que é uma nova forma de liberdade política, como assevera Luhmann:[323]

> La struttura antigerarchica: non c'è piu alcun univoco *sopra o sotto*, ma più forze parallelle, giuridicamente equivalenti. Ciò significa, al tempo stesso, uma nuova forma di libertà politica garantita dal fatto che non esiste più per il cittadino *un* rapporto autorità-suddito, ma *più* rapporti di comunicazione com le forze politiche, che possono essere differenziati nella separazione di diritti e doveri senza che sia pregiudicata la capacita di prendere decisioni.

Recorde-se, todavia, que todas essas novas possibilidades, tornadas realizáveis pela unidade distintiva enclausurada do sistema jurídico, baseiam-se na circularidade entre decisão e legislação, cabendo, portanto, verificar-se a função desta na auto-referência do Direito.

## 3.2. A legislação

A lei, sob o ponto de vista da transformação da política em Direito e também como ponto de diferenciação entre esses subsistemas, tem tomado para si a função de compensar a temporalidade da sociedade em seu conjunto.[324] Daí decorre a necessidade de o programador (legislador) dar respostas mais rápidas e eficientes para a inevitável comunicação dos sistemas sociais, de forma a permitir o acoplamento entre o tempo da sociedade ao tempo do Direito.

As formas que o Direito protege à saúde são várias. De fato, são formas de aquisição evolutiva da sociedade. Pode-se dizer que a saúde encontra abrigo jurídico a partir do momento em que se estabelece a necessidade comunicacional de o sistema jurídico dar vazo à irritação do entorno no qual se insere. Nesse sentido, cabem perscrutar os diplomas legais de proteção sanitária, bem como de sua função/significado no sistema jurídico autopoiético.

### 3.2.1. A Constituição

Uma das principais formas de proteção jurídica à saúde é aquela fornecida pela Constituição, pois esse diploma, em sua versão clássica, seria o topo último de hierarquia do ordenamento jurídico. Dessa forma,

---

[323] LUHMANN, *Stato di Diritto e Sistema Sociale*, 1990. p. 56.
[324] Cf. LUHMANN, *Poder, Política y Derecho*, 2001, p. 30.

inexistiria garantia maior ao direito à saúde. No entanto, essa é uma não-realidade no mundo contemporâneo, especialmente em países periféricos, como é o caso do Brasil.

A idéia da Constituição como elemento pertencente única e exclusivamente ao sistema jurídico somente pode ser vista a partir de uma idéia sistêmico-autopoiética, ou seja, ela só surge quando se exclui a concepção da unidade entre Direito e Política, que vigorava nos séculos XVIII e XIX, posteriormente rechaçada por Kelsen.[325] A Constituição somente pode ser compreendida a partir da diferenciação funcional entre os sistemas político e jurídico,[326] visto que se apresenta como uma aquisição evolutiva da sociedade, pois substitui o direito natural pelo direito da razão, tornando-os operacionalizáveis.[327]

Nesse sentido, a aquisição evolutiva da Constituição pode ser sugerida como um processo inter-organizativo que pode vir a desencadear um texto constitucional mais próximo dos estágios societários atuais. Esse é o caso, por exemplo, da Comunidade Européia e do próprio Mercosul. A necessidade de integração demandada pelo sistema social forçará a Constituição a se adaptar e a ser (re)criada. Essa idéia é bem explicada por Canotilho:[328]

> Mas Luhmann continuou depois a abordar algumas questões constitucionais, além das questões teóricas que estão sempre no centro do seu pensamento. Foi apontando para a idéia de Constituição evolutiva, porque era uma idéia interessante a nível de inter-organizatividade. E esta é uma das premissas básicas de Luhmann, que veria na idéia de Constituição evolutiva uma possibilidade da própria evolução do constitucionalismo europeu. Não é por acaso que o Tribunal de Justiça das Comunidades começou a falar (antes do tempo, no meu entender) de "Constituição Européia", sem haver um poder constituinte a cria-la.

Luhmann vê, na Constituição, portanto, algo dinâmico, separado das tradicionais concepções longevas de Estado que possibilitavam a manutenção temporal de uma Constituição. E isso somente é conseguido, paradoxalmente, por seu isolamento clausural em relação aos demais sistemas, pois somente dessa maneira a Constituição consegue um nível tal de organização que lhe possibilita avançar em direção ao futuro. Ademais, a diferenciação entre Constituição e Política carrega uma série de vantagens, assinaladas por Alcóver:[329]

---

[325] Nesse sentido, ver WARAT. Luis Alberto. *A Pureza do Poder*. Santa Catarina: UFSC, 1983.

[326] Conforme LUHMANN, *La Constitution comme Acquis Évolutionnaire*, 1995, p. 106: "Le concept de constitution réagit à une différenciation du droit et de la politique, et plus encore: à la séparation totale de ces deux systémes fonctionnels, *ainsi qu'au besoin de liaison qui en resulte*".

[327] Cf. DE GIORGI, *Direito, Democracia e Risco...*, 1998, p. 118-119.

[328] CANOTILHO, José Joaquim Gomes. 1ª Parte – Videoconferência – 21/02/02 – UFPR. In: COUTINHO, Jacinto Nelson de Miranda (Org.). *Canotilho e a Constituição Dirigente*. Rio de Janeiro: Renovar, 2003. p. 23.

[329] ALCÓVER, *El Derecho en la Teoria....*, 1998, p. 344.

1) Se, no sistema jurídico e também no sistema político, as decisões programadas e as programáveis estão diferenciadas e atribuídas a diversos órgãos do Estado, essa organização permite uma maior racionalidade na divisão de tarefas e, com isso, a separação das responsabilidades pela manutenção ou modificação dos programas, a partir de sua relação com o entorno;

2) Também permite separar a coercibilidade, o uso do monopólio da força física e potencializar aquela em detrimento desta. Permite, também, separar as formas utilizadas pelo sistema jurídico para proteger contemporaneamente a seguridade das expectativas normativas e sua adaptação à realidade;

3) A especificação funcional do Direito não impede a observação da importância das funções desempenhadas por determinadas instituições e normas jurídicas para a própria manutenção da diferenciação funcional da sociedade (esse é o caso, por exemplo, dos direitos fundamentais – direito fundamental à saúde).

Desse modo, sob o viés da teoria dos sistemas, não significa dizer que a Constituição não mantém contato com os demais subsistemas sociais. De fato, ela é o acoplamento estrutural entre Direito e Política,[330] o momento por excelência onde há a comunicação do sistema jurídico com o entorno. Esse acoplamento fica nítido quando se reconhece, por exemplo, que a democratização da política (governo/oposição) *exige, finalmente, todavía más protección jurídica al particular, en lo especial en lo concerniente a sus derechos constitucionales.*[331] A diferença é que, quando decidida pelo sistema do Direito, deverá haver justicialidade para as decisões fornecidas por seu código próprio (Direito/Não-Direito). Já os políticos não devem interpretar a Constituição. Devem cumpri-la, uma vez que o objeto de sua ciência é diverso da especificidade jurídica.[332]

No mesmo sentido, a Constituição utiliza-se de conceitos políticos tais como povo, eleitor, partidos políticos e Estado e se remete, com isso, ao sistema político. Mas, quando positivados em um texto constitucional, esses conceitos passam a ser analisados/perscrutados como Direito e assim serão justicializados. A lição de De Giorgi[333] é esclarecedora:

---

[330] Sobre o tema assinala LUHMANN, *La Constitution comme Acquis Évolutionnaire*, 1995, p.118: "La constitution constitue ( *Konstituiert)* et rend en même temps invisible le couplage structurel du droit et de la politique."

[331] LUHMANN, *Poder, Política y Derecho*, 2001, p. 21.

[332] Nesse sentido observa HESPANHA, *A Autopoiese na Construção...*, 1999. p. 60: "É necessário que se parta de uma premissa autopoiética que assegure a auto-identificação dos componentes da matéria política que fundamenta a auto-regulação e o autoconhecimento das unidades normativas do Direito Constitucional sem confundí-las com o objeto que disciplina a ciência política."

[333] DE GIORGI, *Direito, Democracia e Risco...*, 1998, p. 119.

Mediante a constituição "o direito reage à sua autonomia", na medida em que dispõe de clausura, e, por conseguinte, de autocontrole. Por outro lado, a política garante a sua independência e pode conter as pressões involutivas dos estratos e canalizar as imposições dos privilégios. A constituição "fecha o sistema jurídico porque o regula como um âmbito no qual ela mesma reaparece": a constituição é direito que trata da conformidade do direito consigo mesmo.

Nessa esteira, tem-se, portanto, que a autopoiese constitucional é baseada em sua auto-referencialidade. No momento da operação jurídica, que toma por base a Constituição, o Direito produz sentido a partir de suas próprias especificidades e de sua unidade distintiva própria. Logo, não se confunde a auto-referência produzida pelo sistema político com relação à Constituição com a *self reference* constitucional do sistema jurídico, pois, como refere Hespanha,[334] são sistemas distintos *em que se envolvem as referências das pessoas ou dos grupos que as experenciam.*

Contudo, é essa mesma distinção auto-referencial que dá possibilidade de uma abertura exógena e cognitiva da Constituição ao entorno que a cerca.[335] Nessa dinâmica permanente de comunicação com os demais subsistemas sociais, a Constituição vai-se auto-regulando e, cada vez mais, distinguindo-se do exterior, formulando uma unidade referencial própria de estruturas, princípios e operações específicos.

Nessa lógica, os princípios constitucionais, por exemplo, são pré-requisitos de decisão, e não condições de justiça. São esquemas operativos de natureza condicional limitados pela função estrutural dada pelo sistema no qual estão inseridos (o Direito – decisão). As pré-condições dos princípios são fornecidas pela diferenciação funcional, pois é ela que dá a individualização dos modos de comportamento.

Aliada à individualização dos princípios via diferenciação, a generalização das expectativas normativas via Constituição, torna-se base e requisito estrutural do Direito. Como assinala De Giorgi,[336] *ambos são garantidos e estabilizados através do direito e no sistema do direito pelos princípios constitucionais.*

---

[334] HESPANHA, *A Autopoiese da Construção...,* 1999, p. 60.

[335] Sobre a necessidade da diferenciação funcional entre o sistema político e o sistema jurídico, ressalta LUHMANN, *La Constitution comme Acquis Évolutionnaire,* 1995, p. 125: "Si le système politique résout le problème de sa propre autoréference par la constitution, il a alors besoin du droit. Ce qui ne peut fonctionner que parce que ces systèmes ne concordant pas, n'ont pás la moindre intersection, mais que le système politique ne peut se servir du syst'me du droit que par hétero-référence, cèst-à-dire par la prise en consideration dùn autre syst'me fonctionnel. Corrélativement, le concept d'Etat caractérise à la fois une organization et une personne juridique – selon le syst'me où il en est fait usage. Corrélativement encore, l'extension immense du doimaine d'application du pouvoir politique acquis grace au codage secondaire juridique de toutes les decision politiques, est conditionnée par la différenciation Claire des deux systèmes."

[336] DE GIORGI, *Direito, Democracia e Risco...,* 1998, p. 118.

Nessa linha, o princípio constitucional do direito à saúde (art. 196 da CF/88) é uma estrutura auto-referente que transforma o direito à saúde a partir do próprio direito à saúde. Ele vai garantir a generalização e a individualização da proteção sanitária no sistema jurídico, ao mesmo tempo em que possibilita a abertura externa e a clausura interna de tal direito.

Disso decorre que a idéia de Constituição é uma idéia paradoxal. A positividade e a operatividade interna da Constituição são possibilitadas pela sua necessária abertura cognitiva aos demais subsistemas funcionais da sociedade. Dito de outra forma: a positividade constitucional nada mais é do que a expressão de autodeterminação do sistema jurídico.

Ademais, a própria Constituição, quando auto-observada, reforça a idéia de entrelaçamento auto-referencial de suas partes componentes. Ora, os princípios remetem aos direitos fundamentais que, por sua vez, se conectam à organização do Estado. A organização estatal está ligada à organização dos Poderes. Em um movimento cíclico-recursivo, ocorre a auto-referência possibilitadora da intracomunicação e intraprodução constitucional.

Após o movimento intra-recursivo da Constituição, ela, mediante decisões, comunica-se com as demais normas e estruturas componentes do sistema jurídico, de tal forma que as *normas de Direito reproduzem outras normas de Direito, no contexto das próprias referências do sistema* constitucional.[337] Usando-se o conceito de Teubner,[338] poder-se-ia dizer, na esteira do raciocínio expendido, que a Constituição constitui-se em parte integrante do sistema autopoiético de segundo grau denominado Direito.[339]

Por outro lado, quando a Constituição, após sua auto-referência, coloca-se em movimento e influencia os demais subsistemas sociais há o momento de seu contato com tais subsistemas, notadamente, o político. Tome-se como exemplo o caso da saúde: no sistema jurídico, cabe decidir com base no código Direito/Não-Direito, espelhado, no caso brasileiro, na base constitucional fornecida pelo artigo 196 da Carta Magna. Já no sistema político, deve-se tomar a decisão de direcionamento de verbas públicas sanitárias, obedecendo-se aos programas políticos elaborados a partir da unidade distintiva governo/oposição. Dito de outra forma: a Constituição, na linguagem de Teubner,[340] faz-se presente e atuante nos demais subsistemas sociais por força de sua interlegalidade. Dessa forma, a Cons-

---

[337] HESPANHA, *A Autopoiese da Construção...*, 1999, p. 60.

[338] Cf. TEUBNER, *O Direito Como Sistema Autopoiético*, 1989.

[339] Afirma HESPANHA, op. cit., p. 61: "O Direito Constitucional é um sistema jurídico autopoiético de segundo grau, autonomizando-se em face da sociedade, enquanto sistema (social) autopoiético de primeiro grau, graças à constituição auto-reguladora de seus próprios componentes sistêmicos e à articulação de seus elementos num hiperciclo."

[340] Cf TEUBNER, op. cit.

tituição pode ser observada como o *locus* de construção do novo a partir das descrições oferecidas pelas vários subsistemas nos quais atua como fator condicionante de decisão comunicacional no interior dos subsistemas funcionais e diferenciados, e também no intermédio de comunicação limitativo estabelecido no entorno do sistema social do qual se insere a miríade comunicativa autopoiética.

Nessa esteira, uma nova realidade sanitária passa também pela autopoiese constitucional que constitui o direito da saúde, como afirma Hespanha:[341] *a autopoiese do sistema constitucional concretiza a construção positiva da juridicidade dos princípios, das regras e das instituições que regulam o político por meio de um processo aberto à sociedade.*

Dessa maneira, a decisão novamente toma lugar de relevo. A questão é quem deve decidir a respeito da Constituição, dando-lhe continuidade e efetividade. Se a lei e a jurisprudência atuam na decisão judiciária, tem-se que o problema é diferente do "grau superior" e "inferior" das leis.[342] Como já delineado, a tarefa decisória a respeito da Carta Magna cabe ao órgão constitucional do Poder Judiciário – no Brasil, o Supremo Tribunal Federal. Com isso, a intra-superioridade circular e central da Constituição é dada pelo fato de que os Tribunais responsáveis por sua guarda são a escala última da jurisdição, lugar onde se fecha o sistema e do qual não há mais possibilidade de busca de outra decisão.

Porém, não se afasta a hipótese de que toda a legislação deve conformidade em relação à Constituição, inclusive porque a dinâmica ato-norma-ato faz com que as decisões dos Tribunais Constitucionais reafirmem que *todo o Direito pode estar de acordo com ou contrário à Constituição.*[343] São as decisões de cunho constitucional que dão continuidade à abertura da Constituição, ou, como quer Canotilho, à constitucionalização fundamental da sociedade.[344]

Disso decorre a necessidade de uma organização interna ao sistema jurídico que pugne pela observância e respeito à Constituição. Logo, é conexa ao pensamento luhmanniano a noção de controle de constitucionalidade que filtre e verifique as normas legais permissíveis. Desse modo, autopoieticamente, *un sistema debe crear por si mismo un complejo de normas de control formal, por ejemplo en la forma de una Constitución*

---

[341] HESPANHA, A Autopoiese da Construção..., 1999, p. 75.

[342] Cf. LUHMANN, *A Posição dos Tribunais...*, 1990, p. 157.

[343] Idem, p. 158.

[344] Em palestra proferida no dia 18/10/2002, na PUCRS, o Professor José Joaquim Gomes Canotilho defendeu a idéia de que as teorias da diferenciação possibilitam à Constituição a comunicação com os demais sistemas sociais. No mundo globalizado, o professor defende que ao invés de uma economização fundamental ocorra uma constitucionalização fundamental, de modo a espalhar os valores constitucionais aos mais longínquos quadrantes da Terra.

*que regula el procedimiento y proporciona una preseleccion abstracta de normas legales permissibles.*[345]

Nesse sentido, quando Luhmann fala em pré-seleção abstrata de normas, há uma evidente conexão com o controle concentrado de constitucionalidade, onde se produz exame de (in)constitucionalidade de uma lei, que é dirigida a todos, para o caso em tese e feita de forma abstrata. No caso brasileiro, esse controle é de competência do Supremo Tribunal Federal, quer por meio de Ação Direta de Inconstitucionalidade, quer por Ação Declaratória de Constitucionalidade, ou, ainda, por Argüição de Descumprimento de Preceito Fundamental.

O legislador deve combater a corrupção da Constituição,[346] muito embora seja sua inobservância que a reafirme como lei fundamental. Corrupção no sentido de ser corrompida, violada. Essa idéia deve partir do próprio processo legislativo, que deve produzir normas conforme a Carta Magna, a fim de que a recursividade do Direito seja afirmada e, assim, torne-se possível sua abertura ao entorno. Dito de outra maneira: todo o Direito está sujeito ao exame de constitucionalidade.[347]

Nessa linha de raciocínio, também deve haver uma decisão anterior de constitucionalidade,[348] ou seja, o equivalente às Comissões de Constituição e Justiça existentes em cada casa do Poder Legislativo brasileiro. Mesmo que tomadas em outro sistema, essa operação é justiciável, visto que a decisão é dada com base na fórmula Direito (Constituição) / Não-Direito (Não-Constituição).

De outra banda, assim como todas as outras questões, a Constituição (e sua função) depende do observador. Caso o sistema político lançasse a observação, enxergá-la-ia unicamente como uma pré-condição decisória estabelecida pelo Poder Constituinte Originário, isto é, um meio programático para a tomada de decisões políticas. No entanto, a observação feita por um Tribunal deve tomar em conta seu papel de assegurar expectativas

---

[345] LUHMANN, Niklas. *Confianza*. Barcelona: Anthropos Editorial; México: Universidad Iberoamericana 1996, p. 115.

[346] Diz LUHMANN, *La Constitution comme Acquis Évolutionnaire*, 1995, 106: "Ce que signifie «constitution» es determine dans le miroir de as corruption. L'on s'en remet dans cette vue au législateur et il ne vient pas à l'esprit de distinguer la législation simple et la révision constitutionnelle. On attend du législateur (mais il est lui-même corrompu) un combat perpétuel contre la corruption de la constituion (*Verfassung*). Et c'est pourquoi: «It's not every public law an innovation on our constitution?"

[347] Afirma Ibidem, p. 118; "Tout droit es exposé à l'examen de constitutionnalité, et l'ancien droit est promptement rendu obsolète par un droit constitutionnellement institué."

[348] Refere LUHMANN, *Poder, Política y Derecho*, 2001,p. 25: "esto se puede examinar con anterioridad y, por lo general, así se examina. Pero este examen preliminar realizado por juristas, es entonces ya una operación interna del sistema jurídico independientemente del contexto organizativo e institucional en el cual se efectúe."

normativas. Dessa maneira, o Poder Judiciário *não deve exercer o papel de fiscal do Poder Constituinte Originário. Ele deve ser o garante da Constituição*[349] mediante o programa (legislação) oferecido pelo Poder Legislativo, mas dele se diferenciando, de forma a reconstruir o sentido da Constituição.

Dito de outra forma: para ambos os sistemas (político e jurídico), a Constituição amealha a influência do entorno.[350] Para o sistema político, a Constituição traz a legitimação ordenadora de seus atos, uma regulação que o vincula. Já para o sistema jurídico, a Constituição aumenta a possibilidade, por intermédio do Direito, da concretização das políticas públicas ali enunciadas. Como refere Navarro:[351]

> La Constitución, a modo de ejemplo, es una estructura presente, con características distintas, tanto en el sistema político cuanto en el jurídico. En ambos, cumple la misión de introducir el entorno en el sistema a través de la autorreferencia. El sistema político, con la interpretación que lleva a cabo los textos constitucionales, se representa la ilusión de un acoplamiento y una regulación ordenadora del Derecho en sus asuntos internos... Por su parte, el sistema jurídico, a través de la Constitución, se ve confrontado con la necesidad de elaborar de continuo las iniciativas políticas que se presentam. Paralelamente, se incrementan sus posibilidades de presentar estas iniciativas políticas en forma jurídica.

A Constituição é, portanto, o *medium*, o acoplamento estrutural da Política e do Direito. Nessa interpretação, a Constituição formula (vide cláusulas pétreas e o procedimento legislativo estabelecidos nos arts. 59 e seguintes da CF/88) o modo pela qual se modifica e o método que o Poder Legislativo possui para modificar a norma. Com isso, jurisdicizam-se relações políticas e intermedeiam-se razões políticas de transformação da norma jurídica.[352]

Dos argumentos expostos, pode-se concluir que a hierarquia constitucional kelseniana não mais responde aos anseios de uma sociedade de

---

[349] CAMPILONGO, *O Direito na Sociedade Complexa*, 2000, p. 86.

[350] Como exemplo dessa relação pode-se dizer que o Estado Democrático de Direito é a conseqüência de tal interdependência. A respeito, afirma LUHMANN, *Poder, Política y Derecho*, 2001, p. 26: "La fórmula Estado de derecho expresa una relación parasitaria entre política y derecho. El sistema político se beneficia con el hecho de que en otra parte (en el derecho) se encuentra codificada y administrada la diferencia entre lo que es conforme a derecho y lo discrepante. A la inversa, el sistema jurídico se beneficia con el hecho de que la paz – la diferencia de poderes claramente establecida y el hecho de que las decisiones se puden imponer por la fuerza – está asegurada en otra parte: en el sistema político. El término "parasitario" no expresa otra cosa, aquí, que la posibilidad de crecer gracias a una diferencia externa."

[351] NAVARRO, *El Derecho en la Moderna...*, 1998, p. 123-124.

[352] Como bem observa GUERRA FILHO, Willis Santiago. *Teoria da Ciencia Jurídica*. São Paulo: Saraiva, 2001. p. 194: "É nesse contexto que a Constituição se revela como grande responsável pelo acoplamento estrutural entre os (sub)sistemas jurídico e político, jurisdicizando relações políticas e mediatizando juridicamente interferências da política no direito, ao condicionar transformações nas estruturas de poder a procedimentos de mutação constitucionalmente previstos."

risco e de indeterminação.[353] A circularidade decisional se adapta e transforma a Constituição a partir de seus próprios elementos jurídicos e com base em uma nova lógica, mais apta a responder às influências comunicacionais dos demais subsistemas sociais.

Dessa forma, o Direito também pode ser observado como unidade de diferença entre o direito constitucional e o restante do Direito.[354] O Direito está orientado conforme a Constituição. Ou está de acordo, como já dito, ou está em desacordo[355] com o texto constitucional. Na primeira hipótese, a auto-referencialidade segue seu ciclo normal, e as decisões de caráter constitucional permeiam o sistema, reconstruindo-o. Na segunda, também ocorrerá a autopoiese, porém de forma negativa: o que está em desacordo com a Constituição reafirma o Direito por não ser Direito.

Nessa linha de raciocínio, a superioridade da Constituição e seu caráter de lei fundamental não são dados por uma definição estática. Tais características são (re)construídas no interior do sistema a partir de sua lógica interna própria. Significa, como aponta Luhmann,[356] *que l'immutabilité, la vulnérabilité, le caractère de valeur suprême, etc., doivent être construits dans le système du droit lui-même.* Nessa esteira, as características da Constituição, em um sistema autopoiético, levam a algumas considerações:[357]

1) É a Constituição, por intermédio de seus princípios e normas, que possibilita sua própria auto-referência;

2) Com isso há simetria infraconstitucional a partir da assimetria interna do texto fundamental;

3) A Constituição regula a produção do Direito e ela mesma prevê sua revisão, atualizando as normas inferiores e ela mesma;

4) A Constituição possibilita, ela mesma, a distinção entre direito constitucional e o restante do Direito;

---

[353] Assevera LUHMANN, *La Constitution comme Acquis Évolutionnaire*, 1995, p. 113-114: "La validité de la constitution ne peut plus guère mais n'a pas non plus besoin d'etre fondée de l'exterieur. La validité hypothétique, dessinée à partir d'une analogie scientique, d'une norme fundamentale (Kelsen). Il s'agit en tout cas d'une construction inutile. Il n'est pas difficile de comprendre qu'il y ait peu de sens à reposer toujours de nouveau la question du commencement ou du fondement de validité, de l' *arché* ou du *principium*. Abandonner cette problématique ne fait nullement le lit de l'arbitraire ( *Beliebigkeit*) ou, comme onle craint facilement en Allemagne, n'ouvre la porte aux nationaux-socialistes. On acquiert ainsi plutôt la possibilite d'analyser plus précisément les exigences auxquelles un texte partiallement autologique doit satisfaire au sein d'um système autoréférential , opératoirement clos."

[354] Cf. LUHMANN, *La Constitution comme Acquis Évolutionnaire*, 1995, p. 114.

[355] Conforme Idem, a idéia de Constituição "transforme l'idée déjà possible selon laquelle tout droit pourrait être conforme ou contraire au droit en l'idée selon laquelle tout droit est ou bien conforme à la constitution ou bien lui est contraire."

[356] Ibidem, p. 112.

[357] Apontadas por LUHMANN, Idem, p. 116.

5) A Constituição independe do sistema político no momento de sua aplicação no sistema jurídico, mas sofre sua influência no momento de sua feitura;

6) Disso decorre que a autopoiese jurídico-constitucional necessita de sua auto-referencialidade para sua (re)criação constante;

7) Logo, o fundamento da validade da Constituição implica unicamente a necessidade de dar à Constituição uma unidade sistêmica, que lhe possibilite se (re)criar a partir da distinção sistema/entorno dentro do sistema social.

Dessa forma, se a função do Direito é decidir e, se a Constituição é reconstruída a partir das estruturas e da dinâmica inerente ao sistema jurídico, e se os Tribunais ocupam posição central em dito sistema, tem-se que as decisões dali advinda (re)criam o Direito. Nessa linha, o direito constitucional à saúde, inserido que está nessa recursividade, tem, nos Tribunais que decidem sobre Constituição, fontes permanentes de adaptabilidade das necessidades fáticas ao código jurídico.

Entretanto, existem outras premissas decisórias de cunho sanitário que o decisor judicial deve levar em consideração, em especial, as regras de caráter constitucional e os Tratados internacionais. A partir deles, a legislação infraconstitucional se (re)constrói no já delineado movimento recursivo das decisões no sistema jurídico. É o caso, por exemplo, do estabelecimento constitucional da saúde como direito fundamental do homem.

### 3.2.2. A saúde como direito fundamental do homem

A saúde como direito humano baseia-se no artigo 25 da Declaração Universal dos Direitos do Homem, cujo teor expressa o direito de todo ser humano à prestação sanitária. A adoção de tal conceito levou quase todas as Constituições do mundo a afirmarem a saúde como um direito fundamental do homem,[358] determinando a relação obrigacional entre o Estado (devedor) e indivíduo (credor). Sabe-se, todavia, especialmente, em países

---

[358] Nesse sentido afirma SANZ, *Consuelo Costa. La Salud como Derecho Humano*. In: BALADO. M., REGUOIRO, J.A.G. (Dir) *La Declaración Universal de los Derechos Humanos en su 50 aniversario*. CIEP, 1996, p. 293: "El reconocimiento de este derecho es una conquista sociologica-cultural bastante reciente cuyo contenido se ha ido delineando en el curso de estos últimos cincuenta años. No solamente los instrumentos adoptados por la comunidad internacional organizada, sino también casi todas las Constituciones modernas en el mundo reconocen la salud como un Derecho Humano Fundamental. Esto determina el deber de los Estados, tanto de abstenerse de todo acto que pueda poner en peligro la salud de las personas (obligaciones negativas), como de formular e implementar medidas en este campo para reducir daños, riesgos y desventajas que pesan sobre ciertos sectores de su población (obligaciones positivas)."

O tratamento jurídico do risco no Direito à Saúde

**127**

periféricos como o Brasil, que a simples afirmação constitucional de tal direito não produziu os resultados imaginados.

Dessa maneira, resta a pergunta: como afirmar o direito humano à saúde de modo ao futuro? Simplesmente positivá-lo não basta. Ora, só se conhece expectativa via frustração e só se reafirma norma mediante ofensa. Nesse sentido, para Luhmann,[359]

> a forma mais atual de afirmação dos direitos humanos poderia ser assim, simultaneamente, a mais original (natural). Normas são reconhecidas por meio de suas violações; e os direitos humanos na medida em que são descumpridos.

Desse modo, se os direitos humanos não podem ser negados, eles sequer existem. Por isso, é que eles são somente declarados. Quanto maior o descumprimento, mais necessária será sua proteção e, em conseqüência, sua afirmação. Logo, nos direitos humanos, há a insuficiência do paradoxo validade/descumprimento. Por exemplo, a busca pela solução desse paradoxo é um paradoxo, na medida em que a omissão passa a ser a melhor ação para o seu reconhecimento. Aliás, se não descumpridos, são esquecidos. Enquanto individualmente é possível fazer valer uma norma mediante a coerção estatal, nos direitos humanos, isso não ocorre, sendo necessária uma auto-observação (validade/descumprimento) para sua afirmação.

Sob essa dinâmica, ocorrerá maior contingência no campo sanitário. Porém, serão possíveis critérios outros para afirmação/interpretação do direito humano à saúde. A noção de saúde como direito humano dá uma visão diferenciada daquela calcada nas gerações de direitos, oferecendo possibilidades novas de decisão que irão (re)processar o sistema jurídico. Nessa linha, para Leonel Severo Rocha:[360]

> Os direitos humanos são formas de contingência que nos permitem certas possibilidades de compreender de uma maneira diferente as situações que estão sendo pré-estabelecidas. Os direitos humanos são certas formas de contingência que permitem espaços interpretativos diferentes dos tradicionais, desde as suas derivações lógicas de direitos de primeira e de segunda geração.

Em outras palavras: se não há comunicação, os direitos humanos não são afirmados. No Brasil, essa questão aparece cada vez com mais força porque há bem mais descumprimento. Ou, porque há maior publicidade do desrespeito a tais direitos e, dessa maneira, revela-se uma maior ocorrência de violações, o que, paradoxalmente, reforça a sua afirmação. Exemplifica Leonel Severo Rocha:[361]

---

[359] LUHMANN , *O Paradoxo dos Direitos Humanos...*, 2000, p. 158.

[360] ROCHA, Leonel Severo. *Globalização e Direitos Humanos*, 2000, p. 99.

[361] Idem, p. 97.

O problema da fome cada vez é mais crucial, e cada vez ele interessa a todos de uma maneira mais forte porque ele está presente de maneira irremediavelmente atuante na comunicação. Já existia fome na sociedade brasileira, obviamente, mas o que acontece na globalização é um reforço desta constatação.

Tal constatação se torna latente quando se verifica que, nos direitos humanos, pode haver denunciação do contrato – no caso da saúde, tanto pela Organização Mundial da Saúde como pelo Estado. Por outro lado, existe inclusive a hipótese de que o país não assine o Tratado, como foi exemplo a negativa dos Estados Unidos em assinar o protocolo de Kioto, que pugnava por medidas mais enérgicas no controle do meio ambiente.

Ademais, como bem fundamenta Leonel Severo Rocha,[362] a lógica do surgimento de um direito importa exclusão de outro. Incluir alguém em um rol de direitos significa ter-se que observar que essa mesma inclusão deve ser observada a partir da unidade da diferença entre inclusão e exclusão. Se a saúde é declarada como direito de todo ser humano, alguém terá retirado de seu patrimônio algum direito, ainda que seja mediante pagamento de impostos.

Por outro lado, conforme já delineado, é necessário relembrar que, além de direito humano, forte na Declaração Universal dos Direitos do Homem (art. 25) – da qual o Brasil é signatário –, e com base na sistemática adotada pela Constituição Brasileira (art. 5, §1°, em especial), a saúde também é direito fundamental, pelo que se constitui em direito fundamental do homem.

Na visão tradicional, a conseqüência de se classificar a saúde como direito fundamental é a sua auto-aplicabilidade,[363] entendida como a exigibilidade judicial sem subterfúgio normativo inferior conforme os ditames do art. 5°, § 1°, da CF/88.[364] É, também, a possibilidade de referi-la tanto como um direito fundamental quanto um direito subjetivo e, portanto,

---

[362] ROCHA, Leonel Severo. *Globalização e Direitos Humanos*, 2000, p. 98.

[363] Como bem explica SARLET, Ingo. *A Saúde na Constituição Federal de 1988: direito e dever fundamental*. In: LINDNER, Liandro; PIMENTEL, Maria Cristina (Orgs.). *AIDS, Direito e Justiça*. Porto Alegre: GAPA-RS, p. 17-18: "Desde logo, cumpre rememorar que a nossa Constituição, no âmbito da fundamentalidade formal dos direitos fundamentais, previu, expressamente, em seu art. 5, parágrafo 1, que "as normas definidoras dos direitos e garantias fundamentais têm aplicação imediata. Tal formulação, à evidência, traduz uma decisão inequívoca do nosso Constituinte no sentido de outorgar às normas de direitos fundamentais uma normatividade reforçada e, de modo especial, revela que as normas de direitos e garantias fundamentais não mais se encontrar na dependência de uma concretização pelo legislador infraconstitucional, para que possam vir a gerar a plenitude de seus efeitos, de tal sorte que permanece atual a expressiva e multicitada frase de Herbert Krüger, no sentido de que hoje não há mais que falar em direitos fundamentais na medida da lei, mas sim, em leis na medida dos direitos fundamentais."

[364] O Supremo Tribunal Federal do Brasil já firmou posição quanto à auto-aplicabilidade do direito à saúde. Na decisão do Agravo Regimental em Agravo de Instrumento n° 238.328-0, o Relator Ministro Marco Aurélio afirma que a o preceito do artigo 196 da Carta da República é de eficácia imediata.

oponível ao Estado em caso de descumprimento de seus preceitos.[365] Estabelece-se, assim, uma relação obrigacional na qual o cidadão é o credor, e o Estado, o devedor. Daí se obtém uma justiciabilidade de tal direito.

Contudo, a questão é saber se tal posição responde aos anseios de uma sociedade de risco e de indeterminação. Para Habermas,

> está fora de dúvida que existe uma mudança na conceitualização dos direitos fundamentais, que se reflete na jurisprudência constitucional – uma mudança nos princípios de uma ordem jurídica que garantem a liberdade e a legalidade da intervenção, que sustentam os direitos de defesa e transportam inexplicavelmente o conteúdo de direitos subjetivos de liberdade para o conteúdo objetivo de normas de princípio, enérgicas e formadoras de estrutura.[366]

Da afirmação habermasiana, extrai-se a impossibilidade da satisfação dos direitos fundamentais – caso da saúde – pelos métodos tradicionais da dogmática constitucionalista clássica, uma vez que, baseada em conceitos rígidos, especialmente, na produção legislativa e sua conseqüente conexão estatal. Ora, a forma de estabelecimento dos direitos fundamentais não pode supor uniformidade,[367] devendo respeitar as características evolutivas de cada sociedade. Isso significa, em outras palavras, reconhecer a complexidade inerente ao sistema social contemporâneo. Deve-se, como quer Leal,

> reconhecer que o mundo atual se caracteriza pela complexidade e a interdependência social, política e econômica de todos os setores e grupos existentes, e, em razão disso, reconhecer a necessidade de novas formas socio-políticas de organização e convivência social...[368]

De outro lado, os direitos fundamentais possuem evidente ligação com a Constituição, visto que restam ali positivados. Dessa forma, inclusive na sistemática processualista brasileira, a motivação recursal baseada nos direitos fundamentais forma uma cadeia que transpõe a necessária atuação dos Tribunais Superiores, alimentando-os de tal sorte que o direito do cidadão se torna a liberdade dos magistrados.[369] Isso porque haverá a oportunidade de renovação do sentido do direito fundamentais à saúde via decodificação binária do sistema jurídico, dada mediante atuação decisional de última instância.

---

[365] Nesse sentido afirma LUHMANN, Niklas. *I Diritti Fondamentali come Istituzione*. Cura e Introduzione di Gianluigi Palombella e Luigi Pannarale. Bari: Dedalo, 2002, p. 301: "La rappresentazioni della dogmatica dei diritti fondamentale sono fissate in forma di pretese. Un diritto fondamentale spetta al cittadino come diritto soggettivo e si rivolge allo stato como soggetto obbligato. In questa forma è orientato sull'ipotesi del conflitto ed implica un'a alternativa netta tra diritto e non diritto."

[366] HABERMAS, Jürgen. *Direito e Democracia: entre facticidade e validade I.*, 1997, p. 307-308.

[367] Conforme defende Konrad Hesse em sua obra HESSE, Konrad. *A Força Normativa da Constituição*. Porto Alegre: SAFE, 1991.

[368] LEAL, *Teoria do Estado...*, 1997. p. 173.

[369] LUHMANN, *I Diritti Fondamentali come Istituzione*, 2002, p. 302: "Il diritto di liberta Del cittadino si converte, cosi, in um diritto di liberta del giudice."

Entretanto, os direitos fundamentais, como base recursal de controle de constitucionalidade, não respondem ainda à problemática anteriormente denotada. Muito embora reforce a idéia da jurisdição constitucional (sanitária), não satisfaz, por exemplo, a idéia do direito fundamental do voto, plebiscito ou referendo. Ou, até mesmo, das decisões advindas da gestão compartida sanitária. Nesses casos, os direitos fundamentais são exercidos em uma esfera não-judicial, mas que, todavia, são possibilitados pela legislação. Constata-se, pois, um paradoxo.

Luhmann[370] diz que uma atuação intensa do Poder Judiciário na efetivação dos direitos fundamentais deve ser entendida como critério decisório a embasar a dinâmica autopoiética e organizacional do sistema jurídico. Nessa lógica, os direitos fundamentais expressam valores:

> A Constituição, sem identificar-se com nenhuma das diversas – e muitas vezes contraditórias – concepções de mundo vigentes na sociedade e, de certo modo, contemplando-as todas, na forma de direitos fundamentais de várias "gerações", viabiliza a continuidade da diferenciação sistêmica e a intensificação das comunicações intra e intersistêmicas.[371]

Dessa maneira, para o sistema jurídico autopoiético, a função decisiva dos direitos fundamentais pode ser observada pela lógica negativa, como bem sustenta Martínez:[372]

1) Os direitos fundamentais não se baseiam em seu caráter emotivo, como sustenta o realismo jurídico;

2) Os direitos fundamentais não são um desabafo idealista nem se destinam a fins utópicos, dificilmente realizáveis em sua totalidade;

3) Tampouco possuem função ideológica, preenchida por discursos vagos e tendenciosos;

4) Também não se limitam a tornar presentes no Direito as exigências sociais e históricas, sendo, entretanto, uma aquisição evolutiva do sistema social;

5) Não possuem um caráter ético, como se estivessem sendo convocados a moralizar o Direito;

6) Não traçam uma ponte de união entre o direito natural e o direito positivo, estabelecendo uma zona ambígua onde os positivistas podem falar de valores e se tornarem mais juristas;

7) Não são o reduto último das verdades no Direito.

---

[370] LUHMANN, *I Diritti Fondamentali come Istituzione*, 2002, p.303.

[371] GUERRA FILHO, *Teoria da Ciencia Jurídica*, 2001. p. 194 – 195.

[372] MARTÍNEZ, Jesús Ignácio. La Función de los Derechos Fundamentales en la Teoría de Sistemas de N. Luhmann. *Laws and Rights – Proceedings of the International Congress of Sociology of Law for the Ninth Centenary of the University of Bologna.* Milano: Dott. A. Giuffrè Editore, 1991, p. 639 e seguintes.

A partir dessas observações, tem-se que o centro do Direito não está exclusivamente no caráter ético, nem no caráter normativo-kelseniano da concepção dos direitos fundamentais. Essas posições requerem uma visão hierárquica do Direito e da sociedade, enquanto, na visão luhmanniana, parte-se de uma visão policêntrica, recursiva e circular,[373] que remete a uma nova fundamentação para os direitos fundamentais.

Na visão sistêmico-luhmanniana, os direitos fundamentais são componentes imprescindíveis da dinâmica da diferenciação social, operando desde o plano inter-sistêmico até o plano intra-sistêmico do Direito, em atuação lógica essencialmente jurídica. São, portanto, como ressalta Martínez,[374] programas de decisão que fazem referência ao código binário do sistema jurídico (Direito/Não-Direito), e não ao código Moral/Imoral, estabelecendo, pois, uma contingência própria.

Nessa linha de raciocínio, os direitos fundamentais são peças chaves da operatividade, da securidade, e da superveniência de um Direito que pretenda se desenvolver em uma sociedade altamente complexa e diferenciada. São eles que tornam possível o estabelecimento – quando não os são eles próprios – critérios decisórios mais racionais para o sistema jurídico.

Trata-se, pois, de colocar o Direito em marcha. De colocar o Direito em ação por intermédio de uma decisão, abandonando o caráter declaratório dos direitos fundamentais, proclamados na *Bill of Rights* norte-americana e na Revolução Francesa. Dessa forma, como refere Luhmann,[375]

> l'analisi sociológica potrebbe aiutare la dogmatica dei diritti fondamentali a liberarsi dall'idea d'ingerenza e di limite, a riconoscere meglio la complessità e l'eterogeneità dei problemi relativi a tali diritti e a trasferire una parte dell'onere di attuazione e di specificazione dall'ammnistrazione della giustiza alla legislazione.

O sistema jurídico estabelece seus valores próprios, mudando-os a partir de sua comunicação com o entorno desde sua lógica interna. Os direitos fundamentais, por seu turno, respondem à necessidade da racionalidade sistêmica do Direito, baseados nas já traçadas noções de contingência e de complexidade. Nesse sentido, caso os direitos fundamentais fossem tratados única e exclusivamente como produções normativas, concreção jurídica de valores e/ou o ponto de cruzamento entre o direito natural e o direito positivo, estar-se ia aumentando complexidade e diminuindo-se a racionalidade sistêmico-jurídica.

---

[373] Para maiores aprofundamentos sobre a idéia de circularidade do Direito, sugere-se a leitura de OST, François; VAN DE KERCHOVE, M. *Jalons pour une Théorie Critique du Droit.* Bruxelles: Publications des Facultés Universitaires Saint-Louis, 1987, p. 183 e seguintes.

[374] MARTÍNEZ, *La Función de los Derechos Fundamentales...*, 1991, p. 639.

[375] LUHMANN, *I Diritti Fondamentali come Istituzione,* 2002, p. 307.

Em uma sociedade funcionalmente diferenciada e altamente complexa, os direitos fundamentais tornam-se "fundamentais", pois tornam possível a separação do Estado frente aos demais subsistemas sociais, que possuem sua própria dinâmica. Nessa esteira, relembra Martínez,[376] que os direitos fundamentais impedem invasões na intimidade da pessoas, na estrutura do sistema econômico, no funcionamento da ciência, na dinâmica das religiões, entre outras, o que suporia um sério risco de regressão social. Salienta, ainda, o mesmo autor,[377] que os direitos fundamentais

> no sólo aseguran indiferencia frente al exterior sino también, en tanto que elementos constructivos y estrcturadores, diferenciación interna del Estado impidiendo que el derecho sea un medio entre otros del sistema político, como en el caso de los totalitarismos .

Assinale-se, todavia, que os direitos fundamentais são um complexo jogo de filtros (na relação com o exterior) e de diferenciação interna do sistema jurídico. São, pois, limites técnicos que, por si mesmos, não alcançam diferenciação funcional própria. Todavia, onde há um substrato histórico e sociológico, possibilita-se-lhes a oportunidade de atuarem como válvulas de securidade diante das tendências expansivas do sistema político.

Dessa maneira, o Estado, mediante os direitos fundamentais, fica impossibilitado de criar ambientes sociais autônomos, estendendo-se tal impossibilidade a estruturas de comunicação com sensibilidade própria. Logo, o Estado somente pode assegurar a diferenciação do sistema jurídico em relação ao sistema político. Com isso, resta preservada a possibilidade de produção de diferença.

Por outro lado, fica o direito à saúde resgatado em sua lógica paradoxal fechado/aberta. Ao mesmo passo, encontra-se amealhado em um mundo como um todo integrado, e não como uma coleção de partes integradas. Essa característica lhe permite auto-regular-se a partir das inovações carreadas pelos novos contextos sociais. Como quer Habermas, a *modernidade vê-se referida a si mesma, sem a possibilidade de apelar para subterfúgios.*[378]

Ademais, os direitos fundamentais não são dados prévios, mas sim conquistas evolutivas do sistema social. São uma instituição de ordem social, como quer Luhmann,[379] um acontecimento no sistema social, uma rede de expectativas de comportamento que possuem um papel efetivo e

---

[376] MARTÍNEZ, Jesús Ignácio. *La Función de los Derechos Fundamentales...*, 1991, p. 643.

[377] Idem.

[378] HABERMAS, *O Discurso Filosófico da Modernidade*, 2000, p. 12.

[379] Como defende o autor em NIKLAS, *I Diritti Fondamentali come Istituzione*, 2002, especialmente no último capítulo desta obra, intitulado "Sociologia e Dogmatica dei Diritti Fondamentali."

que estão baseados, quando vistos sob o aspecto de sua produção legislativa, em um consenso.

Ainda de acordo com Luhmann,[380] a orientação da função social dos direitos fundamentais deve possibilitar ao Poder Legislativo uma atuação política responsável, ao mesmo tempo, em que o Poder Judiciário deve ter, em tais direitos, pressupostos de decisão. Com isso, o Judiciário pode-se ocupar amplamente dos problemas sociais que possam ser justiciáveis e/ou abrangidos pelos direitos fundamentais,[381] de vez que se tornarão elementos do sistema jurídico quando amealhados de seu entorno pelo código específico do Direito.

Nessa linha de raciocínio, no sistema jurídico, os direitos fundamentais criam tensões, problemas que necessitam de soluções, empreendendo antinomias com efeito dinamizador do próprio sistema. Nesse sentido, os direitos fundamentais informam e conformam[382] o sistema jurídico, exigindo dele uma resposta que o (re)cria a partir de seus próprios elementos.[383] Dessa maneira,

> é no interior do próprio sistema que devemos desparadoxalizar os obstáculos e criar vias que outorguem aos direitos fundamentais a completude necessária para dota-los de eficiência mínima, que deve revestir toda norma jurídica para ser considerada como tal.[384]

Dessa forma, a atuação do Poder Judiciário na efetivação do direito fundamental à saúde toma corpo. Torna-se relevante que, nos julgados, os Tribunais não decidam a partir de critérios extrajurídicos. Que tomem como base e premissa o caráter fundamental desses direitos e que decidam com base no código específico de sua atuação, legitimadores de sua atuação procedimental: Direito (Fundamental)/Não-Direito. Dessa forma, mesmo que a decisão a ser proferida contenha risco, o sistema jurídico, paradoxalmente, mantém intacta a possibilidade de avanço do direito à saúde por sua necessária clausura interna, que só é possível pela abertura cognitiva de seu caráter de direito fundamental do homem.

---

[380] NIKLAS, *I Diritti Fondamentali come Istituzione*, 2002, p. 306.

[381] Desmente-se, pois, a falácia da neutralidade luhmanianna no tocante à modificação social via Direito. Basta verificar sua afirmação sobre o Poder Judiciário em Idem: "In tal senso può occuparsi più ampiamente della soluzione dei problemi sociali che sottendono ai diritti fondamentali."

[382] Cfe. MARTÍNEZ, Jesús Ignácio. *La Función de los Derechos Fundamentales...*, 1991, p. 649.

[383] Afirma LUHMANN, op. cit., p. 305: "Pertanto, l'attuazione dei diritti fondamentali è affidata ai cittadini dotati di coscienza giuridica Che, all'occorrenza, ricorrono in giudizo e l'esplicitazione fedele del loro contenuto è rimessa al potere giudiziario."

[384] DUARTE, Francisco Carlos. O (des)amparo Processual dos Direitos Fundamentais Sociais dos Trabalhadores Rurais Sem-Terra. *Verba Iuris*, Curitiba, ano I, n 2, Mar/1999, p. 93.

### 3.3. Os Tribunais e o Direito Constitucional (fundamental do homem) à saúde

Na delimitação proposta cabe, sucintamente, verificar a atuação dos Tribunais, conjuntamente com a conexão constitucional do direito à saúde, para que se vislumbre a (re)construção de tal direito mediante a diferenciação funcional e abertura cognitiva que lhe permite tal dinâmica. Assim, seguindo-se a lógica comparativa já definida, far-se-à uma breve análise das decisões sobre o tema no Brasil, nos Estados Unidos e na França.

#### 3.3.1. As decisões dos tribunais brasileiros

Como consabido, o Brasil adota um modelo de jurisdição constitucional misto. Uma parte é feita pelos juízes, em qualquer nível da jurisdição e aplicável nos casos concretos, e outra é concentrada no Supremo Tribunal Federal via recurso e/ou, precipuamente, para os casos abstratos (lei). Muito embora tal sistema careça de maior força pela ausência do *stare decisis*, assume particular relevo, pois é parte essencial da organização estrutural do sistema jurídico brasileiro. Assim, é aplicável, por conseguinte, ao direito constitucional à saúde.

Nesse sentido, após a CF/88, e atentando aos princípios constitucionais que exigem a busca da justiça social, o STF começou a adotar o entendimento de que o direito à saúde é um direito fundamental e auto-aplicável, e não uma norma programática como se defendia anteriormente. Esse é o teor do acórdão proferido nos autos do Agravo de Instrumento n° 238.328-0.

Tal posicionamento é de grande valia, uma vez que possibilita ao cidadão todos os meios e remédios jurídicos existentes para a proteção desse direito. Com isso, ao ser lesado, o cidadão possui material suficiente para proceder à eventual decisão denegatória na jurisdição difusa como objeto de revisão via Recurso Extraordinário, de vez que já há posicionamento anterior em seu favor. O direito à saúde passa, portanto, a ser um direito público subjetivo, que torna o Estado obrigado a prestar o direito reclamado: *O direito público subjetivo à saúde representa prerrogativa jurídica indisponível assegurada à generalidade das pessoas pela própria Constituição da República (art. 196).*[385]

Com essa possibilidade, abre-se, no Brasil, ao direito à saúde, uma gama de possibilidades a vários direitos conexos, como, por exemplo, o caso do direito ao acesso a remédios. O STF, em acórdão nos autos do

---

[385] Recurso Extraordinário 271.286/RS, Relator Ministro Celso de Mello.

O tratamento jurídico do risco no Direito à Saúde

Agravo Regimental em Agravo de Instrumento 238.328-0, julgado em 16.11.99, no voto do Relator, Ministro Marco Aurélio, quando provocado a se pronunciar a matéria, afirmou que a falta de disposição legal para o custeio e distribuição de remédios para AIDS não impede que a comprovação da responsabilidade do Estado, pois decreto visando-a não poderá reduzir, em si, o direito assegurado em lei.

Os Tribunais inferiores, em sua maioria, têm decidido no mesmo sentido.[386] Esse é o efeito do estudo da jurisdição constitucional (sanitária) brasileira. Via de conseqüência, mesmo que não obrigatória, a decisão de nossa Corte Maior influencia e acaba sendo seguida pela jurisdição constitucional difusa.

De outra banda, o Supremo Tribunal Federal – STF, no julgamento do Recurso Extraordinário 271.286-RS,[387] no voto de lavra do Relator Ministro Celso de Mello, recusa terminantemente o caráter programático do art. 196 da Lei Maior, pois, segundo o julgado, o maior prejudicado nessa interpretação seria justamente aquele que conferiu ao Estado poderes para representá-lo e tratar de seu interesses: o povo.

Seguindo, em 22/08/2000, no acórdão resultante do Recurso Ordinário em Mandado de Segurança exarado nos autos de nº 11183/PR, o Superior Tribunal de Justiça – STJ, em voto do Relator Ministro José Delgado, assevera que o direito à saúde é direito fundamental do ser humano, consagrado na Constituição da República nos arts. 6º e 196.

O STF – Supremo Tribunal Federal – também vê na saúde um direito fundamental do homem, como se observa do acórdão resultante do Recurso Extraordinário 271.286-RS, voto do Relator Ministro Celso de Mello:

> O direito público subjetivo à saúde representa prerrogativa jurídica indisponível assegurada à generalidade das pessoas pela própria Constituição da República (art. 196). (Recurso Extraordinário 271.286 – RS, Relator Ministro Celso de Mello, Informativo STF n. 210, de 22/11/200, p.3)

Com o reconhecimento normativo, doutrinário e jurisprudencial de que a saúde é *direito fundamental do homem*, tem-se que as normas constitucionais referentes à saúde são normas de *aplicabilidade imediata* e de *eficácia plena*, caráter este reconhecido pelo órgão máximo do Poder

---

[386] A título exemplificativo, ver os seguintes julgados do TJRS: EMI 598526481, MCI 23240-4, MS 597267608/608. Também é exemplo o acórdão no Agravo de Instrumento 1999.002.12096, do TJRJ.

[387] Diz o acórdão: "O caráter programático da regra inscrita no art. 196 da Carta Política – que tem por destinatário todos os entes políticos que compõem, no plano institucional a organização federativa do Estado brasileiro – não pode converter-se em promessa constitucional inconseqüente, sob pena de o Poder Público, fraudando justas expectativas neles depositadas pela coletividade, substituir, de maneira ilegítima, o cumprimento de seu impostergável dever, por um gesto irresponsável de infidelidade governamental ao que determina a própria Lei Fundamental do Estado".

Judiciário brasileiro – o Supremo Tribunal Federal (STF) –, a quem cabe a guarda precípua da Constituição. Na decisão do Agravo Regimental em Agravo de Instrumento n° 238.328-0, o Relator Ministro Marco Aurélio afirma que o preceito do artigo 196 da Carta da República é de eficácia imediata.[388]

---

[388] Em efeito autopoiético, vários Tribunais adotaram a mesma posição. Vejam-se os seguintes acórdãos: MANDADO DE SEGURANÇA. FORNECIMENTO DE EXAMES, APARELHOS E ME-DICAMENTOS ESSENCIAIS À SAÚDE E VIDA DO IMPETRANTE. RESPONSABILIDADE DO ESTADO. É dever e responsabilidade do Estado, por força de disposição constitucional e infracons-titucional, o fornecimento de exames, medicamentos e aparelhos essenciais e indispensáveis à saúde e à própria vida do Impetrante. Preliminar de ilegitimidade passiva afastada. O direito à saúde, pela nova ordem constitucional foi elevado ao nível dos direitos e garantias fundamentais, sendo direitos de todos e dever do Estado. Aplicabilidade imediata dos princípios e normas que regem a matéria. Segurança concedida. (9 fls.) (MSE n° 597258359, Primeiro Grupo de Câmaras Cíveis, TJRS, Relator: Des. Henrique Osvaldo Poeta Roenick, Julgado em 17/03/2000).
FORNECIMENTO DE MEDICAMENTO. SISTEMA ÚNICO DE SAÚDE – SUS. TUTELA ANTE-CIPADA. As normas inscritas nos arts. 5°, *caput* e 196 da Constituição Federal são normas definidoras e garantidoras de direitos e não programáticas, sendo, dessa forma, auto aplicáveis. Correta a decisão de primeiro grau, devendo ser mantida a decisão atacada. Não provimento do recurso. (Agravo de Instrumento n° 1999.002.12871, Terceira Câmara Cível TJRJ, Relator: Des. Galdino Siqueira Netto, Julgado em 14/03/2000)
CONSTITUCIONAL. DIREITO À SAÚDE. Fornecimento de medicamentos a portadores de HIV/AIDS. Aplicabilidade plena das disposições constitucionais. Afronta a independência dos pode-res não configurada. Ilegitimidade do município. Apelo provido em parte. (Apelação Cível n° 597204221, Segunda Câmara Cível, TJRS, Relator: Des. João Armando Bezerra Campos, Julgado em 16/06/1999).
DIREITO CONSTITUCIONAL. DIREITO À SAÚDE. Legitimação passiva *ad causam*. A obrigação de fornecimento de remédios, com base no artigo 196 da CF, e de qualquer dos entes federativos, cabendo ao titular do direito subjetivo constitucional a escolha do demandado. Norma auto-aplicável. O artigo 196 da CF, por conter todos os elementos necessários à sua aplicação, é norma de eficácia plena. Apelações improvidas. (Apelação Cível n° 597246552, Primeira Câmara Cível, TJRS, Relator: Des. Tupinambá Miguel Castro do Nascimento, Julgado em: 16/08/1998).
EMBARGOS INFRINGENTES. DIREITO SUBJETIVO À PRESTAÇÃO DETERMINADO NO ÂM-BITO DA SAÚDE. Auto-Aplicabilidade do art. 196, da CF, que assegura o direito fundamental à saúde, reconhecendo, em decorrência, a caracterização do direito subjetivo a determinada prestação nessa área, sempre que, no exame do caso concreto, exsurgir a evidência de que se encontra em jogo o valor básico e maior da preservação da vida humana, pressuposto de todo e qualquer direito. Desacolheram os embargos. (EMI n° 598526481, Quarto Grupo de Câmaras Cíveis, TJRS, Relator: Desembargador Luiz Felipe Brasil Santos, Julgado em 11/06/1999)
MEDIDA CAUTELAR INOMINADA. CONTRATO DE SEGURO DE SAÚDE. ATENDIMENTO A SEGURADO PORTADOR DE AIDS. LIMINAR DEFERIDA. FALECIMENTO ULTERIOR DO SEGURADO, SUBSISTÊNCIA. VEROSSIMILHANÇA DO DIREITO E RISCO DE DANO IRRE-VERSÍVEL. Mantém-se liminar que garantiu atendimento médico-hospitalar a segurado portador de AIDS e ao depois falecido, porque era verossímil a alegação da existência de seu direito subjetivo e claríssimo o risco de vida. (Agravo de Instrumento n° 23.240-4, Segunda Câmara de Direito Privado, TJRS, Relator: Desembargador Cezar Peluso, Julgado em 18/02/1997)
DIREITO CONSTITUCIONAL. PROTEÇÃO À SAÚDE. Internação hospitalar. Apoiando-se a inter-nação em direito subjetivo constitucional, que alcança como devedor qualquer dos entes federativos, ofensivo a direito líquido e certo do impetrante e a negativa. Mandado de segurança concedido. (Mandado de Segurança n° 597267608, Primeiro Grupo de Câmaras Cíveis, TJRS, Relator: Desem-bargador Tupinambá Miguel Castro do Nascimento, Julgado em 18/06/1999.

---

O tratamento jurídico do risco no Direito à Saúde

O Supremo Tribunal Federal – STF, em acórdão nos autos do Agravo Regimental em Agravo de Instrumento n° 238.328-0 (Julgado em 16/11/99)[389], no voto do Relator Ministro Marco Aurélio, quando provocado a se pronunciar sobre a matéria, afirmou que a falta de dispositivo legal para o custeio e distribuição de remédios para AIDS não impede que fique comprovada a responsabilidade do Estado,[390] pois *decreto visando-a não poderá reduzir, em si, o direito assegurado em lei.*

Dessa pequena excursão da circularidade decisional do recente direito à saúde brasileiro, tem-se que ele vem se (re)construindo, apoiando-se em sua base constitucional como elemento de transformação e de apoio das decisões de seus Tribunais, comprovando a necessidade da diferenciação funcional do sistema jurídico para a consecução dos seus fins (proteção sanitária, no caso).

### 3.3.2. As decisões da Suprema Corte Norte-Americana

Os Estados Unidos fazem parte da *common law*, devido à sua estrutura e conseqüente adequação. A grande característica desse sistema de

---

[389] Diz o acórdão:
SAÚDE. PROMOÇÃO, MEDICAMENTOS. O preceito do artigo 196 da Constituição Federal assegura aos necessitados o fornecimento, pelo Estado, dos medicamentos indispensáveis ao restabelecimento da saúde, especialmente quando em jogo doença contagiosa como é a Síndrome da Imunodeficiência Adquirida. (Agravo Regimental em Agravo de Instrumento n° 238.328-0, STF, Rio Grande do Sul, Relator Ministro Marco Aurélio, Julgado em 16/11/1999)
Com base nessa decisão, o Superior Tribunal de Justiça – STJ, no acórdão do Recurso Ordinário em Mandado de Segurança n° 11183/PR, no voto do Relator Ministro José Delgado, afirma que, frente à negativa/omissão do Estado em "prestar atendimento à população carente, que não possui meios para a compra de medicamentos necessários à sua sobrevivência", deve o Judiciário emitir preceitos através dos quais possam os necessitados alcançar o benefício almejado.
Mesma exegese vem sendo aplicada por outros tribunais do Brasil:
MANDADO DE SEGURANÇA. SAÚDE PÚBLICA. MEDICAMENTOS. É direito do cidadão exigir, e dever do Estado fornecer, medicamentos excepcionais e indispensáveis à sobrevivência quando não puder prover o sustento próprio sem privações. Segurança concedida. (7fls) (Mandado de Segurança n° 70000696104, Primeiro Grupo de Câmaras Cíveis, TJRS, Relator: Desembargador Arno Werlang, Julgado em 05/05/2000)
[390] A responsabilidade estatal é solidária, conforme o seguinte acórdão:
SAÚDE PÚBLICA. FORNECIMENTO GRATUITO DE MEDICAMENTOS POR ENTIDADE PÚBLICA MUNICIPAL PARTICIPANTE DO SUS. CONCESSÃO DE TUTELA ANTECIPADA EM PLEITO ORDINÁRIO. DIREITO À VIDA. DEVER COMUM DOS ENTES FEDERADOS. ARTS. 196 E 198 DA CONSTITUIÇÃO FEDERAL. PRECEDENTES PRETORIANOS. AUSÊNCIA DE PREVISÃO ORÇAMENTÁRIA QUE NÀO PODE PENALIZAR O CIDADÃO. AGRAVO NÃO PROVIDO. DECISÃO CONFIRMADA. As entidades federativas tem o dever ao cuidado da saúde e da assistência pública, da proteção e garantia das pessoas portadoras de deficiência de saúde, a teor do disposto no art. 23 da Constituição Federal. Assim, não se pode prestar à fuga de responsabilidade a mera argüição de violação ao princípio do orçamento e das normas à realização de despesa pública, quando verificado que o "Estado" na condição de instituição de tributo especial dirigido a suplementar verbas da saúde não o faz com competência devida. (Agravo de Instrumento n° 1999.002.12096, Nona Câmara Cível, TJRJ, Relator: Desembargador Marcus Tullius Alves, Julgado em 02/05/2000)

direito é o *stare decisis*, regra que, segundo Toinet,[391] vincula o juiz ao conteúdo das decisões precedentes.

O direito à saúde por si só já é complexo. Em face de sua complicada organização administrativa, tal direito, nos EUA, torna-se ainda mais complexo. Via de conseqüência, vários embates e processos chegam ao conhecimento do Poder Judiciário, a fim de amenizar as questões. Como visto, naquele país vigora o *stare decisis*, significando que, entre outros sentidos, deve-se obedecer à decisão da Corte Suprema a respeito – como a qualquer outra – sendo seu efeito vinculante.

Dessa forma, no desenvolvimento da proteção judiciária do direito à saúde nos Estados Unidos nada mais importante do que perscrutar os julgados advindos de sua Corte Maior. Assim, a jurisdição constitucional cumpre seu verdadeiro papel, que é o de aplicar a lei *de la forma más favorable para la realización de los derechos comunes a todos.*[392]

A primeira decisão significativa diz respeito ao fato de não poder se considerar a saúde como direito fundamental. Assim, a *Corte Suprema de los Estados Unidos ha sostenido que la Constitución si bien garantiza muchos derechos fundamentales, no confiere el derecho a la atención de la salud.*[393] Foi o que se decidiu nos casos Harris v. McRae (1980) e Maher v. Roe (1977).

Todavia, em respeito a vários argumentos, entre eles, os morais, que postulam por uma atenção especial à saúde, a Corte Suprema tem reconhecido a proteção de direitos afins à saúde. Baseia-se, para tanto, na aplicação do devido processo legal e da cláusula de igual proteção, contidas, respectivamente, nas Emendas nºs 5 e 14 da Constituição americana.

A Corte Suprema procura examinar a legislação infraconstitucional com o intento de encontrar uma base legítima e um meio racional para a proteção do direito à saúde.[394] Assim, por exemplo, não pode haver discriminação racial no atendimento médico, conforme o que se depreende da decisão do caso Loving v. Virginia (1967). No mesmo sentido, não pode haver discriminação entre sexos no atendimento (Craig v. Boren, 1976). Também já se decidiu que os Estados Unidos devem financiar programas de saúde pública para os pobres, uma vez que dita classificação é por demais duvidosa (Rodríguez and James v. Valtierra, 1971).

---

[391] TOINET, Marie-France. *El Sistema Político de los Estados Unidos.* Prefacio de Stanley Hoffmann. Traducción de Glenn Amado Jordan. Ciudad de México: Fondo de Cultura Económica, 1994. p. 217.

[392] ROVIRA, Antonio. Jurisdicción y Constitución. *Revista de Estudios Políticos.* Madrid: Centro de Estudios Políticos y Constitucionales. n. 102, octubre/diciembre, 1998. p. 39.

[393] CAPRON, *Estados Unidos de America*, 1989, p. 237.

[394] Ibidem, p. 250.

Observando também o direito consuetudinário, a Corte Suprema decidiu a admissão da responsabilidade civil por erro médico, desde que a pessoa que tenha sofrido o dano demonstre o nexo causal.[395]

Por ouro lado, o caso Karen Quinlan (1970) é paradigmático para a bioética. Em tal caso, a Corte Suprema admitiu que o pai lhe retirasse os aparelhos que a mantiam por coma irreversível.[396]

A Corte Suprema também já decidiu que a Constituição protege o direito fundamental à vida privada e que ele resta conectado ao direito à saúde. Isso equivale dizer que, em uma perspectiva de uma saúde sistêmica, o indivíduo tem o direito de ter ou não filhos (Eisenstadt v. Baird – 1972 – e Roe v. Wade – 1973) e a decidir como educá-los (Pierce v. Society of Sisters, 1925).

Outra decisão refere que a proteção da saúde do trabalhador e a criação de sindicatos tendentes a tal desiderato também encontram amparo em decisões da Corte Suprema.[397]

De outra banda, a Corte Suprema decidiu que fabricar ou armazenar medicamentos em condições negligentes constitui crime.[398] Também decidiu no caso FDA v. Brown and Willianson Tobacco (2001) que a competência para fiscalizar o tabaco é da Food Drug and Cosmetic Act (FDCA), e não da Federal Drug Administration (FDA).

Os *Wiatt Cases* também foram importantes na proteção do direito à saúde. Neles, entre outras decisões, a Corte reafirmou que o Estado do Alabama deveria encontrar os meios para que fosse proporcionado aos doentes mentais um bom atendimento, não importando para tal a existência ou não de recursos disponíveis, sejam eles financeiros ou humanos.[399]

Hammes[400] narra uma decisão da Suprema Corte em que se argumentava que a saúde não pode depender de nenhum privilégio ou do monopólio. Residia a questão na possibilidade ou não de se quebrarem patentes de remédios em nome do supremo interesse da saúde. A decisão da Corte foi no sentido negativo: prevalece a carta-patente em detrimento ao direito à saúde.[401]

---

[395] CAPRON, *Estados Unidos de America*, 1989, p. 252.

[396] Paradigmático porque Karen se manteve viva por mais 10 anos, mesmo sem os aparelhos.

[397] CAPRON, op. cit., p. 255.

[398] SPILLER JUNIOR, *Panorama dos Órgãos Envolvidos*, 2001, p. 84.

[399] Com maiores detalhes, ver LIMA LOPES, José Reinaldo de. Direitos Sociais e Justiça a Experiência Norte Americana. *Revista da Faculdade de Direito da Universidade de São Paulo*. São Paulo. Ano. 1, n. 1. novembro de 1993. p. 201-227.

[400] HAMMES, Bruno Jorge. *O Direito da Propriedade Intelectual*: subsídios para o ensino. São Leopoldo: Editora Unisinos. 2000, p. 246-247.

[401] No entanto, não é esta a posição que prevalece no direito internacional. Desde a rodada de negociações ocorridas em dezembro de 2001, em Doha, Catar, a Organização Mundial do Comércio

Nessa linha, verifica-se o papel da Corte Suprema dos Estados Unidos na proteção do direito à saúde, aclarando seu significado e orientando as demais jurisdições norte-americanas, em consonância com a diferenciação funcional do sistema jurídico daquele país. Muito embora seja um sistema baseado em paradigmas decisórios diferenciados, observa-se que ele propicia ao cidadão americano uma grande proteção sanitária.

### 3.3.3. Decisões do Conselho Constitucional Francês

Desde a criação do Conselho Constitucional francês até 1990, foram exaradas apenas quatro decisões sobre o direito à saúde, todas elas revestindo a proteção sanitária como princípio de valor constitucional. São elas: 74-54 DC, de 15/01/75; 77-92 DC, de 18/01/78; 80-117 DC, de 22/07/80 e a 89-269 DC, de 22/01/90.

Por outro lado, entre 1991 e 1994, várias leis de caráter sanitário foram editadas e foram analisadas pelo Conselho Constitucional da França, que as declarou constitucionais nas decisões 90-287 DC, 91-296 – DC, 91-297 DC, 92-317 DC, 93-525 DC, 93-330 DC e 94-343 DC.

Das decisões citadas, (re) cria-se o direito sanitário francês, como bem assinalam Moreau e Truchet,[402] ao explicarem a lógica da proteção jurídico-sanitária da França: *la protection de la santé est certes confirmée comme principe de valeur constitucionelle, mais elle doit être conciliée avec les normes de même valeur: sauvegarde de la dignité de la personne humaine et liberte individuelle.*

Por fim, para completar a atual circularidade ato-norma-ato da saúde francesa, o Conselho Constitucional julgou, em nível de recurso, algumas questões, resolvidas nas decisões 94-359 DC (relativa à diversidade de habitações) e 96-387 DC (prestação sanitária diferenciada para pessoas de idades diferentes).

## 3.4. Os juízes

De todo o exposto, verifica-se que o juiz passa a ter função essencial no desenvolvimento do sistema jurídico. Ele é o encarregado de proferir as decisões que movimentam o referido sistema. Caso o juiz não esteja adaptado ao sistema em que se encontra, ocorrerá a quebra da lógica

---

entende que o direito à saúde prevalece sobre os demais, inclusive sobre o direito da propriedade industrial. Sobre essa decisão o último item desta tese se ocupará mais especificamente em um de seus tópicos.

[402] MOREAU e TRUCHET, *Droit de la Santé Publique,* 2000, p. 19.

sistêmica, tal como explicita Ost.[403] Nesse caso, a toga não corresponderia ao simbolismo a ela conferido quando o juiz resta investido no cargo.

Nessa linha de raciocínio, Ost[404] propõe uma classificação mitológica para os juízes, dividindo-os em três grupos e demonstrando o vazio de sua atuação, ou, dito de outra forma, destacando deslocamento temporal de suas decisões, uma vez que baseadas, na maioria das vezes, em pressupostos decisórios não mais aplicáveis a uma sociedade indeterminada e de risco onipresente.

O juiz decisor, com base no modelo piramidal kelseniano, representa a continuidade do modelo clássico e canônico dos juristas. Para esse tipo de juiz, Ost[405] utiliza como comparativo o Deus Júpiter. Nesse tipo de Direito, as normas sempre vêm impostas, seja por origem divina, seja pela imutável escalonagem hierárquica dada pelas normas jurídicas a partir da noção da Constituição como topo de um ordenamento.

As normas, para essa concepção jurídica, são sempre vistas sob forma de graus, de tal sorte que a norma inferior busca validade na norma superior. Dita concepção, ainda segundo Ost,[406] pressupõe um monismo jurídico e político, além de uma racionalidade dedutiva e linear que tem, no Código, uma exposição de idéias claras, simples e comunicáveis. Logo, o juiz Júpiter é um homem da lei, um "escravo" do Direito.

O juiz jupiteriano decide com base nessas suposições. Pretende apreender o tempo mediante um futuro controlado (pelo Código). Essa fonte mítica de Direito (desde acima) faz com que o juiz se sinta tentado a se perceber como algo sagrado e transcendente, como bem recorda Dallari,[407] no que denomina de o poder dos juízes. Nesse caso, os juízes vivem em um plano acima da realidade, dela se desconectando, interferindo na questão da produção da diferença e do tempo, visto que, para o divino, esses são conceitos que passam ao largo da experiência humana.

Um outro modelo de juiz é aquele que se confunde com a figura trágica de Hércules, bem narrada por Ost:[408] *Hércules, como es bien sabido, es castigado con la maldición de Hera; él no deja de expiar el infanticídio que ella le ha incitado a cometer. Su actividad desbordante determina el perdón de esta falta.* O juiz herculiano, é, portanto, um homem que se torna engenheiro social, ao contrário do juiz jupiteriano, servo das normas.

---

[403] OST, Júpiter, *Hercules, Hermes...*, 1993, p. 169.

[404] Ibidem, p. 170 et. seq.

[405] Ibidem, p. 172.

[406] Ibidem, p. 173.

[407] Com maiores detalhes, ver DALLARI, Dalmo de Abreu. *O Poder dos Juízes*. São Paulo: Saraiva, 2002.

[408] OST, op. cit., p. 176.

Instigado pela culpa, o juiz herculiano se move principalmente nos países do realismo americano ou daqueles que adotam a denominada *sociological jurisprudence*. Desloca-se o centro do Direito para o juiz, que passa a se tornar um semideus, pois avoca para si o trabalho de julgar e de, por intermédio de seus braços, transformar a realidade social que, em instância última, origina-se de sua culpa.

Essa tarefa hercúlea é dada ao juiz em ditos sistemas de Direito porque neles não se afigura a pretensão de esgotamento jurídico dos fatos cotidianos como pretendido nos modelos romano-germânicos. Dworkin[409] já se referia ao juiz Hércules como aquele que deve tomar os direitos fundamentais a sério. Em sede última, caso assim não procedesse, a prestação jurisdicional não seria eficiente e/ou "séria".

Há que referir que a produção de sentido judicial dada pelo juiz Hércules parece carecer de suficiência em uma sociedade multifacetada e de risco. Não se apresenta verossímil que o ser humano (juiz) consiga satisfatoriamente (re)novar o Direito constantemente, sem o auxílio das estruturas do Poder Judiciário e/ou das pessoas nele envolvidas.

Dessa forma, mesmo na figura de Hércules, ainda há uma hierarquia (somente que não-normativa, mas "judicial") que não corresponde às características da sociedade moderna. Para uma sociedade complexa anteriormente definida e que, para Ost,[410] tem como características a multiplicidade dos atores jurídicos, a inter-relação mediante sistemas e vários níveis de poder, resta claro que o modelo de juiz deve ser outro, de vez que *el Derecho se configura como algo necesariamente inacabado, siempre en suspenso y siempre relanzado, indefinidamente retomado en la mediación del cambio.*[411]

Hermes seria o modelo de juiz proposto por Ost[412] para a sociedade contemporânea. Hermes é o deus da comunicação e de circulação. O deus da intermediação, aquele personagem que se ocupa de manter a rede de relações ativa e operante, independentemente de hierarquias e preocupado com a constante evolução da dinâmica social. Dessa maneira, pode-se conectar o Hermes de Ost com o papel que o juiz desempenha na teoria dos sistemas de Luhmann. Na concepção sistêmica, os juízes ocupam posição central, mas circular, de forma a participar do processo recursivo de (re)construção do sistema do Direito.

---

[409] Para uma leitura mais específica, ver DWORKIN, Ronald. *Levando os Direitos a Sério*. São Paulo: Martins Fontes, 2002.

[410] OST, *Júpiter, Hercules, Hermes...* , p. 180 e seguintes.

[411] Ibidem, p. 181.

[412] Idem.

Nos sistemas jurídicos, há *feedback* entre juízes e legislação, de vez que são os juízes que proferem as decisões cumpridoras da função do sistema jurídico,[413] dando, ao mesmo tempo, aos Tribunais, sua centralidade circular. Nesse sentido, o juiz verifica o modo de observação do legislador a respeito do sistema social. Já o legislador procura antever como os casos serão recebidos/decididos em um Tribunal.[414] Como bem ilustra o própro Ost,[415] *não é o juiz chamado a decidir os casos de hoje com a ajuda de textos de ontem, tendo simultaneamente em mente o precedente que sua decisão poderá representar para amanhã?*

Em outra abordagem, o juiz tem livre convencimento, desde que se baseie nas provas. Isto é, o livre convencimento do julgador está adstrito à avaliação das provas produzidas no processo.[416] Paradoxalmente, os juízes são independentes mas são dependentes da legislação, visto que decisão justa será aquela que estabilizar expectativas de expectativas normativas mediante observância da legislação.

Esse paradoxo da (in)dependência decisional vinculado à legislação é estampado no artigo 97 da Constituição Federal da República da Alemanha, que estabelece serem os juízes independentes e obedecerem apenas à lei. O paralelo brasileiro reside no livre convencimento anteriormente descrito.

Essa também pode ser vista como uma racionalidade de diferenciação entre o Direito e o Político. Nessa linha, os juízes não são vistos como órgão político, o que lhes retira a responsabilidade política de suas decisões. Com isso, estão livres para operar com o Direito, a partir do próprio Direito, recriando-o.[417] Dito de outra maneira: o juiz está vinculado à lei, e não ao Poder Legislativo.

Ao operar de forma diferenciada dos demais subsistemas funcionais, o juiz não mais é Hércules e/ou Júpiter. É Hermes, procurando possibilitar

---

[413] Nesse sentido, afirma LUHMANN, *Stato di Diritto e Sistema Sociale*. 1990. p. 60: "la funzione del giudiziario risulta piutttosto dalla sua collocazione in quel sistema che produce ed applica nella pratica il diritto di cui si há bisogno."

[414] Cf. Luhmann, *El Derecho de la Sociedad*, 2000, p. 241.

[415] OST, *O Tempo do Direito,* 1999, p. 32.

[416] Veja-se o artigo 131 do Código de Processo Civil Brasileiro: "O juiz apreciará livremente a prova, atendendo aos fatos e circunstâncias constantes dos autos, ainda que não alegados pelas partes; mas deverá indicar, na sentença , os motivos que lhe formaram o convencimento."

[417] Ensina GUERRA FILHO, Willis Santiago. *A Filosofia do Direito Aplicada ao Direito Processual e à Teoria da Constituição*. São Paulo: Atlas, 2002, p. 98: "LUHMANN chama a atenção para a dependência que há entre Legislativo e Judiciário, quando se estabelece, como no mencionado art. 97 da Constituição alemã, que, *verbis*, "os Juízes são independentes e estão sujeitos apenas à lei", o que, se, de um lado, lhes retira a atribuição política de fornecer pautas de conduta na sociedade, de outro lado, tem-se que, por não poderem ser responsabilizados politicamente por suas decisões, tornam-se livres para operar com o Direito, a partir do próprio Direito, transformando, pela interpretação, os institutos em que se assentam as bases sociais: propriedade, contrato, família, etc.

as formas de comunicação possíveis para o estabelecimento de uma nova realidade temporal, a partir da lógica interna do sistema no qual atua: o Direito.

## 3.5. As decisões judiciais como reconstrutoras do tempo sanitário

O tempo é uma das questões mais estudadas nos mais variados campos do saber. O homem é o único Ser capaz de apreender o tempo, seja pela consciência de sua finitude, seja pela vontade de afastá-la. Nesse sentido, Piettre[418] afirma que ter *consciência do tempo é, talvez, antes de tudo, estabelecer marcas: marcas entre os dias e as noites, entre as manhãs e as tardes, entre as semanas, as estações, os anos.* Dessa forma, em um primeiro momento, o homem só percebe o "tempo" mediante equivalências funcionais, como, por exemplo, a dicotomia vida/morte.

Abandona-se, pois, a noção aristotélica de "tempo" ligado ao movimento celeste. Ressalte-se que dita idéia ainda se baseava em dicotomias: dia/noite; inverno/verão. Essa dicotomia é retomada mais tarde por Santo Agostinho. Para ele, o futuro é um ponto em aberto, mas que pode ser descrito mediante observações sobre o passado. Dessa forma,

as coisas futuras ainda não existem; e se ainda não existem, não existem presentemente. De modo algum podem ser vistas, se não existem. Mas podem ser prognosticadas pelas coisas presentes que já existem e se deixam observar.[419]

Obtém-se daí a inexistência do presente. Ele somente pode ser constatado pela diferença entre passado e futuro, apresentando-se como um nó cego, um ponto que se mostra por intermédio da equivalência funcional entre o [foi] e o [será]. O [é] presente somente é constatado.

Daí que ou se opta pelo passado ou se (re)direciona o sistema social, no qual o Direito resta incluído ao futuro. Tempo e sistemas estão conectados, de tal forma que a dinâmica da diferenciação funcional dos subsistemas societários *é correlato ao aumento da dissociação entre passado e futuro.*[420] Com isso, o Direito, como quer Ost,[421] passa a ser uma obra de imaginação que perscruta solução para um problema inédito, tornando-se uma idéia diretriz (*directum* – Direito) que antecipa um estado de coisas

---

[418] PIETTRE, Bernard. *Filosofia e Ciência do Tempo.* Tradução de Maria Antonia Pires de Carvalho Figueiredo. Bauru: EDUSC, 1997, p. 104.

[419] *Pensadores* (Coleção). Santo Agostinho. 2000. p. 327.

[420] PINTO,. *Modernidade, Tempo e Direito.*, 2002, p. 158.

[421] OST, François. *O Tempo do Direito.* Lisboa: Piaget, 1999. p. 232.

possíveis e desejáveis. Dito de outra forma: o Direito é estrutura de expectativas orientadas para o futuro, como afirma Luhmann:[422]

> A relação entre e o direito e o tempo já se insinua na normatividade enquanto transposição temporal, e até mesmo já no caráter do direito enquanto estrutura de expectativas – mas apenas se insinua, permanecendo inicialmente impenetrável. A expectativa contêm um horizonte futuro da vida consciente, significa antecipar-se ao futuro e transceder além daquilo que poderia ocorrer inesperadamente. A normatividade reforça essa indiferença contra eventos imprevisíveis, busca essa indiferença tentando assim desvendar o futuro. O que acontecerá no futuro torna-se a preocupação central do direito.

Assim sendo, as normas jurídicas, sob o ponto de vista de sua função, são fixação temporal. Projetam em direção ao futuro uma expectativa (normativa). Ademais, resta claro que o risco de uma norma jurídica está na sua violação. Para que se obedeça minimamente à norma, estabelecem-se sanções externas (jurídicas) e internas (morais). Nesse sentido, a norma será válida enquanto seja válida, visto que não há desvantagem em se orientar por elas, uma vez que as sanções as pressupõem como infensas a riscos.[423] Entretanto, constatada a ineficiência ou a mudança de preferências, a norma pode ser mudada. A partir daí, a norma continua a ser resultado do fenômeno autopoiético tanto do sistema jurídico como do sistema político, reorientando expectativas de futuro.

Contudo, para a consecução de tal objetivo (redirecionamento ao futuro), há que colocar o Direito em andamento. Nesse sentido, são as decisões que produzem a diferença. Para que isso seja possível no sistema jurídico e, conseqüentemente, no direito à saúde, é necessário que, simultaneamente, utilize-se uma programação, ao mesmo tempo, normativa (legalidade) e uma finalística (produção de diferença). Deve-se, ainda, observar o Direito como uma organização altamente complexa que tem como sentido uma decisão orientada para o futuro, mesmo que haja risco. Pela conjunção desses fatores, criam-se os meios pelos quais o Direito pode se (re)criar de forma constante.

Leve-se em consideração que a não-decisão não é permitida[424] dentro do sistema jurídico, uma vez que sua função é justamente a de decidir. Logo, não pode haver recusa de julgamento, mesmo que exista uma pretensa "lacuna". O que ocorre é uma decisão ainda não tomada, pois, mesmo sem norma legal anterior, o juiz não poderá se ausentar de decidir. Esse pensamento está espelhado no Código de Processo Civil brasileiro,

---

[422] LUHMANN, *Sociologia do Direito II.*, 1983. p. 166.

[423] Cf. LUHMANN, *Sociologia del Riesgo*, 1998, p. 99.

[424] Cf. LUHMANN, *A Posição dos Tribunais...*, 1990, p. 160.

em seu artigo 126,[425] e é o que torna o direito circular e o que possibilita o seu "desacoplamento" dos subsistemas que atuam na feitura da norma.

Daí se pode afirmar que as decisões no sistema jurídico possuem caráter autopoiético e paradoxal. Paradoxal porque só se deve decidir pela impossibilidade de não-decidir. Autopoiética porque, do resultado da recusa de não julgar, o Direito vai-se recriando, testando e se reutilizando das decisões anteriores, formando-se, na linguagem de Luhmann,[426] um verdadeiro Direito Judicial. Ademais, comprovando a autopoiese e o paradoxo do Direito, *a própria decisão a respeito da mudança ou da manutenção do Direito torna-se objeto da decisão. Concretamente, isto implica a existência de normas procedimentais que regulem a tomada de decisões pelo sistema.*[427]

Nessa esteira, as decisões somente são tidas como válidas se estão de acordo com as normas (Constituição). E isso porque tais normas só se tornam válidas (reconhecidas) quando postas em prática mediante decisões que vinculam o sistema jurídico (obrigatoriedade de aceitação da decisão), desde que esteja em conformidade com o Direito, mesmo que inexista consenso.

Por outro lado, a vinculatividade e a coerção das decisões judiciais no sistema jurídico dependem de seu *feedback* com o sistema político. Esse sistema oferece premissas de decisão ao Direito que, por sua vez, dá ao sistema político decisões que vinculam seu agir.

Na linha de Weber, decidir é ação social. Tomando-se como base tal pensamento, pode-se apontar que decidir no Direito é um processo reflexivo entre várias escolhas possíveis, com a finalidade da produção de diferença a partir de uma complexidade. Dita complexidade advém do fato de o Direito se legitimar por haver, na maioria das vezes, duas ou mais versões (expectativas) sobre o mesmo fato (daí o princípio do contraditório e da ampla defesa).

A decisão jurídica é, portanto, uma seleção contingencial que visa a (re)construir o futuro (variável) com base no passado (invariável – fato), procurando-se apreender o nó cego que é o presente (que só pode ser entendido pela distinção passado/futuro). Desse modo, uma decisão jurídica é dada em um determinado tempo. Mais, produzirá tempo. Que tempo? Futuro se produzir diferença; passado, quando sublima a repetição. Lembra Leonel Severo Rocha:[428]

---

[425] Art. 126 do CPC: "O juiz não se exime de sentenciar ou despachar, alegando lacuna ou obscuridade da lei. No julgamento da lide caber-lhe-à aplicar as normas legais: não as havendo, recorrerá à analogia, aos costumes e aos princípios gerais do direito."

[426] Cf. LUHMANN, op. cit., p. 162.

[427] NICOLA, *Estrutura e Função do Direito...*, 1997, p. 235.

[428] ROCHA, Leonel Severo, *O Direito na Forma de Sociedade...*, 2001, p. 133.

Ao se assinalar a repetição de decisões, fica-se fora da produção da diferença, entra-se num grave grave processo de alienação e cria-se um tempo especial para o direito. Isto é, por exemplo, um processo pode demorar anos, para o jurista isso não é surpreendente, mas para a sociedade que deseja soluções mais rápidas isso é uma crise.

Na lógica sistêmica, a única certeza do Direito é que sua transformação futura se dá por intermédio do Direito.[429] Mediante suas estruturas de expectativas, o Direito tenta orientar o comportamento futuro na hipótese de violação de expectativas (incerteza). O cerne não reside mais na norma, e sim, na expectativa normativa que é apreendida sob o código Direito/Não-Direito. Logo, a *noção do tempo necessária para isto não pode ser indicada no sistema e, um texto para que se referisse a ela, haveria de ser, por sua vez, codificado.*[430]

Mais, a centralidade circular da Constituição e sua característica autopoiética permitem que as decisões advindas desta relação avancem em direção ao futuro. Dessa maneira, a abertura do Direito ao futuro significa que *le droit prévoit as propre mutabilité et la limite juridiquement avant tout par des prescriptions constitutionnelles, mais également par l'ouverture de la législation à l'influence politique.*[431] Logo, o Direito avança por si mesmo, mas somente alcança tal propriedade porque possui abertura externa espelhada na legislação.

Nessa ótica, reafirma-se que somente se pode tentar verificar o futuro caso se tenha claro que o presente é uma unidade de diferença entre o anterior (passado) e o posterior (futuro). O presente, como dito, é cego e inexistente. Não atua no tempo. Ou o Direito está de acordo com o passado (programação condicional) ou orienta-se para o futuro (programação finalística).[432] Não se deseja o presente. O presente *é*. O passado *foi*, e o futuro *será*. Opera-se recursivamente em direção ou ao futuro ou ao passado, o que explica o movimento pendular da história. É por isso que horizontes não são atuais. Que as luzes estelares (como a do próprio Sol) são um prognóstico do passado, ao mesmo tempo em que são percebidas como futuro. Cabe redirecionar o Direito – e o direito à saúde – para o futuro ou recair na ausência de luzes. E isso importa correr riscos.

---

[429] Esta é uma idéia nova. Somente no início do século XX é que os operadores do direito iniciaram a pensar em um direito para o futuro, conforme assinala LUHMANN, *O Paradoxo dos Direitos Humanos...*, 2000, p. 155.

[430] LUHMANN, *O Enfoque Sociológico...*, 1994, p. 18-19.

[431] LUHMANN, *La Constitution comme Acquis Évolutionnaire*, 1995, p. 118.

[432] Diz NAVARRO, *El Derecho y la Moderna...*, 1998, p. 117: "El Derecho, como sistema social de comunicaciones, se preocupa primordialmente por la reducción de la complejidad temporal. Apunta al futuro, a un futuro que se nos presenta como incierto y amenazador."

# 4. O tratamento jurídico da incerteza sanitária

*O Direito é a imagem do futuro que ele projecta no futuro.*[433]

O processo de decisão é um processo complexo. Se uma decisão é feita com base em alternativas várias (complexidade), tem-se que haverá contingência e o risco de a decisão tomada não ser a correta. Essa contingência é aliviada pela necessária seletividade (decisão), o que não significa certeza. Pelo contrário, dessa forma, a adoção da figura do risco como elemento indispensável à análise do direito à saúde traz várias conseqüências no campo sanitário. Resta saber se o risco é benéfico ou se traz maiores malefícios na área da saúde.

Nesse sentido, a moderna doutrina jurídica e o próprio sistema político (no que desencadeará resposta do sistema jurídico via legislação/jurisdição e Direito/Não-Direito), vêm elaborando uma série de princípios e normas relativos ao risco sanitário, entendendo e demonstrando a teia que atrela o futuro ao risco. Cabe, ao fim, destacar as idéias e os sentimentos predominantes sob o assunto.

## 4.1. O risco no direito à saúde

A noção tradicional de risco na área sanitária está ligada aos processos epidemiológicos.[434] Essa visão se apresenta insuficiente para uma sociedade multifacetada e de incerteza. Quando existe uma única hipótese, está-se diante de perigo, e não do risco.

---

[433] OST, *O Tempo do Direito*, 1999, p. 230-231.

[434] Cfe. CALVEZ, Marcel. Le Risque comme Ressource Culturelle dans la Prévention du SIDA. In: DOZON, Jean-Pierre; FASSIN, Dider (Dir.). *Critique de la Santé Publique.* Paris: Balland, 2001. p. 130.

Defende-se, aqui, como já referido, o fato de o risco ser um evento generalizado da comunicação que, no campo sanitário, se torna latente em face da elevada complexidade de um direito à saúde que pretende ser auto-referencial mediante a diferenciação recursiva dada pelo código específico Saúde/Enfermidade e, também pelos subcódigos que deste se originam.

Dessa forma, o fato de a saúde ser um sistema aberto e operativamente fechado faz com que o intercâmbio de influências e de comunicação de tal sistema com os demais gere uma contingência excessiva a respeito, devido à diferenciação resultante de dita autopoiese, o que leva a uma crescente criação de sistemas e subsistemas, todos eles com características e estruturas intrínsecas próprias, tendentes a decisões sobre suas especificidades. É, portanto o risco, uma condição estrutural da auto-reprodução sistêmica. Assinala De Giorgi:

> Nos sistemas diferenciados da sociedade moderna, o risco é condição estrutural da auto-reprodução; de fato o fechamento operativo dos sistemas singulares determinados pelas estruturas e unidos estreitamente, torna possível o controle do ambiente, ou seja, torna improvável a racionalidade e por isto constrange os sistemas a operar em condições de incerteza.[435]

Isso faz com que o risco esteja potencializado – tanto no mundo da vida como nos sistemas (principalmente o sanitário) –, forçado pela dupla contingência do mundo social: só se podem reconhecer expectativas através das expectativas de um outro. Só se pode decidir de uma maneira porque se poderia tomar uma decisão diversa. Essa atitude é uma atitude de encarar um desafio. De tentar verificar, sem saber se haverá sucesso, se a auto-referência da sociedade conduzirá a sociedade a um melhor termo no campo sanitário. Nessa linha, recorda Habermas:

> As condições da vida moderna, que nós não escolhemos por nós mesmos, e sob as quais nos encontramos, são inevitáveis do ponto de vista existencial; mesmo assim, aos olhos despertos da modernidade, elas significam um desafio a mais, não uma simples fatalidade.[436]

A resposta da sociedade organizada é agir preventivamente em relação a uma expectativa de futuro. Portanto, a questão é uma imunização contra prováveis decepções. Em outras palavras: tentar prever o futuro tendo em vistas as características da sociedade contemporânea, especialmente, a incerteza e a indeterminação.

O risco conecta-se de forma elementar ao perigo. Conforme Bruseke,[437] ambos os conceitos (risco e perigo) podem denominar qualquer tipo de

---

[435] DE GIORGI, *Direito,Democracia e Risco...*, 1998, p. 197.

[436] HABERMAS, Jürgen. *Passado como Futuro*. Rio de Janeiro: Tempo Brasileiro, 1993, p. 92.

[437] BRUSEKE, *A Técnica e os Riscos da Modernidade*, 2001, p. 39-40.

desvantagem. A diferença reside no fato de que se os danos decorrem da decisão tomada pelo próprio indivíduo, então se trata de risco. Se os resultados danosos forem provocados por outras causas que não dependem da voluntariedade e de decisão pessoal, tem-se o perigo. Nesse sentido, é que, auto-referencialmente e baseados no passado, todos os sistemas (como é o caso da saúde) visam à antecipação do futuro com base no risco. Dessarte, o risco

> é modalidade secularizada de construção do futuro. Já que torna plausível pontos de vista diferentes da racionalidade, na condição de que estes sejam capazes de rever os próprios pressupostos operativos e na condição de que, há tempo para efetuar esta revisão, esta perspectiva é típica da sociedade moderna.[438]

Na estrutura auto-reflexiva de estabilização dos sistemas mediante programação contrafática tendente ao futuro é que o risco se apresenta não como tormento, mas sim como alívio de uma expectativa de expectativa negativa. Concordando com De Giorgi,[439] o risco é uma aquisição evolutiva do tratamento das contingências e sua construção de vínculos do futuro revela-se na dicotomia probabilidade/improbabilidade. Mais, conforme já referido, o risco está ligado a uma forma negativa (*bad*), e não ao bom (*good*).

Ressalte-se que, na busca do alívio de expectativas, o sistema jurídico utiliza uma programação condicional, fundada em seus elementos estruturantes, mormente na norma jurídica, pois em caso contrário, não estaria reduzindo complexidade. Essa norma jurídica é, como já dito, uma tentativa de fixação temporal futura. Quando o sistema jurídico e, por conseqüência, o direito à saúde, enlaça tempo, há a necessidade de uma seletividade contingente que amenize as expectativas criadas em sua origem. Essa dinâmica é dada pelo ato decisório.

Nesse sentido, o sistema jurídico interage com o sistema-saúde quando este último tem seu ato decisório desrespeitado e/ou não efetivado (e vice-versa). É o momento em que, devido ao inevitável processo de comunicação dos sistemas, as regras jurídicas controladoras do tempo sanitário serão analisadas no fórum adequado e com o qual possui legitimação[440] para tanto – o sistema jurídico –, a quem caberá proferir decisão sobre o tema.

Portanto, sempre haverá ato decisório em cada um dos sistemas sociais. Essa decisão será gravada de risco, inevitavelmente, visto que esse é um evento generalizado da comunicação.[441] Daí, surge o paradoxo exis-

---

[438] DE GIORGI, *Direito, Democracia e Risco...*, 1998, p. 198.

[439] Idem.

[440] Cf. LUHMANN, Niklas. *Legitimação pelo Procedimento*, 1980.

[441] Assim como propõe ROCHA, Leonel Severo. *Epistemologia Jurídica e Democracia*, 1998. p. 99.

tente entre comunicação e diferenciação: mesmo que possua condições de combater as indeterminações, a sociedade moderna não pára de produzi-las. E, mais paradoxalmente ainda, é esta indeterminação que combate a repetição interior do sistema, tornando provável o improvável e garantindo a evolução dos mesmos.

Por outro lado, a saúde é uma atividade em que o risco é onipresente. O ato, por exemplo, de um cidadão usar ou não preservativo em um ato sexual extraconjugal é um ato decisório, cujo risco reside, basicamente, em possíveis danos futuros à saúde sua e de seus parceiros, mas que é avaliado em seu presente com base em seu conhecimento passado. Ade-mais, na esteira de que toda decisão deve ser avaliada do ponto de vista do observador, uma vez que se poderá chegar a conclusões díspares. Nessa linha, assinala De Giorgi,[442] quando aborda a possibilidade de contágio de AIDS via sexual:

> Aqui é necessário distinguir dois aspectos: por um lado trata-se da disponibilidade ao risco de parte daqueles que estão imediatamente interessados em contatos se-xuais e que, portanto, o buscam; do outro trata-se da implicação dos sócios destas pessoas que vivem de modo duradouro. Para aquele que busca a aventura sexual é um risco que ele valoriza de maneira mais ou menos alta, sejam quais forem os motivos. Para o outro é um perigo.

Ainda nessa linha, mas sob outro ângulo, os planos de saúde não podem dar garantias mediante cláusulas de que um evento não ocorra. Eles somente asseguram que, na hipótese de haver o dano causado pelo risco, este seja minimizado. Para Luhmann, todo o possível deve ser feito para minimizar o risco sanitário, visto que o risco em saúde reside no *riesgo de hacer algo que posiblemente podría ayudar. Sería incomprensible, incluso indenfendible, no intentar todo lo posible aúnque solo pueda tratarse de otra distribución del riesgo.*[443]

Nessa seara, o Direito passa a ser uma forma específica e peculiar de controle de tempo. No caso em tela, de reorientação futura do direito à saúde. Para tanto, o sistema jurídico empreende uma lógica própria deli-mitada por seu código e função, que lhe dá a autoconstitutividade neces-sária para enfrentar os riscos amealhados sob forma justiciável.

Ainda, não se pretende que se esgotem as possibilidades de risco mediante a atuação do Direito, visto que a norma jurídica não espera fixar desde logo a atuação futura. Ela apenas orienta o futuro. Sua obediência ou não advém de um sistema psíquico que é indiferente ao processo comunicativo societário: o homem. Diante disso, erigem-se estruturas de expectativas normativas sanitárias com o intento de se verificar que

---

[442] DE GIORGI, *Direito, Democracia e Risco...,* 1998. p. 241.
[443] LUHMANN, *Observaciones de la Modernidad,* 1997, p. 137.

normas (expectativas) poderão se manter no futuro,[444] sem prender-se a juízos valorativos. Uma vez que tais expectativas não se apresentem como as formas fixadas, há que as modificar para que não se repita o passado e se perscrute o futuro – e isso passa a ser função do sistema político.

É nessa linha que *a incerteza do enquadramento jurídico do risco na área sanitária*[445] toma relevo: na fixação temporal do direito à saúde (explicitada nas tentativas a seguir descritas) mediante a autopoiese própria do Direito que, por sua vez, como já fora explicitado, influencia e diferencia o direito à saúde em sua temporalidade nas questões a serem abordadas.

## 4.2. O princípio da precaução

O princípio da precaução nasce da hipercomplexidade sanitária e da elevação das contingências na sociedade contemporânea. Diretamente ligado à questão da saúde – e também do direito ambiental – tem como principal vetor a prevenção de novos tipos de riscos.[446] Ou seja, é uma novidade em termos de diminuição de riscos, mesmo que os redistribua em outra ótica.

Para os doutrinadores atuais, há divergências quanto ao uso do vocábulo *precaução*. A precaução está conectada ao efeito de antecipar-se, uma previsão anterior ao que poderá ocorrer no futuro. É uma cautela para que um ato não venha a resultar efeitos indesejáveis.

O caso das altas tecnologias, avençado no último item desta tese, é exemplar nesse sentido. A criação de novas tecnologias favorece novas formas de defesa da saúde do homem, mas, ao mesmo tempo, complexifica o processo decisório, visto que impele alternativas anteriormente desconhecidas. Logo, a decisão a respeito da utilização de uma nova tecnologia é duplamente contingente, elevando o risco da proteção da saúde do indivíduo e da população.[447]

---

[444] Diz LUHMANN, *Sociologia del Riesgo*, 1998, p. 103: "Al exigir que el derecho acepte riesgos, solo puede suceder de manera que se destemporalice el juicio sobre lo correcto o lo falso. O dicho de otra manera: los símbolos, como fuerza o validez legal, deben ser utilizados en forma obligada, sin consideración de si el futuro comprobará una decisión como correcta o falsa. Precisamente ésta es la demanda típica de la orientación normativa, de saber desde ahora qué expectativas se podrán mantener también en el futuro."

[445] Termo utilizado por FOUCHER, Karine. *Principe de Précaution et Risque Sanitaire: recerche sur l'encadrement juridique de l'incertitude scientifique*. Paris: L'Harmattan, 2002.

[446] Ibidem, p. 11.

[447] Assinala FOUCHER, op. cit., p. 14: "L'émergence de nouveaux types de risques est en effet en partie liée à l'apparition de nouvelles technologies – comme les biotechnologies – et à l'intensification ou à la modification de processus industriel existants, relatifs à la fabrication des produits sanguins par exemple (avec le poolage), ou encore à l'alimentation animale (avec l'utilisation croissant des médicaments vétérinaires, ou la modification du mode de fabrication des farines)."

O tratamento jurídico do risco no Direito à Saúde

Em termos sistêmicos, o mundo vive um período de hipercomplexidade sanitária agravado pela transnacionalidade da globalização e, em conseqüência, do Direito. A referida globalização teve(tem) vários aspectos – alguns deles contraditórios – que se relacionam à saúde. Lembre-se, por exemplo, no Brasil, do caso dos transgênicos e da aftosa e, na Europa, da "vaca louca".[448]

Na verdade, a globalização do mercado criou, no campo sanitário, verdadeiros espaços transnacionais onde flutuam livremente mercadorias voláteis, com potencial efeito negativo à saúde das populações-alvo, caso não haja uma precaução ao risco embutido neste novo espaço.

Na Europa, o princípio da precaução começa a ter grande destaque. Muito compreensível, pois a Comunidade Européia transcende fronteiras que, anteriormente, amenizavam e regionalizavam culturas sanitárias diferenciadas entre os atuais países-membros, o que não mais ocorre, tornando necessária a criação de princípios e de reflexos de ação – com base em dispositivos jurídicos – para a melhora da compreensão das implicações sociais desta nova realidade (de risco). Assim, a idéia da precaução está intimamente ligada ao risco, visto que é, no contexto de incertezas e de indeterminações pós-modernas, que se começa a criar um artefato suficiente de estratégias tendentes à relativização de um provável dano futuro e de conseqüências irreversíveis. Trata-se, pois, de adoção de meios de prevenção contra os riscos advindos da incerteza sanitária,[449] ou, ainda, de avaliação prévia das atividades humanas.[450]

Mais, a precaução reside na conexão risco-decisão. Entende-se como prevenção, em geral, uma preparação contra danos futuros que, todavia, podem não vir a se materializarem. Tratando-se de riscos, a prevenção influencia a disposição dele próprio e, desse modo, renova o modo de sua observação/apresentação. Toda a evolução do risco é e mantém-se como algo sujeito à comunicação dos sistemas sociais.

Todavia, tal princípio leva em consideração que o futuro não pode ser prejudicado sob uma pecha protecionista. Ele busca agregar conceitos preventivos não descartáveis aos avanços tecnológicos. Nesse sentido, Kourilsky e Viney[451] elaboram os dez mandamentos da precaução:

---

[448] Atualmente, a "vaca louca" ataca o Canadá, demonstrando novamente a queda das barreiras sanitárias e sua virtual impossibilidade.

[449] Na linguagem de FOUCHER, *Principe de Précaution et Risque Sanitaire*, 2002, p.13: "Il's agit du même tipe de action, conduisant à l'adoption de mesures de prévention des risques en contexte d'incertitude scientifique."

[450] Cf. MACHADO, Paulo Afonso Leme. *Direito Ambiental Brasileiro*. 7 ed. São Paulo: Malheiros, 1999, p. 59.

[451] Tradução livre a partir do original de KOURILSKY, P.; VINEY, GENEVIÈVE. *Le Principe de Précaution*. Paris: Editions Odile Jacob/La Documentation Française, 1999.

I – Todo o risco deve ser definido, avaliado e graduado.

II – A análise dos riscos deve comparar os diferentes cenários de ação e de inação.

III – Toda a análise de risco deve comportar uma análise econômica que deve resultar em um estudo custo/benefício (em sentido amplo) preliminar à tomada de decisão.

IV – As estruturas de avaliação dos riscos devem ser independentes, mas coordenadas.

V- As decisões devem, tanto quanto possível, ser revisáveis e as soluções adotadas, reversíveis e proporcionais.

VI- Sair da incerteza impõe uma obrigação de pesquisa.

VII- Os circuitos de decisão e os dispositivos de segurança devem ser não apenas apropriados, mas coerentes e eficazes.

VIII- Os circuitos de decisão e os dispositivos de segurança devem ser confiáveis.

IX – As avaliações, as decisões e seu segmento, assim como os dispositivos que para elas contribuem, devem ser transparentes, o que impõe a etiquetagem e a traçabilidade.

X- O público deve ser informado ao máximo e seu grau de participação ajustado pelo poder público.

Vale relembrar que o princípio da precaução não é novidade para a Comunidade Européia. Já no Tratado de Amsterdan, no artigo 174-2, havia referência expressa a respeito. A Diretiva XXIV da Comissão das Comunidades Européias já tratava do tema.[452] Trata-se, também, da adoção do Princípio 15[453] estabelecido na Declaração do Rio de Janeiro, promulgada quando da Conferência das Nações Unidas para o Meio Ambiente e o Desenvolvimento, de 1992.

Ainda, como referem Dallari e Ventura,[454] a questão do princípio da precaução está sendo paulatinamente aceita no Brasil, orientada pelo art. 225 da Constituição Federal e, outras normas, como as Leis 6.938/81, 7.437/85 e 9.605/98 e o Decreto Legislativo 02/94, todas elas instrumentos de proteção ao meio ambiente (um dos objetivos da precaução). Dessa forma, e com a idéia de que os riscos não são totalmente verificáveis –

---

[452] É o texto da diretiva: "O princípio da precaução define a atitude que deve observar toda pessoa que toma uma decisão concernente a uma atividade que se possa razoavelmente supor que comporte um perigo grave para a saúde ou a segurança das gerações atuais ou futuras, ou para o meio-ambiente. Ele se impõe especialmente aos poderes públicos, que devem fazer comércio entre os particulares e entre os Estados. Ele exige que se adotem todas as condições que permitam, por um custo econômico e socialmente suportável, detectar e avaliar o risco, reduzi-lo a um nível aceitável e, se, possível, elimina-lo, informar as pessoas interessadas e recolher suas sugestões sobre as medidas imaginadas para trata-lo. Esse dispositivo de precaução deve ser proporcional à amplitude do risco e pode ser a todo momento revisto".

[453] É seu teor: "De modo a proteger o meio ambiente, o princípio da precaução deve ser amplamente observado pelos Estados, de acordo com suas capacidades. Quando houver ameaça de sérios danos ou irreversíveis, a ausência de absoluta certeza científica não deve ser utilizada como razão para postergar medidas eficazes e economicamente viáveis para prevenir a degradação ambiental."

[454] DALLARI, S.; VENTURA, D.F.L. O Princípio da Precaução: dever do Estado ou protecionismo disfarçado? Reflexões sobre a saúde pública na era do livre comércio. *Revista São Paulo em Perspectiva*. São Paulo, Fundação Seade, 2001. p. 14-15.

mas perceptíveis, Kourislki e Viney[455] elencam recomendações necessárias para a aplicabilidade do princípio da precaução:

a) a construção de uma estrutura nacional dedicada à perícia;

b) a adequação da pesquisa e do ensino às prioridades postas pela saúde pública, à segurança alimentar e à saúde dos ecossistemas;

c) a necessidade de transparência do sistema de tomada de decisões;

d) uma atenção especial para as mídias;

e) várias alterações legislativas no campo da responsabilidade civil;

f) alargamento da interferência do Poder Judiciário, reconhecendo aos juízes o poder de exigir, em casos de simples ameaça ou de dano grave para a saúde, a segurança ou ao meio ambiente, as medidas de conservação ou de volta ao *status quo ante* que se imponham para prevenir esse risco.

Com essa construção, induzido pela figura do risco e voltado ao futuro, o princípio da precaução tem como objetivos preservar os benefícios do desenvolvimento científico e agir preventivamente no sentido de assegurar a saúde pública e o meio ambiente.

Nesse sentido, por exemplo, o já referido Acordo Sanitário e Fitossanitário (SPS) conduzido pela Organização Mundial de Saúde preocupa-se com a saúde dos consumidores e, nesse sentido, reúne as características dos produtos, as quarentenas, as restrições sobre o processo de produção, a certificação, a inspeção, os procedimentos para testes e a etiquetagem – se ela estiver vinculada a problemas de saúde.

Em verdade, o Acordo tem uma grande preocupação com o aspecto do risco, da proteção sanitária a partir da figura do risco. Dessa forma, ele traz uma série de medidas para a avaliação do risco na área de sua atuação, referidos por Ventura[456] e a seguir descritos:

1) a necessidade de uma base científica para as regulamentações nacionais, com a necessária utilização de um procedimento de análise de risco;

2) o princípio da equivalência, ou seja, a aceitação de métodos e procedimentos diferentes dos nacionais desde que eles possam chegar ao mesmo resultado;

3) a regionalização, isto é, o reconhecimento de regiões não-atingidas no interior de um país;

4) o direito de um país estabelecer o seu próprio nível de proteção, se ele se fundamenta em bases científicas;

---

[455] KOURILSKY, P.; VINEY, GENEVIÈVE, *Le Principe de Précaution*, 1999, p. 76.

[456] VENTURA, *Direito Internacional Sanitário*, 2001, p. 14.

5) a não-discriminação de um mesmo produto cujas origens são diferentes;

6) a preferência dada à regulamentação que, tendo igual resultado em termos de objetivo público, restringe menos o comércio;

7) a transparência da regulamentação, em particular, a obrigação de notificar e de permitir controles em condições práticas aceitáveis;

8) a coerência das normas adotadas.

O SPS tem, portanto, ínsito a avaliação do risco, quer em sua fase de apreciação (*assessment*), quer na fase de gestão (*management*). Logo, uma pretensa vigilância sanitária – em qualquer escala administrativa – é uma atividade de risco, já que se trata de uma atividade essencialmente de decisão (quem fiscalizar? com base em que norma? onde flagrar desrespeitos?...). Como assevera Luhmann:[457]

> Las tecnologias de seguridad o las instrucciones de vigilância y alarma puden también presentar riesgo precisamente porque no puede excluirse que sean aplicadas en situaciones para las que no fueron pensadas y que después operen con toda tranquilidad.

Nesse sentido, infere-se que os riscos podem ser prevenidos mediante a atuação dos poderes públicos, notadamente, no caso do princípio da precaução e da vigilância sanitária. Saliente-se, no entanto, que esta é outra hipótese de redistribuição de riscos. Outra forma de se verificar a distribuição dos riscos é aquela dada diretamente na atuação médica, calcada no princípio da acreditação e na teoria do risco criado, conforme segue.

### 4.3. O princípio da acreditação

A acreditação foi criada tendo como sentido a diminuição dos riscos no ambiente hospitalar, instaurando-se um selo para as entidades hospitalares que possuam um grau de excelência. Aceita-se, assim, que o risco é algo imanente à atividade médico/sanitária. Nesse sentido, conecta-se, pois, a acreditação, ao princípio administrativo da qualidade total. Isto é, buscam-se minimizar os riscos, para, em uma lógica capitalista, diminuírem-se as despesas e maximizarem-se os lucros.

No entanto, a acreditação não é uma idéia que possa ser vista somente sob este aspecto. É uma concepção diretamente ligada ao risco, pois o processo de acreditação também é a vontade política e a consciência de

---

[457] LUHMANN, *Sociologia del Riesgo*, 1998, p. 138.

que, na atividade médica, *sempre ocorrerão erros que deverão ser sanados com o tempo.*[458]

O princípio da acreditação nasceu em junho de 1990, quando a Organização Pan-Americana de Saúde (OPAS) e a Federação Latino-Americana de Hospitais celebraram um acordo geral de cooperação para o desenvolvimento de ações. Tal promoção visa à melhoria da qualidade de assistência médica, resultando, anos após, um manual de acreditação hospitalar.

Fato é que a acreditação, consciente dos riscos médicos e sanitários, não esgota em si toda e qualquer possibilidade de amenização desses riscos. Vários são os elementos que tornam praticamente impossível a eliminação do risco:[459] pessoal de enfermagem empírico, descontinuidade da assistência médica aos pacientes internados, infra-estrutura precária de prédios e apoio tecnológico rudimentar e defasado. Assim entendido, um programa de acreditação hospitalar deve ter a efetiva responsabilidade em medir o desempenho, visando à melhoria da qualidade que, ato contínuo, proporcionará uma melhoria na qualidade de vida. Para a elaboração dos índices que possibilitadores do selo da acreditação hospitalar (com este selo, por exemplo, o cidadão saberá que dito estabelecimento adere à minimização dos riscos), alguns indicadores e fatores devem ser levados em consideração:[460]

a) exatidão: apresentar as mínimas possibilidades de erro, sempre que registrado;

b) confiabilidade: referente ao fato de diversos pesquisadores obterem as mesmas medidas frente ao mesmo evento, não variando entre os observadores; quanto mais quantitativa a definição operacional do indicador, maior o grau de reprodutibilidade;

c) simplicidade: seus registros e medidas devem apresentar poucas dificuldades;

d) pertinência: estar efetivamente correlacionado ao problema que examina;

e) validade: medir efetivamente o fenômeno ou critério que está sendo examinado;

f) sensibilidade: detectar as variações no comportamento do fenômeno que examina.

---

[458] NETO, A.Q., GASTAL, F. L. *Acreditação Hospitalar: proteção dos usuários, dos profissionais e das instituições de saúde.* Porto Alegre: Dacasa, 1997. p. 10.

[459] Ibidem, p. 9.

[460] Ibidem, p. 17.

Esses indicadores proporcionam as informações necessárias e mensuráveis para descrever tanto a realidade como as modificações do risco sanitário, facilitando ao usuário dos serviços hospitalares o conhecimento da existência e da possibilidade da convivência com os riscos.

Entretanto, a acreditação está ligada à minimização dos riscos dos hospitais. Quando se trata da atividade médica em si, fala-se de um agir humano e, portanto, falível. No sentido de reparar eventual dano, exsurge, em termos de responsabilidade civil, a teoria do risco criado.

### 4.4. Responsabilidade civil do médico: a teoria do risco criado

Uma das grandes facetas do risco no sistema jurídico aparece no campo do direito da responsabilidade[461] e, mais especificamente, no direito dos prejuízos. O fato consiste na permissão legal de uma prática que, por motivos vários, acaba gerando direito à indenização. No plano sistêmico, pode-se dizer que a responsabilidade civil do médico deve ser analisada de forma mais ampla. A responsabilidade civil é um critério futuro de dano, a qual permite ao operador (jurídico e sanitário) agir nos limites das expectativas normativas. Dito de outra forma: a norma que responsabiliza o profissional médico depende da causalidade da ocorrência ou não de um dano.

Sob esse ponto de vista, o risco pode estar ligado à probalidade de ocorrência de um dano no estabelecimento de uma relação jurídica obri-

---

[461] Não se deixe de assinalar que o médico também pode ser passível de responsabilidade penal. No entanto, este não é o objeto do presente livro, que se limita às hipóteses de prevenção da incerteza no direito à saúde. Caso se pensasse em risco no direito penal, ter-se-ia que eliminar as hipóteses da pena como prevenção e/ou retribuição, isto é, da pena como prevenção do risco. No caso de um crime contra a saúde pública, por exemplo, não se analisaria a função da pena da maneira dogmática tradicional. Em termos sistêmicos, a pena seria um modo de reafirmação da estabilidade dos sistemas.Uma vez violada a norma, um dos objetos da autopoiese do sistema jurídico, necessária seria a resposta sob forma justiciável (e não sociológico ou antropológica). Para o Direito, importa o pronto restabelecimento da orientação futura destinada pela norma jurídica aos cidadãos necessitados de um alívio de expectativas diante da incerteza e indeterminação hodierna. O fato é passado, já aconteceu. A subsunção do fato ao tipo é repetição de passado. Nesse sentido, adaptando, na medida do possível, a teoria de Luhmann no Direito Penal, é a obra de Gunhter Jakobs e seu funcionalismo penal. Desse modo, sobre a função da pena afirma JAKOBS, Günther Jakobs. Entrevista com Günther Jakobs e Manuel Canció Meliá. *Revista Ibero-Americana de Ciências Penais*.Porto Alegre: CEIP; ESMP. n. 8, 2003, p. 14: "A pena não pode restabelecer bens, mas sim estabelecer a vigência da norma. Isto já ocorre pelo simples fato de que mesmo que o autor seja perseguido, condenado e apenado: a sociedade trata o delito evidentemente como delito e não como algo neutro. A pena é essencialmente o símbolo da contraposição entre o conjunto dos cidadãos e a infração da norma cometida pelo autor. Este é o seu significado. A dor que a pena implica fortalece – junto com a contraposição – a confiança geral de que o futuro poderá ser vivido presumindo-se que a norma está em vigência, que o crime não 'vale a pena'."

gacional. Na área da responsabilidade civil, o risco possui sentido peculiar. A doutrina civilista ocupa-se dele desde o século passado, opondo-o à teoria da responsabilidade aquiliana, calcada na noção de culpa. Para a teoria do risco criado no direito civil, inexiste apuração de culpa. Verifica-se tão-somente a extrapolação do risco assumido.

O fator predominante da referida teoria é demonstrado na relação causal entre o dano sofrido pela vítima e a atitude desenvolvida pelo causador do dano. Na hipótese de uma intervenção jurídica, por exemplo, o médico avalia as possibilidades de dano que podem decorrer de sua decisão e toma atitudes de precaução para tanto. Contudo, o risco está criado e dele se aproveitarão tanto o médico como o paciente.

Esse risco assumido ou criado tem, portanto, ínsito, a probabilidade da ocorrência do dano. É uma situação, objetiva ou não, contingencial. Nela, podem acontecer fatos não previstos ou não suficientemente precavidos. Em um padrão normal na medicina, quando há situações de elevadas incertezas, tenta-se quantificá-lo para uma avaliação, normalmente sumária ante a necessidade de uma decisão geralmente urgente, confrontando-se risco e benefício. Dessa forma, o risco é colocado sob ângulos de probabilidade que, embora necessária, é um ângulo insuficiente. Como leciona Luhmann:[462]

> hablamos de riesgo unicamente cuando ha de tomarse una decisión sin la cual podría ocurrir um daño. El hecho de que quien tome la decisión perciba el riesgo como consecuencia de su decisión o de que sean otros los que se lo atribuyen no es algo esencial al concepto. Tampoco importa en qué momento ocurre el daño, es decir, en el momento de la decisión o después.

De fato, o risco médico é dificilmente quantificável, visto que contingencial em face dos inúmeros aspectos que assumem formas diversas quando verificadas por outros especialistas (observadores). Desse modo, a atividade médica é uma atividade de risco.[463] Em atendimento a essa realidade, o ordenamento jurídico brasileiro adota a idéia da responsabilidade subjetiva do médico, excetuando-se a hipótese da cirurgia plástica (entendimento do Código de Defesa do Consumidor do Brasil – Lei 8.078/90). Isso porque não se pode exigir do médico uma obrigação de resultado, uma vez que sua atividade é de risco, como já dito alhures.

A responsabilidade subjetiva é aquela que tem por fundamento a culpa, devendo a vítima, na maioria dos casos, provar que o agente agiu com imprudência, imperícia ou negligência para que possa ser compelido a reparar o dano que tenha causado. Na culpa, também está incluído o dolo, uma vez que não faz diferença se o agente estava ou não com a

---

[462] LUHMANN, *Sociologia del Riesgo*, 1998, p. 60.
[463] Cf. FRANÇA, Genival. *Direito Médico*. 7 ed. São Paulo: Fundo Editorial Byk, 2001. p. 25.

intenção de atingir o resultado Em ambos os casos, será responsabilizado. Dessa forma, assenta-se a responsabilidade subjetiva do médico nos casos de culpa: imprudência, imperícia ou negligência. O médico deve fazer todo o possível para minimizar os riscos. Assim agindo, somente poderá ser responsabilizado se agiu sem dolo, ou seja, mediante culpa.

Entretanto, existe uma nova tendência em termos de responsabilidade civil do médico, a teoria do risco criado (que, pelo próprio nome liga-se ao risco), motivada pelo corporativismo médico que impede a real produção de provas em relação à culpa dos profissionais desta área, impossibilitando, dessa forma, faticamente, a responsabilidade civil dos médicos. Nesse sentido, a teoria do risco criado é uma subdivisão da teoria da responsabilidade objetiva. As pessoas que respondem pelo risco criado são aquelas que assumem o risco, em razão da natureza da atividade exercida, de causar dano a alguém.

Saliente-se, todavia, que, no caso específico da responsabilização dos médicos, a regra geral é a de não-aplicação dessa teoria. Tal regra, porém, comporta algumas exceções, decorrentes da responsabilidade dos médicos pelo eventual uso de equipamentos potencialmente perigosos, casos em que o profissional responde objetivamente na hipótese de dano causado ao paciente por disfunção do aparelho utilizado. Também há a possibilidade de aplicação dessa teoria quando o médico utiliza técnica totalmente nova, não consagrada no meio em que trabalha. Isso ocorreria, por exemplo, com aparelhos de raio-X, medidores de pressão ocular, ou, até mesmo, com procedimentos redutores de estômago por videolaparoscopia, entre vários outros exemplos.

Nessa linha de raciocínio, ao agente que se enquadra nessa categoria de responsabilidade impõe-se à responsabilidade por sua atividade, não havendo necessidade de a vítima demonstrar que o causador do dano obteve vantagem, ao que se chama de teoria do risco proveito. Logo, essa teoria protege duplamente o paciente da possibilidade do acontecimento do dano, como segue:

a) o profissional médico avaliará de forma mais cautelosa os riscos antes de um novo procedimento;

b) havendo o dano, possível a reparação.

Dessa forma, já se completa uma rede extensa de proteção do risco. Entretanto, como elucida o artigo 196 da Carta Magna brasileira, a saúde é dever do Estado, o que obriga sua atuação de forma positiva. É dizer: necessário se faz que se tomem políticas públicas que analisem e que levem em conta o risco na tentativa da proteção da saúde em seus mais variados níveis.

## 4.5. Políticas públicas de risco: o caso da quebra das patentes para o fornecimento de medicamentos aos portadores da SIDA no Brasil.

O sistema político, segundo Luhmann,[464] é um dos subsistemas funcionais diferenciados cuja empresa cotidiana exige e possibilita um alto grau de decisões arriscadas. E, da mesma forma que no Direito, aqui se decide de forma binária, porém por intermédio de seu código específico (Governo/Oposição). Esse código induz a se tomarem decisões, considerando as repercussões em eventual eleição política.[465] Em algumas situações não se decide, pois a decisão poderá acarretar perdas nas próximas eleições. Em outras, decide-se, avaliando que a decisão trará conseqüências futuras bastante desejáveis traduzidas em votos.

A estrutura burocrata dos cargos políticos modernos ordena o sistema político de forma a decidir (muito embora tal fato não seja obrigatório nesse sistema) sobre as questões que lhes são postas. Isso resta bastante claro nas políticas públicas regulatórias, como, por exemplo, *los cambios en el derecho de patentes.*[466]

Esse cálculo de risco torna-se um tanto quanto complicado para os políticos, uma vez que decidirão para aqueles que não participaram do processo decisório, bem como para os que não fizeram parte desse movimento. Nesse sentido, uma política pública de risco não pode se ater tanto às repercussões, e sim, à capacidade de aceitar suas próprias decisões,[467] isto é, de cumpri-las e de levá-las a cabo. Isso porque o sistema político está obrigado, hodiernamente, a politizar as influências que recebe, não importando sua origem. É o caso típico da SIDA.[468]

O espaço pelo qual o governo brasileiro se moveu para a proteção dos portadores de SIDA no Brasil foi extremamente novo e paradigmático, tornando-se exemplo para o mundo. A partir de uma nova concepção de política pública, o governo enfrentou riscos em uma seara de direito internacional sanitário, para cumprir com seu dever constitucionalmente im-

---

[464] LUHMANN, *Sociologia del Riesgo*, 1998, p. 193.

[465] No caso específico, a quebra das patentes tornou-se mote da última (2002) campanha eleitoral à Presidência da República, por parte do então Ministro da Saúde José Serra. Foi ele o responsável por tal decisão e esperava (calculava) ganhar votos com seu agir. Como visto, foi uma decisão de risco.

[466] LUHMANN, op. cit., p. 193.

[467] Cf. Ibidem, p. 198.

[468] Assevera LUHMANN, op. cit., p. 209: "Por razones estructurales y semánticas, el sistema político hoy en día está empujado a politizar los riesgos, vengan de onde vengan. Puede tratarse de emisiones de las empresas industriales, del SIDA, de personas que corren en toda velocidad en las calles, de conductores agotados en transportes de pasajeros o de carga, de formas de vida tecnologicamente variadas y divulgables, o de riesgos en el cuidado de enfermos en cuanto todavia no esté cubierto por el seguro contra la enfermedad."

posto. Para que se entenda o caso, necessita-se, primeiramente, verificar as bases jurídicas da jornada brasileira.

### 4.5.1. A normativa brasileira

Sinteticamente e em conformidade com o § 2º do art. 5º da Constituição, o Brasil deve respeitar todos os tratados internacionais assinados pela República. Um exemplo é o fato de que toda a legislação brasileira deve obedecer ao TRIP, tratado internacional que rege a propriedade industrial nos países que o aceitam. O Brasil é país signatário. Dessa maneira, no que tange às invenções de remédios, revogou-se a proibição existente no Código de Propriedade Industrial de 1971 que vedava o privilégio exclusivo sobre substâncias, misturas ou produtos alimentícios, químico-farmacêuticos e medicamentos, de qualquer espécie, bem como os respectivos processos de obtenção ou modificação.

Tal disposição somente fora revogado com a Lei 9.279/96, a partir da regulação dos direitos e obrigações relativos à propriedade industrial. Para tanto, observam-se seus arts. 10 e 18 para se chegar a essa conclusão. Mais: assim essa lei se encontra equânime em relação aos TRIPs.

E se não bastasse esse aspecto, cabe ressalvar o seguinte fato: a Lei 9.279/96 é uma lei posterior à Constituição de 1988 e, presumidamente, constitucional. Ainda, é uma lei ordinária e, portanto, inferior à Carta Magna (caso se adotasse a teoria tradicional da Constituição). Daí que todo o seu texto, circulamente, comunica-se com os princípios da Constituição de 1988, especificamente, ao direito ao acesso a remédios insculpido via art. 196 da CF/88.

A Lei 9.279/96, como já dito, admite que remédios podem ser inventados. Logo, conforme seu art. 2º, I, pode ser concedida carta-patente a novos remédios e, pelo mesmo artigo, mas em seu inciso V, é permitida a repressão à concorrência desleal nesse desiderato.

No entanto, como afirmado anteriormente, somente o autor de invenção terá direito à carta-patente (art. 6º). Para tanto, terá que comprovar que a invenção é novidade, que tem atividade inventiva e aplicação industrial. É o que se depreende da leitura do art. 6º da Lei 9.279/96.

Note-se que os três requisitos devem coexistir para a concessão da carta-patente. Ela não será concedida na ausência de algum deles. Como novo, a Lei entende como tudo que não se compreende no estado da técnica (art. 11), que é conceituado como tudo aquilo que não foi divulgado até a data do depósito. Verifica-se, portanto, que *no âmbito da concessão do privilégio de invenção, os requisitos para deferimento dessa modalidade de proteção permanecem os mesmos previstos na Lei 5.772/71.*[469]

Preenchidos os requisitos, pode o inventor requisitar a carta-patente. Isso deverá ser feito através de um pedido dirigido ao INPI – Instituto Nacional da Propriedade Intelectual – e que deverá ser instruído de: requerimento, relatório descritivo, reivindicações, desenhos (se for o caso) e comprovante do pagamento da retribuição relativa ao depósito (art. 19).

O pedido será mantido em sigilo por dezoito meses (art. 30). Como se verá adiante, este artigo é o cerne da problemática. O exame do pedido será iniciado após o prazo de 60 dias para a manifestação de terceiros (art. 31). Vale ressaltar que, após o exame, se o pedido for deferido, não caberá recurso (§ 2º do art. 212). Se o exame técnico for favorável à concessão da patente, esta será concedida (art. 37), desde que efetivado e comprovado o pagamento da retribuição correspondente, no que, após, será expedida a carta-patente (art.38).

Essa patente vigorará pelo prazo de (vinte) anos, contados da data do depósito (art. 40, *caput*), ou, pelo menos, dez anos, ou sete – conforme se trate de invenção ou modelo –, contados da data da concessão (art. 40, parágrafo único).

A patente confere ao titular o direito de impedir terceiro, sem o consentimento do titular, de produzir, usar, colocar à venda, vender ou importar, o produto objeto da patente (medicamento), ou produto obtido diretamente por processo patenteado (art.42). Outras proteções são conferidas nos §§ 1º e 2º do art. 42, e, também, pelo art. 44.

Ainda em relação à invenção de remédios, há que ressaltar que o art. 43, III, da Lei 9.279/96 não considera violação de patente a preparação de medicamento de acordo com prescrição médica para casos individuais, executada por profissional habilitado, bem como o medicamento assim preparado. Sobre o tema, podem-se destacar no referido diploma legal, os arts. 229, 230 e parágrafos, 231, 232 e 243.

Ademais, o Código Penal brasileiro entende como crimes contra o privilégio da invenção os tipos previstos nos arts. 183 e 184: fabricar produto objeto de patente, usar meio ou processo objeto de patente de invenção, comercializar produto objeto de patente ou obtido por meio ou processo patenteado. Isso sem falar no art. 186 do Código Penal brasileiro, que ampara teoria dos equivalentes. Dessa forma, o inventor encontra, no Brasil, um ambiente seguro para seus propósitos, visto que a legislação pátria, em conformidade com a internacional, protege os interesses daque-

---

[469] DEL NERO, Patrícia Aurélia. *Propriedade Intelectual: A tutela jurídica da biotecnologia.* São Paulo: Editora Revista dos Tribunais, 1998. p. 61.

les que inventam. Todavia, no tocante às patentes de remédios, o entendimento para o assunto sempre foi difícil. Antes de se tomar uma posição, urge a necessidade de se conhecerem os argumentos contrários à quebra de patentes de remédios e que, portanto, reforçam a autopoiese jurídica – mediante sua equivalência funcional – a partir da Lei 9.279/96.

### 4.5.2. Argumentos contrários à quebra das patentes de remédios

Vários são os argumentos utilizados em favor da impossibilidade da quebra das patentes de invenção de remédios. Todos eles adotados no sentido de privilegiar a solução técnica para o problema, uma vez que o problema está posto e necessita de resposta. Hammes[470] verifica os argumentos positivos (pela possibilidade da quebra) e os refuta:

1) *O supremo interesse da saúde.* Várias são as decisões que propugnam pela superioridade do interesse sanitário em relação ao interesse das indústrias farmacêuticas. Em outras palavras: o bem da vida é maior que o bem da propriedade intelectual.[471] Dessa forma, em casos urgentes, poder-se-ia quebrar a patente a fim de que o indivíduo não veja sua saúde deteriorada por causa de um bem não-corpóreo (intelectual). No entanto, essa idéia é refutada, visto que inexistem provas de que o reconhecimento de patentes tenha afetado a saúde pública.[472]

2) *O monopólio de exclusividade do medicamento seria antiético.* A ética é uma atitude humana e não pode ser reputada a um direito. Antiética é a atitude espoliativa do inventor de remédios, quando, por exemplo, exorbita os preços do medicamento em detrimento da saúde humana. Todavia, ressalte-se, o direito da exclusividade não é antiético.

3) *Não se pode fazer negócio da doença do homem.* É a velha questão a ser considerada: é a saúde um comércio? O contra-argumento utilizado é o de que se o remédio não pode ser patenteado, também não o poderiam os instrumentos utilizados para diagnóstico, ou, por exemplo, os aparelhos necessários para qualquer tipo de exame.

Verifique-se, de antemão, que nenhum desses argumentos é jurídico. São todos, no mínimo, extra-sistêmicos. Dessa forma, não há uma racionalidade sistêmica, e muito menos, uma diferenciação funcional específica

---

[470] HAMMES, *O Direito da Propriedade Intelectual...,* 2000, p. 246-264.

[471] Aqui explicitando que este modelo ponderativo baseado na teoria de Alexy é adotado no ordenamento jurídico pátrio.

[472] Muito embora este argumento seja falho, pois o exemplo brasileiro do tratamento anti-retroviral aos portadores da SIDA via quebra de patente de dois medicamentos (como se verá adiante) é exemplo mundial de eficiência.

que possa dar vazo a uma decisão unicamente de Direito. Logo, há uma quebra de racionalidade por não se obedecer ao código específico do sistema jurídico (Direito/Não-Direito).

Nessa esteira de raciocínio, para aqueles que defendem a impossibilidade da quebra de patentes de remédios, em hipótese alguma, a questão do direito de invenção não passa por estas questões, mas sim por saber se o estímulo ao inventor na continuidade da procura por técnicas que resolvem os problemas da humanidade deve persistir.

Em contraposição à preguiça humana de copiar o que outros já inventaram, o que se deve estimular é a procura pelo caminho mais árduo, o da invenção. Nesse sentido, por exemplo, a indústria nacional deveria ter subsídios para formular pesquisas que, no caso concreto, combatesse a epidemia da SIDA. Sem se levarem em consideração os problemas sociais de um país periférico como o Brasil, essa idéia oportunizaria e traria ao inventor a garantia do seu privilégio: a exploração da carta-patente. Contudo, ainda na busca da resposta à questão proposta e no caminho pretendido, deve-se, ainda, analisar a Lei 9313/96.

### 4.5.3. A Lei 9.313/96 e decisões posteriores

A Lei 9.313/96, de 13 de novembro, torna-se de fundamental importância para o relevo jurídico da possibilidade do acesso a remédios para os portadores da SIDA em solo brasileiro. Alguns aportes a respeito:

1) Essa lei é posterior à CF/88. Significa dizer que, em tese, é uma lei constitucional, mesmo que se adote a hierarquia normativa piramidal-kelseniana, o que resta ainda mais evidenciado no modelo circular e recursivo da autopoiese do sistema do Direito;

2) Essa lei é posterior à Lei 9.279/96. Entre outras coisas, é afirmar que a Lei 9313/96 não está em desacordo com a Lei 9279, já que é posterior e por se tratar de tema conexo. Todavia, caso assim não se entenda, é de se verificar que a Lei 9313/96, em seu artigo 4º, revoga todas as disposições em contrário (anteriores).

Atendendo ao princípio[473] contido no art. 196 da CF/88, a Lei 9.313/96 dispõe sobre a distribuição gratuita de medicamentos aos portadores do HIV e doentes de SIDA. Diz seu artigo 1º: *os portadores do HIV (vírus da imunodeficiência humana) e doentes de AIDS (Síndrome da Imunodeficiência Adquirida) receberão, gratuitamente, do Sistema Único de Saúde, toda a medicação necessária a seu tratamento.*

---

[473] É de se inferir que tal ordenamento funciona como garantia, um *plus*. Não seria necessário, em face da auto-aplicabilidade do art. 196, da CF/88 . Todavia, é instrumento legal e legítimo.

Ademais, os medicamentos a serem fornecidos serão padronizados pelo Poder Executivo (§ 1º do art. 1º). Fica explicitada aqui a relação público-subjetiva de tal direito. O cidadão tem o direito de exigi-lo, e o Estado tem o dever da contraprestação. Tudo em conformidade com o caráter jurídico do art. 196 da CF/88: a saúde como direito de todos e dever do Estado.

Após a publicação desta lei, houve inúmeras ações judiciais nessa seara, o que levou nossos Tribunais a se pronunciarem a respeito, colocando o Direito em marcha. Vale elencar algumas delas, para que se verifique o pensamento do Poder Judiciário brasileiro em relação ao problema.

SAÚDE PÚBLICA. FORNECIMENTO GRATUITO DE MEDICAMENTOS A PESSOAS CARENTES E A PORTADORES DO VÍRUS HIV. RESPONSABILIDADE REPASSADA TAMBÉM A MUNICÍPIO CONTRARIANDO ACORDO CELEBRADO COM ESTADO-MEMBRO. ADMISSIBILIDADE. O direito público subjetivo que representa prerrogativa jurídica indisponível assegurada a todas as pessoas pela norma do art. 196 da CF, qualquer que seja a esfera institucional de sua atuação no plano da organização federativa brasileira, mostra-se indiferente ao problema da saúde da população, sob pena de incidir em grave comportamento inconstitucional, não havendo se falar em ofensa ao art.2º da Lex Mater , no fato de a responsabilidade pela distribuição gratuita de medicamentos a pessoas carentes, bem como remédios para portadores do HIV, ser repassada também a Município, mesmo contrariando acordo celebrado com Estado-membro. (STF – Supremo Tribunal Federal . Decisão no Agravo Regimental no RE 259.508-0.RS/2000. Relator: Min. Maurício Correa

CONSTITUCIONAL. DIREITO À SAÚDE. Fornecimento de medicamentos a portadores de HIV/AIDS. Aplicabilidade plena das disposições constitucionais. Afronta a independência dos poderes não configurada. Ilegitimidade do município. Apelo provido em parte. (Apelação Cível nº 597204221, Segunda Câmara Cível, TJRS, Relator: Des. João Armando Bezerra Campos, Julgado em 16/06/1999).

MEDIDA CAUTELAR INOMINADA. CONTRATO DE SEGURO DE SAÚDE. ATENDIMENTO A SEGURADO PORTADOR DE AIDS. LIMIMAR DEFERIDA. FALECIMENTO ULTERINO DO SEGURADO, SUBSISTÊNCIA. VEROSSIMILHANÇA DO DIREITO E RISCO DE DANO IRREVERSÍVEL. Mantém-se liminar que garantiu atendimento médico-hospitalar a segurado portador de AIDS e ao depois falecido, porque era verossímil a alegação da existência de seu direito subjetivo e claríssimo o risco de vida. (Agravado de instrumento nº 23.240-4, Segunda Câmara de Direito Privado, TJRS, Relator: Desembargador Cezar Peluso, Julgado em 18/02/1997)

SAÚDE. PROMOÇÃO, MEDICAMENTOS. O preceito do artigo 196 da Constituição Federal assegura aos necessitados o fornecimento, pelo Estado, dos medicamentos indispensável ao restabelecimento da saúde, especialmente quando em jogo doença contagiosa como é a Síndrome da Imunodeficiência Adquirida. (Agravo Regimental em Agravo de instrumento nº 238.328-0, STF, Rio Grande do Sul, Relator Ministro Marco Aurélio, Julgado em 16/11/1999)

AIDS/HIV. DISTRIBUIÇÃO GRATUITA DE MEDICAMENTOS EM FAVOR DE PESSOAS CARENTES. LEGISLAÇÃO COMPATÍVEL COM A TUTELA CONSTITUCIONAL DA SAÚDE (CF, ART. 196). PRECEDENTES DO SUPREMO TRIBUNAL FEDERAL. A legislação que assegura, às pessoas carentes e portadoras do vírus HIV, a distribuição gratuita de medicamentos destinados ao tratamento da AIDS qualifica-se como ato concretizador do dever constitucional que impõe ao Poder Público a obrigação de garantir, aos cidadãos, o acesso universal e igualitário às ações e serviços de saúde. (Recurso extraordinário 273.834-RS, STF, Relator Ministro Celso De Mello)

FGTS. LEVANTAMENTO, TRATAMENTO DE FAMILIAR PORTADOR DO VÍRUS HIV.POSSIBILIDADE. RECURSO ESPECIAL DESPROVIDO. 1. É possível o levantamento do FGTS para fins de tratamento de portador do vírus HIV, ainda que tal moléstia não se encontre elencada no artigo 20, XI, da Lei 8036/90,pois não se pode apegar,de forma rígida, à letra fria da lei, e sim considera-la com temperamentos, tendo-se em vista a intenção do legislador, mormente perante o preceito maior insculpido na Constituição Federal garantidor do direito à saúde, à vida e a dignidade humana e, levando-se em conta o caráter social do Fundo que é, justamente, assegurar ao trabalhador o atendimento de suas necessidades básicas de seus familiares. 2. Recurso Especial desprovido. (Recurso Especial nº 249026/PR, Primeira Turma, STJ, Relator: Ministro José Delgado, julgado em 23/05/2000)

AGRAVO DE INSTRUMENTO. PROCESSUAL CIVIL E CONSTITUCIONAL. DECISÃO CONCESSIVA DE LIMINAR EM CAUTELAR, DETERMINANDO FORNECIMENTO DE MEDICAMENTO A DOENTE COM AIDS. PRESENÇA DO *FUMMUS BONI JURIS* E DO *PERICULUM IN MORA*. PROVIMENTO ASSECURATÓRIO DE CUMPRIMENTO DE LEI, PURA E SIMPLESMENTE. É a saúde direito subjetivo constitucional e dever do Estado. Ao Judiciário cabe intervir, quando provocado, para fazer cumprir-se disposição legal e constitucional. Desprovimento de recurso. (Agravo de Instrumento nº 1996.002.4967, Oitava Câmara Cível, TJRJ, Relator: Desembargador José Pimentel Marques, Julgado em 18/06/1998)

DISTRIBUIÇÃO GRATUIOTA DE MEDICAMENTOS A PESSOAS CARENTES. O reconhecimento judicial da validade jurídica de programas de distribuição gratuita de medicamentos a pessoas carentes, inclusive àquelas portadoras do vírus HIV/AIDS, dá efetividade a preceitos fundamentais da Constituição da República (arts. 5, *caput*, e 196) e representa, na concreção do seu alcance, um gesto reverente e solidário de apreço à vida e à saúde das pessoas, especialmente daquelas que nada têm e nada possuem, a não ser a consciência de sua própria humanidade e de sua essencial dignidade. (Recurso Extraordinário 271.286/Rs, STF, Relator Ministro Celso de Mello, informativo do STF nº 210, p. 3)

PACIENTE COM HIV/AIDS. PESSOA DESTITUIDA DE RECURSOS FINANCEIROS. DIREITO À VIDA E À SAÚDE. FORNECIMENTO GRATUITO DE MEDICAMENTOS. DEVER CONSTITUCIONAL DO ESTADO (CF, ARTS. 5º, CAPUT, E 196). PRECEDENTES (STF). O direito público subjetivo à saúde representa prerrogativa jurídica indisponível assegurada à generalidade das pessoas pela própria Constituição da República (art. 196). Traduz bem jurídico constitucionalmente tutelado, por cuja integridade deve velar, de maneira responsável, o Poder Público, a quem incumbe formular – e implementar – políticas sociais e econômicas que visem a garantir, aos cidadãos, o acesso universal e igualitário à assistência médico –hospitalar.(Recurso extraordinário 232.335-RS, STF, Relator Ministro Celso de Mello)

Mesmo que não assumisse o dever para si avocado, o Poder Judiciário estabeleceu que o Estado deve fornecer o medicamento. É de se considerar, portanto, que o Estado, cada vez mais inchado, não pode sequer alegar ausência de recursos (como apontam os julgados acima) para se eximir de seus dever. Logo, deve o Estado procurar alternativas viáveis (políticas públicas de risco) e juridicamente possíveis para a garantia do direito ao acesso a remédios, principalmente aqueles que se destinam aos portadores da SIDA.

A questão que será detalhada adiante é complexa. Por um lado, envolve valores humanos, como, por exemplo, o direito à vida e à saúde. Por outro, o Estado, obrigado a defender como bem máximo o valor-vida. E, ainda, há as grandes indústrias farmacêuticas que despejam toneladas de dólares em investimentos nessa área e procuram a devida contraprestação.

Verificar o andamento da problemática e as decisões já existentes a respeito – como se exporá – torna-se fundamental para sua compreensão. Porém, ouvidos os argumentos contrários à quebra de patentes, a hora é de analisar o que restava implícito, estabelecendo-se, assim, um verdadeiro contraditório.

Sempre com o arcabouço jurídico apresentado como premissa, os argumentos que possibilitam a quebra de algumas patentes de alguns poucos remédios tão necessários para o tratamento dos portadores da SIDA parecem muito mais convincentes e bem mais adaptados à sociedade contemporânea do que aqueles que os rebatem.

### 4.5.4. Pressupostos do caso

### 4.5.4.1. Epidemia das reações sociais, culturais, econômicas e políticas

Diagnosticada pela primeira vez em 1982, a SIDA tornou-se uma verdadeira epidemia. Um verdadeiro risco epdiemiológico. Uma epidemia das mesmas proporções do que, por exemplo, a varíola na Índia e na China antigas, a malária na Antiguidade greco-romana, a sífilis européia do século XVI, e, até mesmo, a "Peste Negra" (bubônica), que matou cerca de 25 milhões de pessoas na Idade Média. Vejam-se os números atuais da doença. Na África, a SIDA já matou 17 milhões de pessoas.[474] Não se

---

[474] MARTINS, Lúcia. Devastação. *Superinteressante,* ano 15, n. 6, jun. 2001 p. 59.

encontra muito longe do grande número de mortes causadas pela "Peste Negra" e não parece que o número de falecidos vá diminuir tão rapidamente.

Outros dados são esclarecedores nesse sentido. Conforme Martins,[475] todos os enfermeiros que lidam com SIDA no Zimbábue são soropositivos. Nesse país, um quarto da população adulta está contaminada, perfazendo o total de 1,5 milhão de pessoas. Em Botsuana, um, em cada três adultos, carrega o vírus (290.000 pessoas). A África do Sul possui 4,2 milhões de infectados (20% da população adulta).

Acossados, pobres, e sem poderem comprar os remédios necessários para o tratamento das doenças, os países periféricos, como é o caso dos africanos, vêem-se prostrados, à espera de uma probabilidade maior de morte e/ou de contágio do vírus mortal.

O problema é de tal monta – e ressalte-se que os países desenvolvidos o tratam como se o mal estivesse longe de sua casa – que os países africanos tentam de todas as formas prevenir o contágio da doença. Para tanto, até algumas bizarrices são ordenadas. Um exemplo é a Suazilândia, país em que a SIDA atinge um quarto dos adultos de uma população total em um milhão de habitantes. A expectativa de vida no país deverá, até 2005, baixar dos atuais 60 anos de idade para 38.[476]

Nesse país, o rei Mswati decretou, em face da contingência da questão, que todas as mulheres virgens e menores de idade não podem ter relações sexuais no prazo de 5 anos, que findará em 2006. Diante dessa decisão, pergunta-se: como será feito tal controle? Pode-se privar alguém do direito de ter relações sexuais em nome de uma doença?

O caso é apenas um exemplo. Mas o certo é que medidas devem ser tomadas. Todavia, todas elas são circundantes. Não vão ao âmago da questão. Uma doença somente pode ser tratada a partir de seu contraditório: a saúde – remédios. Não são medidas irracionais que solucionam o problema. Não é apelando a feiticeiros, ou praticando-se alternativas exóticas que se dará um tratamento sério a um problema. A saúde não é mais magia.

Ocorre que, em um país periférico, encontrou-se uma solução satisfatória para conter o avanço da SIDA: o Brasil. E teve sucesso. Ainda que tenha ido contra o interesse das multinacionais farmacêuticas, pesando os prós e os contras de uma tal política pública de risco, a questão é: qual o bem maior em jogo? A saúde/vida ou uma patente de remédios? O caso brasileiro merece análise para que a resposta não caia no simplismo.

---

[475] MARTINS, *Devastação*, 2001. p. 60-63.

[476] Com maiores detalhes, consultar a Revista Veja, de 21 de novembro de 2001, p. 62.

### 4.5.4.2. Histórico do caso

No Brasil, a SIDA começou a ter dados confiáveis a partir de 1984, ano em que foram registrados 124 casos da doença no país. Em 1988, o Ministério da Saúde brasileiro iniciou a distribuição, ainda que de forma tímida, de medicamentos destinados a diminuir as complicações advindas do contágio. A partir de 1991, começa-se a oferecer também a terapia anti-retroviral no sistema público de saúde, principalmente, devido ao dever assumido pelo Estado via art. 196 da CF/88. O primeiro anti-retroviral distribuído na rede pública brasileira foi a zivoduvina (AZT).[477]

A mudança do tratamento, do simples cuidado em amenizar os sintomas da doença para um tratamento anti-retroviral (que fez com que a doença não se tornasse mortal, mas fosse encarada como algo crônico), é devida a uma descoberta: o vírus[478] da SIDA, pertencente a uma classe exótica de organismos, conhecida como retrovírus.

Essa modalidade necessita tomar de assalto o material genético das células e dele se utilizar para que se possa reproduzir. A infecção leva à morte das células de defesa. Logo, a vítima da SIDA não morre por causa dela, mas sim porque não tem mais armas para combater outros males. Assim, os remédios anti-retrovirais são medicamentos que impedem a multiplicação do vírus. Dois tipos de drogas cumprem o propósito e, se bem administrados, levam a doença à quase extinção. São eles: as enzimas protease e a transcriptase reversa.[479]

Além do AZT, já citado, hoje, os medicamentos para tal terapia são vários. Seu conjunto é popularmente conhecido como coquetel. Compõem o denominado coquetel, que é distribuído gratuitamente no Brasil, as seguintes drogas:[480] didanosina (ddI), zalcitabina (ddC), lamivudina (3TC), estavudina (d4T), neviparina, delavirdina, saquinavir, indinavir, ritonavir e nelfinavir. Atualmente, um outro remédio foi agregado: a efavirenz.[481]

Além do tratamento com tais drogas ter diminuído o número de mortes causadas pela SIDA no Brasil, pela metade, determinou, também a estabilização da taxa de novos casos e a propagação do vírus estancada.[482] O tratamento tornou-se referência mundial. Ocorre que, como visto, a invenção de remédios é uma atividade sujeita à carta-patente. Para que se possa

---

[477] *Terapia Anti-Retroviral e Saúde Pública: um balanço da experiência brasileira.* Brasília: Ministério da Saúde, 1999, p. 11.

[478] Duas são as denominações correntes: HIV e VIH. Esta tese opta pela última.

[479] A Batalha das Patentes. *Galileu*, ano 10, n. 118.

[480] *Terapia Anti-Retroviral e Saúde Pública: um balanço da experiência brasileira*, 1999. p. 11.

[481] Brazil fights for affordable drugs against HIV/AIDS. *Revista Panamericana de Salud Publica*, n. 9(5), 2001. p. 333.

[482] MARTINS, *Devastação*, 2001, p. 60.

utilizá-los, deve-se pagar o preço correspondente: o privilégio. E como é certo que novas descobertas a respeito da doença surgirão, provável é que novos remédios sejam inventados. Em conseqüência, o coquetel terá sempre de ser acrescido de novas drogas.

Certo também é que as drogas não são baratas. Um coquetel completo anti-VIH, custa, por exemplo, nos Estados Unidos, país que respeita legislação a respeito, valor correspondente entre 10 a 15 mil dólares. Óbvio que o brasileiro não tem como pagar a conta. O governo brasileiro gasta, por ano, 403 milhões de dólares na compra de remédios para o coquetel. Em compensação, de 1997 a 1999, o Brasil economizou 422 milhões de dólares em internações de soropositivos. O resultado comparado é compensador. Disso, extrai-se que o Brasil gasta, após recente acordo feito com as indústrias multinacionais farmacêuticas Merck e Roche, 3 mil dólares por pessoa para o fornecimento dos remédios, enquanto, nos EUA, o valor investido é de 10 mil dólares, no mínimo.[483]

A estratégia simples adotada pelo Brasil para esse gasto menor que o investimento feito pelos norte-americanos, em um terço do valor usado na medicação, consiste na produção dos remédios no Brasil. O programa brasileiro, adotado em 1994, prevê tal produção sem o pagamento de *royalties* para os laboratórios multinacionais que detêm as fórmulas, barateando os medicamentos.

Isso só foi possível porque, até 1996, conforme já inferido, o Brasil não possuía uma lei de propriedade industrial que colocasse o remédio como suscetível do privilégio de invenção. Até ali, a questão não apresentava maior complexidade. Após o advento da Lei 9.279/96 surgiram dois novos remédios para o coquetel: o efavirenz e o nelfinavir. Esses dois produtos estão protegidos pela lei de patentes que se coloca de acordo com os tratados internacionais. Ou seja, o Brasil deve pagar os *royalties*. Hoje, dos 403 milhões de dólares que se gastam com os 12 componentes do coquetel, 100 milhões são destinados tão-somente à compra dessas drogas. Isso se deve ao alto valor dos remédios, fixados em função do padrão norte-americano de compra, poder e aquisição que, evidentemente, não é o mesmo dos países periféricos.

A distribuição desses dois medicamentos é feita de forma regular pelo Brasil, em conformidade com as regras das leis internacionais e nacionais. Tudo foi pago corretamente e o que sempre se tentou foi um acordo para que os preços fossem reduzidos. Recentemente, o laboratório Merck passou a conceder ao Brasil descontos de 59% a 64% no preço dos dois medicamentos.[484]

---

[483] Todos estes dados estão contidos na reportagem, A Batalha das Patentes, *Galileu,* ano 10, n. 118.
[484] MARTINS, *Devastação*, 2001, p. 63.

Porém, os Estados Unidos alegaram que a lei brasileira possibilita a quebra de patentes e têm medo de que o fato venha a acontecer, ocorrendo, assim, uma queda em sua margem de lucros. Nesse intento, em janeiro de 2001, os Estados Unidos pediram à Organização Mundial do Comércio que declarasse a impossibilidade da aplicação dos arts. 30 e 68 da Lei 9.279/96, que possibilitaria a quebra das patentes posteriores ao referido diploma legal.

Como lembra Phil Bloomer,[485] presidente da Oxfam, um grupo de advogados que lançou campanha mundial para reduzir os preços das drogas antiaids, *as empresas estão dizendo que os direitos à saúde e à vida são inferiores aos direitos de respeito à propriedade intelectual dos remédios.*

Em termos jurídicos, utilizando-se os critérios circulares de decisão e a legislação exitente, a questão seria definir qual o maior bem posto em jogo: o princípio-saúde ou a regra da propriedade industrial? Decidiu-se pela vida. Posta a questão, tanto a OMC – Organização Mundial do Comércio – como a ONU – Organização das Nações Unidas (além da OMS – Organização Mundial da Saúde) – pronunciaram-se a respeito. O Brasil saiu vitorioso. Mas, além, da decisão, torna-se necessário conhecer os argumentos que fizeram com que a referida decisão desse ao Brasil a vitória.

### 4.5.5. Os argumentos favoráveis à quebra e o posicionamento da OMC

Os argumentos favoráveis à quebra de patentes para o fornecimento de medicamentos para os portadores da SIDA são vários. Em escala mundial, a tendência é copiar o modelo brasileiro anteriormente explicitado. Foi o caminho seguido pela Índia e pela África do Sul, por exemplo.

O embate entre argumentos contrários e favoráveis foi objeto de discussão na Organização Mundial do Comércio, por pedido dos Estados Unidos. A decisão foi favorável ao Brasil. Os argumentos em favor da quebra são:

1) *Preços Abusivos.* Na legislação brasileira de propriedade industrial, há a possibilidade de ser a patente de remédios licenciada compulsoriamente se os direitos, a partir dela exercidos, forem abusivos, ou, se, por meio dela, for praticado abuso de poder econômico (art. 68 da Lei 9.279/96). Esse é o artigo contra o qual se revolta a indústria farmacêutica norte-americana, alegando que tal artigo desrespeita o TRIPs. Leve-se em consideração, como

---

[485] A Batalha das Patentes, *Galileu,* ano 10, n. 118.

O tratamento jurídico do risco no Direito à Saúde

explicitado, que os preços desses remédios são fixados a partir do padrão norte-americano, muito diferente do padrão brasileiro.

Todavia, sem querer entrar na questão do mérito de sua aplicabilidade no campo interno – que parece evidente – até decisão em contrário, ressalte-se que o Brasil não aplicou tal procedimento. Procura, até hoje, um acordo. Quem propôs a queixa foram os Estados Unidos, e isso, em tese, pois faticamente inexistiu a conduta objeto da queixa.

2) O Direito ao acesso a remédios como direito fundamental do homem. Mesmo que conexo com o direito à saúde – que é direito humano e universal, o Brasil alegou, em sua defesa, que o direito ao acesso a remédios é direito humano, o que caracterizaria uma precedência em relação ao direito à propriedade industrial. Nesse sentido, a respeito, cabe referir que, conforme a Resolução 41.42; da Organização Mundial da Saúde, elaborada em Genebra, no dia 13 de maio de 1988, já havia tal reconhecimento. É o texto: "A quadragésima primeira Assembléia Mundial de Saúde está fortemente convencida de que o respeito pelos Direitos Humanos e dignidade dos portadores do VIH e pessoas com SIDA, bem como membros de grupos populacionais, é vital para o sucesso dos programas nacionais de prevenção e controle da SIDA e para estratégias globais dos Estados-Membros, particularmente na ampliação dos programas nacionais para fora de suas fronteiras, sempre visando à prevenção e ao controle da infecção pelo VIH e à proteção dos Direitos Amanso e à dignidade do portador do VIH e pessoas com SIDA, bem como membros de grupos populacionais e, para evitar ações discriminatórias e estigmatizações dessas pessoas no momento de empregar, viajar, e garantir a confidencialidade do teste para detectação do VIH."

Em abril de 2001, o Brasil apresentou uma resolução à Comissão de Direitos Humanos da ONU – Organização das Nações Unidas, acuado pela queixa norte-americana na OMC, sobre o direito de obter medicamentos a preços acessíveis no contexto da epidemia da SIDA. A moção recebeu apoio de 52 países, com uma única abstenção: os Estados Unidos (não por acaso o país-sede das multinacionais farmacêuticas queixosas).[486]

---

[486] Não deixa de ser irônico que, após o incidente da queda das torres gêmeas do World Trade Center, em Nova Iorque, o contra-ataque ao Afeganistão e a resposta via cartaz de antraz, os Estados Unidos, com medo de uma guerra biológica, propugnou pela quebra de patentes em seu favor. Pretendia produzir vacinas contra varíola – doença já inexistente em seu território e que pode ter efeitos devastadores caso não seja controlada. O Brasil é o país que detém a fórmula, junto com alguns outros. Seria um grande beneficiado da situação – economicamente falando. Como a compra desses remédios para a vacinação em toda a população norte-americana implicaria gastos demasiados, o governo americano passou a defender a posição reversa. É o pêndulo da história!

3) *Aplicabilidade do Direito Humano ao acesso a remédios.* A conseqüência prática desse reconhecimento é o de que o direito ao acesso a remédios é um direito humano, universal e auto-aplicável. Assim, quando em conflito, há que optar pelo primeiro.

Esses argumentos são todos jurídicos, ao passo que as razões utilizadas contra a quebra de patentes são, em sua maioria, sociológicas e/ou econômicas. Poder-se-ia utilizá-las contra as próprias multinacionais farmacêuticas. Por exemplo, o interesse supremo da saúde, que sempre foi a grande procura da humanidade, a busca pela imortalidade, o não querer sentir dor. Até mesmo a busca por esses instintos ancestrais – antropologicamente falando – prevalece sobre uma invenção: a carta-patente.

Enfim, a Organização Mundial do Comércio, atuando como corte de Direito Internacional Sanitário, pronunciou-se a favor da possibilidade da quebra de patentes de remédios para o fornecimento ao tratamento de portadores de SIDA. Essa foi uma grande vitória do Brasil. Em reunião[487] ocorrida em Doha, Catar, decidiu-se que a saúde pública tem precedentes sobre o direito de patente de remédios. Essa é a norma mundial estabelecida pelo processo comunicacional entre diferentes palcos e sistemas sociais. Mas não se defende a pirataria. Existem alternativas.

### 4.5.6. Alternativas para as indústrias farmacêuticas

O Brasil não quebrou patentes após a edição da Lei 9.279/96. Está autorizado por seu art. 30, mas não o fez. Hoje está autorizado também pela decisão histórica da Organização Mundial do Comércio. No entanto, não se pode esquecer do dinheiro e do tempo gastos pelas indústrias farmacêuticas na invenção desses remédios, nem mesmo da utilidade de ambos. Para tanto, há alternativas, como propugna a Oxfam:[488]

1) Os Estados Unidos deveriam retirar o caso contra o Brasil. Não retiraram. Perderam;

2) A Merck e a Roche não deveriam processar o Brasil por violação de patentes no caso de fornecimento de drogas para o tratamento de SIDA. As duas indústrias deveriam firmar licenças voluntárias e contratar indústrias locais que, por sua vez, fabricariam os remédios mediante tal licença, diretamente paga aos laboratórios.

3) Outras nações industrializadas devem desencorajar os Estados Unidos a seguir esse intento. Tal prática se consolidaria a partir da idéia de diferentes níveis de proteção da patente farmacêutica.

---

[487] CARVALHO, Adriana. Um Encontro com a História: em seis dias, os ricos fizeram mais concessões aos países pobres que no meio século passado. *Veja,* ano 34, n. 46, nov. 2001 p.130-131.
[488] Brazil fights for affordable drugs against HIV/AIDS, 2001, p. 332.

4) A revisão das TRIPs. Os países componentes do pacto deveriam criar salvaguardas econômicas para situações excepcionais, como é o caso da epidemia de SIDA.

5) A prática de acordos no sentido da redução dos preços.

Desse modo, uma nova gestão compartida sanitária, que inclui uma nova forma de resolução de conflitos, (re)criou novas alternativas para o direito à saúde posto que estava à frente de uma doença até então inexistente. Refrata-se, cristalinamente, o caráter autopoiético da saúde, evoluída a partir de uma doença (SIDA), a qual obteve resposta (nova) de um novo campo de resoluções do acoplamento estrutural entre o sistema sanitário e o sistema jurídico.

Resta ainda em aberto um dos maiores dilemas do mundo moderno. O avanço das tecnologias no cotejo sanitário e suas implicações/comunicações com o sistema jurídico. Assim como na questão da SIDA, a análise passa a ser feita pelo prisma da autopoiese do direito à saúde.

## 4.6. O risco e a alta tecnologia sanitária: perspectivas futuras

Segundo Luhmann,[489] uma das grandes causas da temática de o risco provocar tanta discussão na sociedade contemporânea, considerando-a inclusive como uma sociedade de risco, vem da velocidade do desenvolvimento tecnológico nas mais variadas esferas do saber, notadamente, nas biológicas e sanitárias.

Esse problema chega a um dilema. De um lado, as forças políticas, morais e religiosas (e também as normas jurídicas) encontram-se em atraso temporal quando contrapostas ao avanço das tecnologias sanitárias. De outro, resta a pergunta bem elaborada por Luhmann:[490] até que ponto se devem correr riscos em favor da aceitação dessas tecnologias?

A resposta não pode ser dada com base na antiga diferença proporcionada pela distinção entre técnica e natureza. Para este tipo de distinção,[491] *la natureza es aquello que por si mismo surge y perece (phyisis)*, enquanto a técnica é a *producción de um objeto o de un estado en desviación de lo que la natureza por si misma produciría*. Nesse sentido, a natureza não alcança seu estado de perfeição quando seu curso normal resta alterado. Talvez a técnica alcance esse estado, mesmo que se desvie de seu rumo habitual.

---

[489] LUHMANN, Niklas. *Sociologia del Riesgo*, 1998, p. 127.

[490] Idem.

[491] Ibidem,p. 128.

Essa distinção foi particularmente importante na visão cristã do homem na criação do natural (divino?). Dita forma de observar o avanço da tecnologia fez com que se sobrepusesse uma idéia arcaica de homem-perfeição em detrimento de um avanço que, talvez, pudesse ajudar o próprio ser humano em sua busca eterna (e provavelemente infrutífera) pela perfeição. Trata-se, especificamente, dos casos de bioética apurados em nossa sociedade atual e que são analisados posteriomente. No entanto, assinale-se, desde já, que foi, por exemplo, essa concepção inadequada que postergou por várias vezes a fertilização *in vitro*[492] (fato já cotidiano no mundo atual).

A análise dos avanços da tecnologia sanitária e a percepção de seus riscos requerem a implantação da quebra de um paradigma já operado na transição entre a Idade Média e a Modernidade:[493] o mundo deve deixar de ser palco de uma admiração religiosa para tratar de um problema prático a ser resolvido pelos meios humanos, ou seja, do como fazer para alcançar tal objetivo (cura da AIDS, por exemplo).

Afastados os problemas religiosos ainda atuantes no mundo moderno (criminalização do aborto, por exemplo), podem-se enfrentar os problemas trazidos pelas novidades tecnológicas não como defensores da natureza, mas como observadores do risco. Não se pode mais defender a natureza em nome de uma excessividade tecnológica, pois assim se estaria, em última análise, prejudicando o ser humano. A questão passa a ter como norte, conforme já referida, a figura do risco. Assim, refere Luhmann,[494]

> puede muy bien ser el caso de que un proceso sea mucho menos riesgoso que el outro, pero no puede justificarse apelando a la naturaleza. Porque, después de todo, la naturaleza pudo haber generado, en el curso de la evolución, muchos organismos construidos genéticamente de manera diversa, pero dificilmente habría llegado a hacer crecer tantas papas en un sembradío a tan corta distancia unas de otras.

Com isso, há que distinguir os riscos tecnológicos da saúde da distinção técnico-natureza. Nessa linha, a técnica pode ser entendida como

---

[492] Como recorda BECK, *La Sociedad del Riesgo...*, 1998, p. 160: "El punto de partida para la aplicación de la fecundación in vitro es el deseo de tener hijos por parte de mujeres estériles. Hasta hoy, el tratamiento se ofrece, em la mayoria de clínicas, exclusivamente a matrimônios. Esa limitación es anacrônica en relación con la extensión de parejas no casadas. Por otra parte, existe la posibilidad de aplicar la técnica de fecundación a mujeres solas, lo cual representa algo totalmente nuevo y cuyas consecuencias es difícil de prever. Y además no se trata en este caso de mujeres que permanecen solas trás la separación, sino de una maternidad deseada sin padre que es algo nuevo historicamente. Requiere la donación de semen masculino al margen de todo tipo de pareja establecida. Desde el punto de vista social, se trataría de hijos sin padre, cuyos padres quedarían reducidos a sólo una madre y un donante anónimo de semen. Finalmente esse proceso va más allá del mantenimiento de la paternidad biológica y de su desaparación social. Quedan totalmente indefinidas todas las cuestiones sociales de la paternidad genética: procedencia, herencias, exigencias mantenimiento y cuidados, etc."

[493] Cf. LUHMANN, *Sociologia del Riesgo*, 1998, p. 129.

[494] Ibidem, p. 131.

uma clausura causal de um âmbito de operações.[495] A tecnologização da saúde é, portanto, um isolamente, mais ou menos, eficaz das relações causais especificadas no âmbito negativo de seu Código (a Enfermidade). Luhmann aponta[496] que tal conceito leva às seguintes vantagens:

1) o curso da tecnologia passa a ser controlável, visto que analisados sob um âmbito diminuto e específico (relação causal isolada a respeito de uma enfermidade);

2) os recursos podem ser objeto de planejamento e

3) os erros são reconhecidos e calculáveis.

Quando se trata de problemas advindos do avanço genético, o cálculo de risco passa a ser dado pelo subcódigo específico do sistema sanitário: geneticamente perfeito/geneticamente preocupante. A análise de aplicação ou não de uma nova tecnologia, em um paciente é, então, verificada por esse código de forma clausural e auto-recursiva, de tal forma que elementos extra-sistêmicos (religião, política e moral) são deixados de lado, uma vez que não estão incluídos na dinâmica autopoiética do sistema sanitário.

Nesse sentido, os problemas das técnicas são resolvidos por meio da própria técnica, e o risco reside na decisão. Assim, há que verificar técnicas que permitem desenvolver e/ou imunizar os eventuais danos. Ou, ainda, analisar se os processos técnicos são *dirigibles (por médio de la dosificación de los recursos) y también, en consecuencia, interrumplibes si ya no se requiere de sus efectos, o se no se desean más.*[497] Dessa forma, no caso das altas tecnologias sanitárias, há a necessidade de técnicas outras que possam funcionar no caso de as principais falharem. E, mais, devem ser capazes de estar prontas a operarem em qualquer tempo. Ocorre, pois, um paradoxo: não se colocar a tecnologia fora de operação mesmo que não tenha funcionado.[498]

Nessa linha de raciocínio, antes da ocorrência do risco, perquire-se sobre os riscos e as possibilidades de evitá-lo. Os riscos domesticados são liberados para uso geral (com notada freqüência no caso dos medicamentos), sem que se possa garantir que uma mudança de contexto torne o risco mais provável do que outrora. Sem embargo, isso ocorre, com certa freqüência, no ramo dos fármacos. Um remédio tido e aprovado pelas agên-

---

[495] LUHMANN, *Sociologia del Riesgo*, 1998, p. 132.

[496] Idem.

[497] Ibidem, p. 136.

[498] Ibidem, p. 137: "El ejemplo clásico aqui es el de la energía nuclear. La inmensa atención que se le ha prestado a este caso y a su tecnología de seguridad, así como el valor como ejemplo que se le concede, reside posiblemente en los efectos catastróficos que tendrían perturbaciones no controlables."

cias competentes, hoje, pode não o ser amanhã, como comprova o caso da talidomida no Brasil.

Extrai-se, portanto, que a própria tecnologia contém risco, porque a técnica não é natureza, dela se diferenciando. O risco, nas altas tecnologias, é, pois reflexivo e auto-recursivo. É a percepção de sua redução de complexidade mediante enclausuramento que faz com que se alivie risco pelo risco e que se (re)produza risco por intermédio do risco. Logo, os limites da tecnologia são dados pela própria tecnologia. Mas essa idéia não é uma idéia pessimista, ao contrário, pois *lo único a lo que la técnica puede ayudar es a sí misma, y la tendência reconocible permite descubrir a cambio de ello más riesgos y oportunidades.*[499]

Mas, ressalte-se que, havendo normas jurídicas, esses procedimentos orientam o agir das estruturas do sistema sanitário, de vez que estão orientadas para problemas futuros. Caso não o estejam, devem ser substituídas para que não entrem em disformidade temporal e não permitam que as decisões dali oriundas repitam o passado. Como bem recorda Luhmann,[500] a garantia de tecnologias adicionais garantidoras das tecnologias principais não é infalível, e necessita de um sistema de regras que uniformizem a atenção e a capacidade humana de reposta (Direito). Essa interferência comunicacional não-trivial nos processos tecnológicos fornece a própria autopoiese do sistema sanitário e jurídico também.

No já citado problema da fertilização *in vitro*, existe uma série de questões em aberto, como assinala Beck:[501] o que fazer com os embriões antes do momento de sua implantação? Como reconhecer a "normalidade" do embrião? Desde quando se pode considerar que o óvulo ainda não-fecundado não é vida humana? É possível comercializar sêmen congelado? Como ficam os direitos sucessórios do embrião *post mortem* do doador?[502]

Todas essas questões derivam da possibilidade da manipulação genética e das conseqüências advindas do domínio de tal tecnologia. É dizer:

---

[499] LUHMANN, *Sociologia del Riesgo*, 1998, p. 140.

[500] Ibidem,p. 138.

[501] BECK, *La Sociedad del Riesgo...*, 1998, p. 60.

[502] Para esta questão específica, o sistema jurídico brasileiro já encontra base justiciável no Código Civil de 2002. Diz seu artigo 1596: "Os filhos, havidos ou não da relação de casamento, ou por adoção, terão os mesmos direitos e qualificações, proibidas quaisquer designações discriminatórias.". Tal artigo, para o problema em tela, deve ser conjugado com o disposto nos inciso III, IV e V, do artigo 1597:
Presumem-se concebidos na constância do casamento:
I- ....
II- ....
III- havidos, por fecundação artificial homóloga, mesmo que falecido o marido;
IV- havidos, a qualquer tempo, quando se tratar de embriões excedentários, decorrentes de concepção artificial homóloga;
V- havidos por inseminação artificial heteróloga, desde que tenha prévia autorização do marido.

o domínio germinativo leva a uma série de riscos anteriormente desconhecidos pelo simples fato de inexistir a tecnologia. Ademais, o indivíduo pode ter uma série de benefícios em relação à sua saúde pela existência de novas tecnologias. Como referem Miguel, Yuste e Durán:[503] *el sujeto individualizado en sus contornos físicos, así llamados «naturales», tiende a diluirse en una contrucción biológica que cada vez deberá más y más a la tecnología.*

Beck,[504] sob essa perspectiva, continua a indagar: o que é um patrimônio genético desejável, utilizável ou são? A resposta para a indagação pode vir acompanhada de vários sentidos, notadamente, o ético e social. No entanto, a delimitação deve ser vista do ponto de vista jurídico. Como o Direito pode atuar nos casos de bioética? Será ele, por exemplo, o responsável pela análise do controle de qualidade dos embriões?

Os eventos que resultam em avanço médico, quase sempre, causam, no dizer de Beck,[505] uma transformação silenciosa das condições da vida social. Transmudando a afirmação, pode-se dizer que os avanços do sistema sanitário irritam o sistema social, que, por seu turno, começam a influenciar os seus subsistemas funcionais diferenciados (Direito). Tais subsistemas oferecerão resposta quando absorverem o ruído de fundo do entorno em sua operatividade e clausura interna. Porém, isso somente ocorrerá, quando, de fato, houver a comunicação inter-sistêmica. É o exemplo da clonagem humana, narrada por Beck:[506]

> Es imaginable que se «clonen» embriones humanos, sustituyendo el núcleo de la célula embrionário por el núcleo de célula de otro individuo. Esto ya se ha realizado con êxito en el caso de ratones. En el caso de los hombres podría servir para crear copias idénticas geneticamente o tejido embrionário que facilitaria la transformación, sin peligro de reacción alérgica, de órganos para su transplante. Aunque todo esto, de momento, sea pura fantasia.

Dessa forma, coloca-se outra questão: Deve-se limitar a possibilidade da clonagem terapêutica, notoriamente em favor do indivíduo que se encontra dependente desta única solução (transplante de órgãos), em nome de uma suposta (embora bastante provável) ocorrência futura de desvio para a clonagem humana (mesmo que esta seja uma hipótese rechaçada moral e religiosamente[507])?

---

[503] MIGUEL, J.M; YUSTE, F.J.; DURÁN. M.A. *El Futuro de la Salud.* . Madrid: Centro de Estudios Constitucionales, 1988. p. 139.

[504] BECK, *La Sociedad del Riesgo...,*1998, p. 261.

[505] Idem.

[506] Idem, nota de rodapé n.3.

[507] Uma síntese das idéias contrárias à clonagem pode ser encontrada em VARGA, Andrew C. *Problemas de Bioética*. São Leopoldo: Editora Unisinos, 2001. p. 121:"Todos os argumentos em favor da clonagem implicam, de alguma maneira, que o homem seja usado apenas como meio para objetivos sociais ou para satisfazer os desejos individuais ou paternos. Os clones seriam meros produtos de

Assinala-se que, no caso dos transplantes de órgãos, a impossibilidade da clonagem limita a possibilidade da saúde. O fato é que, mesmo no mundo contemporâneo a idéia de doação de órgãos ainda sofre tanto restrições morais como religiosas, acontecendo uma escassez de órgãos transplantáveis.[508] Disso decorre o acontecimento fático do que é proibido juridicamente: a comercialidade dos órgãos das pessoas.[509] Põe-se, pois, outra indagação: essa proibição em nome de uma segurança não traz ainda mais insegurança (possibilidade de raptos, mortes, seqüestros e homicídios tendentes a conseguir um órgão para outrem)?

Leve-se em consideração, para tanto, que a positivação de uma norma jurídica só encontra amparo na hipótese de sua violação, isto é, eventual norma proibindo a clonagem humano/terapêutica só será reafirmada quando descumprida. Nesse sentido, a resposta deve ser dada pela própria tecnologia, como já salientou Luhmann e reafirma Beck:

> Lo que continúa siendo posible de modo evidente, en el campo de la medicina, pese a todas las críticas y a las prognosis sobre el futuro, si lo transferimos al terreno de la política oficial es un escándalo, pues decisiones básicas sobre el futuro social tomadas por el parlamento o declaradas publicamente simplemente se reconvierten en algo irreal por mor de las realizaciones de la vía práctica.

Tem-se, portanto, na visão tradicional, uma defasagem entre o progresso tecnológico-sanitário e os meios de controle exterior (política, religião, moral, Direito...). Desse modo, as investigações e experimentações médicas modificam o tradicional e religioso conceito de família composta de pai e mãe biológicos atrelados a sua prole. No entanto, o parlamento não tem como combater essa nova forma de diferenciação social, a ela se adaptando, regulando-a juridicamente, visto que novos

---

laboratório nas mãos dos homens egoístas. Os clones seriam um novo tipo de escravos, produzidos para a realização de certas tarefas específicas. Mesmo que tais tarefas fossem altamente intelectuais ou artísticas, elas passariam a ser produtos característicos de seres humanos destinados a trabalhos forçados. Além do fato de não ter sido provado que talentos e habilidades sejam hereditários, esperar-se-ia que os clones agiriam como o doador do núcleo. A liberdade da decisão de sua carreira seria cerceada, pois se esperaria que eles fossem reproduções do gênio ou do grande músico dos quais eles tivesse sido clonados. Mesmo que se considerem os clones como reprodução de gênio ou de escravos, um novo tipo de seres humanos teria sido criado, o que introduziria novas formas de divisão e discriminação em nossa sociedade, uma sociedade que, nos séculos passados, fizera tudo para eliminar as diferenças sociais."

[508] Cf. PESSINI, Léo; BARICHIFONTAINE, Christian de Paul. *Problemas Atuais de Bioética*. 5 ed. São Paulo: Edições Loyola, 2000, p. 331.

[509] A respeito, assevera FERRAZ, Sérgio. *Manipulações Biológicas e Princípios Constitucionais*. Porto Alegre: SAFE, 1991, p. 34: "A extra comercialidade, aqui sustentada, é uma garantia da realização do princípio da integridade e da dignidade da pessoa humana, que abarca, é óbvio, seu corpo e espírito... Doutra parte, e por coerência com as posições atá (*sic*) aqui deduzidas, é evidente que, se bem admitamos, *pietatis causa* a doação de sangue, tecidos, leite materno, órgãos, etc., jamais aceitaremos seu comércio, sua 'venda', mesmo quando se trate de partes regeneráveis do corpo, ou não-essenciais à vida do 'vendedor'."

riscos decorrerão dessa "nova família".[510] As conseqüências provindas da manipulação do patrimônio genético somente podem ser avaliadas se as tecnologias são utilizadas. Esse é um risco impossível de se isolar, pois é um risco de todos os homens virem a ficar doentes.

Dessa maneira, em análise sistêmica, pode-se refletir que a bioética é o campo do saber onde ocorrem os maiores acoplamentos entre os sistemas. É um sistema ainda não autonomizado (ainda ligado ao sistema sanitário) que recebe todas as influências da diferenciação exterior, estando tudo ainda por construir em relação ao tema. Pode-se elencar como influências do entorno bioético, como já delineado o Direito, a biologia, a ética, a moral, a filosofia, a religião e inúmeras preocupações sociais.

Nesse sentido, o estudo da bioética apresenta-se como uma reação ao rápido desenvolvimento das técnicas e tecnologias, faceta típica da sociedade contemporânea. Mediante acoplamentos, o sistema do Direito manifesta-se sobre questões de dito caráter, visto que é impossível não decidir. Porém, tal realização se faz com base em seu código próprio (Direito/Não-Direito), garantido a diferenciação funcional, e, por conseguinte, a autopoiese do sistema social.

No Brasil, a inovação no campo da bioética veio com a Constituição Federal de 1988, que elencou princípios fundamentais, os quais podem ser entendidos como mecanismos redutores de dita complexidade (ou normas de caráter contrafático), como por, exemplo, o do art. 1°, III: o respeito à dignidade da vida humana.

Todavia, a incerteza está presente nas decisões e nas ações, tendo em vista o desenvolvimento das tecnologias hodiernas. Cabe ao Direito atual garantir procedimentos apropriados que o legitime em decisões desse caráter. Nessa ótica, a bioética torna-se uma aliada do mundo jurídico, na medida em que, problematizando as questões, abre caminhos para a atuação do sistema do Direito. Contudo, deve-se atentar para o fato de que as regras jurídicas não podem mais ser estabelecidas previamente, pois as referências habituais fracassam diante do ineditismo das situações. Elas devem, como já dito, orientar-se para o futuro.

A partir dos questionamentos quanto à criação (ou não) de normas bioéticas surgem dificuldades de duas ordens. Primeiramente as de conteúdo: passar da bioética já efetivada para o biodireito é uma formalização cujo risco é a vida. O conteúdo das normas a determinar acarretaria um

---

[510] Paradigmático foi o caso do filho da cantora homossexual Cássia Eller, que acabou ficando sob guarda de sua "companheira", em detrimento à positivação jurídica, que, neste caso, previa a guarda pelos ascendentes. Paradoxalmente, mesmo possuindo conexão biológica com os avós, decidiu-se que a biologia não guarda traços somente genéticos, mas também socioafetivos, que prevaleceram neste caso concreto.

consenso, no mínimo, bastante incerto. Em seguida, um problema formal: o modo de formulação também é problemático, pois surge o questionamento de ser possível legislar caso a caso, para, após, submetê-lo ao entendimento de um juiz.

Assim, mister a necessidade de se pensar o tema de forma mais abrangente e moderna, isto é, a partir da visão de uma bioética como um processo sistêmico, em que o risco é constante e as metas a serem alcançadas decorrem da própria evolução de suas tecnologias, bem como do avanço dos demais sistemas sociais com os quais se relaciona.

Com isso, paradoxalmente, pode o homem, mediante a autopoiese dos sistemas (físicos, biológicos e psíquicos) e sua conseqüente diferenciação funcional, retornar ao seu desejo e mito original: o jardim do Éden.[511] Em outras palavras: é o desenvolvimento diferenciado do não-divino, do essencialmente humano, do sistema sanitário desligado das concepções religiosas, que pode recolocar o homem em consonância com sua mítica e psicologicamente desejável face divina e, portanto, inumana.

Por fim, a evolução da saúde e sua conexão jurídica espelham o grande paradoxo e o dilema de sempre: o homem só pode retornar à sua condição "divina" por intermédio de sua atuação – única e exclusivamente humana. E a opção continua a ser dada pela distinção decisória a ser tomada: só se produzirá futuro mediante a produção de diferença. Caso se opte pelo desenvolvimento tecnológico desapegado e funcionalmente diferenciado dos demais subsistemas sociais. Em hipótese contrária, estarse-ia (re)produzindo passado e poderia se recair, pelos mesmos motivos de outrora, em uma nova Idade das Trevas (tão prejudicial ao desenvolvimento da medicina e do ser humano). Assim, somente o humano pode alcançar o além-humano!

---

[511] Cf. SILVER, Lee M. *De Volta ao Éden: engenharia genética, clonagem e o futuro das famílias.* São Paulo: Mercuryo, 2001. p. 15-28.

# Conclusão

O risco das decisões é uma das características principais da sociedade contemporânea. A partir dessa premissa, a presente livro, dentro dos limites a que se propôs, procurou estabelecer uma conexão entre o direito à saúde e o risco. Contudo, antes de verificá-lo como uma problemática de maior monta, tentou estabelecê-lo como uma forma de avanço da sociedade e do Direito.

As discussões estabelecidas no campo jurídico sobre o direito à saúde, comumente se filiam a dois aspectos. De um lado, o reforço do caráter principiológico-constitucional da proteção sanitária. De outro, a recente entronização da saúde como direito fundamental do homem no sistema positivo brasileiro.

A partir disso, os Tribunais e demais órgãos e/ou formas decisionais, vêm orientando sua atuação. Todavia, conforme salientado durante o transcorrer da argumentação, tais pontos de vista não têm se demonstrado adequados para a nova realidade social vigente.

Em conseqüência, buscou-se um arsenal teórico capaz de enfrentar o risco das decisões relativas ao direito à saúde, sem, contudo, evitá-lo ou "demonizá-lo". Um aparato rígido e, ao mesmo tempo, flexível. Com isso, a saúde pode ser observada de uma forma diversa da que vinha sendo praticada.

Nesse sentido, optou-se pela teoria dos sistemas autopoiéticos de Luhmann. A escolha foi embasada pela capacidade da referida teoria de fornecer elementos auxiliares a uma resposta que, no entanto, jamais está pronta, e sim, em autoconstrução permanente – assim como a saúde e o Direito.

Na ótica sistêmica, a forma como vem sendo conduzida a problemática sanitária – descaso, causa uma conseqüente irritação dos demais subsistemas funcionais. O pano de fundo (entorno) em que se desenvolve a comunicação, produz um ruído que não permite ao sistema se fechar, muito embora deva ser clausurado. Esse paradoxo, de fato, antes de obstáculo, é o impulso necessário para o desenvolvimento e dinâmica tanto do Direito como da saúde.

Quando, por exemplo, os portadores do vírus HIV passam a exigir o fornecimento gratuito de seus medicamentos, o sistema social (re)processa essa informação e a (re)distribui, de tal sorte que seus subsistemas reagem a tal provocação, porém por intermédio de sua própria dinâmica.

Dessa maneira, o sistema religioso atua, com base em sua lógica, referindo que, em vez do fornecimento de camisinhas, os indivíduos não pratiquem sexo antes do casamento. Já o sistema econômico, orientado para produzir lucro, vê em tais pessoas uma realidade lucrativa, pois o prolongamento da vida desses seres humanos obrigará a compra de remédios e de suprimentos básicos para a sobrevivência daquele grupo. Por outro lado, o sistema político tenta captar o voto dessa classe e edita uma legislação que, conseqüentemente, quando editada, entra no sistema jurídico que passa a tê-la como um critério decisório e circular de sua dinâmica destinada à decisão para o pronto restabelecimento da norma violada.

Tem-se, pois, a partir do exemplo citado, uma realidade bastante complexa. Os critérios simplistas para a negação do avanço sanitário, baseados em um Direito do passado não podem servir para o regresso da medicina, como ocorreu, por exemplo, durante a Idade Média.

A saúde não se desapega da doença. E a doença, em uma observação de segundo grau, não subsistiria sem a possibilidade da saúde, de tal forma que, conforme referido na presente tese, a doença é a condição de saúde da sociedade. Essa afirmação pode ser mais bem compreendida por outro exemplo. A condição de existência do demônio só se estabelece na contraposição comparativa com Deus. Se Ele não atua, seu ex-arcanjo domina os seres humanos. Vale dizer: se os seres humanos não soubessem o que é o mal (fato), não praticariam o bem (objetivo).

Assim posto, só se avança na área sanitária com a ocorrência de doenças. Caso não houvesse doenças, não haveria saúde, pelo simples fato de que não se saberia o que era a doença. Portanto, o estado normal e contínuo seria uma realidade estática e prolongada. Não haveria progresso, pois não haveria risco.

A sociedade contemporânea, eivada de incerteza e indeterminação, é lugar de uma hipercomplexidade anteriormente não verificada na história. O melhoramento das técnicas e a descoberta de novas tecnologias, prolongam a vida do homem e lhe dá uma expectativa de qualidade de vida maior do que outrora. Paradoxalmente, o prolongamento da vida, em princípio benéfico para o homem, traz consigo uma série de conseqüências, como, por exemplo, o alegado rombo da previdência social (o senso comum diz que o seguro social funcionava anteriormente porque a expectativa de vida era menor!).

No mesmo sentido, a descoberta de um novo remédio agita tanto o sistema econômico como o político, por exemplo. O primeiro observa uma nova alternativa de lucro, enquanto o outro procura estabelecer regras de prevenção dos riscos do lançamento da nova droga no mercado. Quando descumprida a regra, o sistema do Direito é chamado a agir (mediante decisão).

Essa interdependência, na linguagem de Teubner, é ainda mais complexa quando também atuam outros sistemas, notadamente o religioso e o moral. Na sociedade atual, os problemas bioéticos (clonagem, transplantes, inseminação artificial, etc.) têm levado a uma (re) criação de estruturas anteriormente designadas para a duração de um longo lapso temporal, como é o caso da transmudação do conceito de família e de seus óbvios efeitos no sistema jurídico e nos demais subsistemas funcionais societários.

Esse acoplamento, nos termos de Luhmann, entre Direito e saúde, é a grande questão a ser enfrentada. Cabe ao Direito limitar e se guiar pela segurança jurídica nesses novos casos – que a doutrina da *Common Law* denominaria de *Hard Cases –,* hipótese em que reproduziria passado, ou deve servir de instrumento de (re) construção futura de uma nova sociedade – de risco?

Conforme já salientado, trata-se de uma decisão a ser construída sob outras decisões, que são sua premissa. É a legislação o elemento, o programa, fornecedor dos critérios decisórios por meio do qual operam os juízes. Longe de ser uma avaliação positivista, esse é um avanço, visto que, na teoria dos sistemas, a decisão só pode ser dada com base no que não foi decidido (Não-Direito), de tal forma que o que antes restava encoberto agora reaparece nitidamente.

Nessa linha de raciocínio, é o Direito o responsável por sua evolução e constante (re)criação. Sua dinâmica interna (homeostase) lhe permite tratar, sob forma justiciável, os problemas advindos dos demais subsistemas com os quais se comunica – sanitário, por exemplo. Mais, é esse processamento cíclico-recursivo que o renova a partir de seus próprios elementos.

Esse Direito, da sociedade contemporânea, é um direito de riscos e paradoxos. De riscos porque visa à antecipação do futuro, tentando, na esteira do raciocínio expendido por Luhmann, "brincar de Deus", pois impossível será a tudo prever antes do acontecimento do provável dano. Paradoxo porque é justamente essa aparente impossibilidade de solução que faz com que o mesmo, de forma autopoiética, encontre os caminhos a serem percorridos para o deslinde da (im)possibilidade.

Assim sendo, o Direito não mais possui a racionalidade pretendida por Weber, ou seja, a hipercomplexidade sistêmica torna irracional pretender que o Direito preveja todas as situações – como queria Napoleão em seu famoso código. O Direito, então, mesmo que operativamente fechado, comunica-se com todos os demais sistemas sociais, uma vez que também é um sistema aberto. Logo, entender que o direito é um seguro de risco para situações que se projetam no futuro é essencial para recuperar o direito em uma nova sociedade.

Infensa que está às mutabilidades do entorno, a saúde se tornou deveras complicada. Várias doenças surgiram, houve a cientifização dos procedimentos médicos, as técnicas e tecnologias avançaram sobremaneira, o que antes era tido como certo passou a ser questionado, etc. Enfim, o homem da pós-modernidade encontra-se prostrado diante dos novos acontecimentos na área da saúde. De um lado, postula por seu avanço. Por outro, (re)questiona os valores e se pergunta sobre sua durabilidade temporal.

Nessa esteira de raciocínio, a auto-observação passou a ser necessária para que se entenda o fenômeno sistêmico-sanitário. Somente se encontrando dentro (e fora) do sistema se torna possível uma análise mais percuciente a respeito da doença. Com esse comportamento, torna-se possível verificar eventuais paradoxos na área da saúde (Saúde/Enfermidade – geneticamente perfeito/geneticamente preocupante).

Dessa forma, a real contingência da saúde reside no fato de que sempre existem mais possibilidades do que se possa imaginar. Por exemplo, ao diagnosticar um paciente, o médico tem de perscrutar todas as outras possíveis doenças, perfazendo uma verdadeira seletividade sanitária. Seu agir é orientado pela doença, pois a saúde, como já dizia Scliar, é uma imagem-horizonte.

A partir daí, o Direito a ser construído deve ser um Direito ligado ao risco das atividades em saúde (incertas). Isso assume particular relevo a partir do momento em que se percebe que a bioética, por exemplo, é o campo maior da atividade sistêmica no mundo moderno. Em análise sucinta, a bioética – e seu estudo – evoluiu pela justificada preocupação social com o aspecto sanitário ligado à sobrevivência humana e à qualidade de vida, diretamente conectada a esse novo campo do saber. Por outro lado, a saúde está entrelaçada atavicamente com a ciência que se ocupa, de um modo simplista, da saúde do ser humano. Esse fato reforça a rede de comunicações estabelecidas pelos subsistemas funcionais no que hoje se convencionou denominar de bioética.

Com essa finalidade, o Direito se transforma, se (re)cria, deixando de ser uma ciência estática, mas uma realidade social comunicacional, e, portanto, transformadora de sua própria realidade, bem como da constância do sistema social. O Direito passa a interagir, a influir decisivamente no sistema social e, por conseqüência, na vida dos homens, pelo seu próprio agir, por seus próprios critérios – e não por critérios metafísicos ou extra-sistêmicos.

Nesse sentido, vários princípios relativos ao risco sanitário já fazem parte do ordenamento jurídico brasileiro: o princípio da precaução, o princípio da acreditação, a responsabilidade objetiva do médico e a teoria do risco criado. Nessa ótica, o Direito que regula as atividades sanitárias, já se encontra permeado com o risco. Assim, esse conjunto de normas deve ser entendido como formas de construção do futuro (e do presente), objetivando, sempre, a melhor qualidade de vida possível para todos os envolvidos no grandioso projeto da saúde.

# Referências bibliográficas

A Batalha das Patentes. *Galileu*, ano 10, n.118.

ALBERTON, Genacéia da Silva. Tribunalização e Jurisprudencialização no Estado Contemporâneo: uma perspectiva para o Mercosul. *Justiça do Direito*, Passo Fundo, v.2, n. 16, 2002.

ALCOVER, Pilar Giménez. *El Derecho en la Teoría de la Sociedad de Niklas Luhmann*. Barcelona: J.M. Bosch Editor, 1993.

ALFIERI, Roberto. *Dirigere I Servizi Socio-Sanitari: idee, teoria e prassi per migiliorare um sistema complesso*. Milano: FrancoAngeli, 2000.

ALMEIDA, Dean Fabio Bueno de. América Latina: filosofia jurídica da alteridade e teoria sistêmica autopoiética. *Direito em Revista – Revista Jurídica da Faculdade de Direito de Francisco Beltrão*. Francisco Beltrão, n. 01, ano 2001.

AMADO, Juan Antonio García. La Société et le Droit Chez Luhmann. In: ARNAUD, A-J.; GUIBENTIF, P. (Orgs). *Niklas Luhmann Observateur du Droit*. Collection Droit et Société – N. 5. Paris: Librairie Générale de Droit et de Jurisprudence, 1993.

ARNAUD, André-Jean. *O Direito entre Modernidade e Globalização: lições de filosofia do Direito e do Estado*. Rio de Janeiro: Renovar, 1999.

——. *O Direito Traído pela Filosofia*. Tradução de Wanda de Lemos Capeller e Luciano Oliveira. Porto Alegre: SAFE, 1991.

——; DULCE, M.J.F. *Introdução à Análise Sociológica dos Sistemas Jurídicos*. Rio de Janeiro: Renovar, 2000.

ARON Raymond. *As Etapas do Pensamento Sociológico*. Tradução de Sérgio Bath. São Paulo: Martins Fontes, 2000.

AUBY, Jean-Maire. Source et Étendue du Droit de la Santé dans la Législation Française. In: POHER, Alain; DURIEUX, Bruno; LALUMIÉRE, Catherine (Patr.). *Droit des Persones et Service de Santé en Europe*. Lyon: Alexandre Lacassagne, 1991.

BASTOS, Francisco Avelar. O Consórcio Intermunicipal da Saúde da Região Centro do Estado do Rio Grande do Sul – CIS. *Redes/Universidade de Santa Cruz do Sul*, v.4, n.1, jan/abr de 1999, Santa Cruz do Sul.

BAUMAN, Zygmunt. *Modernidade e Ambivalência*. Rio de Janeiro: Jorge Zahar Editor, 1999.

BAVA, Silvio Caccia. O Terceiro Setor e os Desafios do Estado de São Paulo para o Século XXI. *Cadernos ABONG*, São Paulo, n. 27, mai/2000.

BECK, Ulrich. *La sociedad del riesgo: hacia una nueva modernidad*. Barcelona: Paidós, 2001.

——. *O que é Globalização? Equívocos do Globalismo. Respostas à Globalização*. São Paulo: Paz e Terra, 1999.

BERTALANFFY, Ludwig Von. *Teoria General de los Sistemas*. México DF: Fondo de Cultura Económica. 13 reimpresión, 2001.

BOBBIO, Norberto. *A Era dos Direitos*. 9ª ed. Rio de Janeiro: Campus, 1992.

——. *Teoria do Ordenamento Jurídico*. Brasília: UnB, 1984.

Brazil fights for affordable drugs against HIV/AIDS. *Revista Panamericana de Salud Publica*, n. 9(5), 2001.

BRÜSEKE, Franz Josef. *A Técnica e os Riscos da Modernidade*. Florianópolis: Editora da UFSC, 2001.

CALVEZ, Marcel. Le Risque comme Ressource Culturelle dans la Prévention du SIDA. In: DOZON, Jean-Pierre; FASSIN, Dider (Dir.). *Critique de la Santé Publique*. Paris: Balland, 2001.

CAMPILONGO, Celso. *O Direito na Sociedade Complexa*. São Paulo: Max Limonad, 2000.

CANARIS, Claus-Wilhelm. *El Sistema en la Jurisprudencia*. Madrid: Fundación Cultural del Notariado, 1998.

CANOTILHO, José Joaquim Gomes. 1ª Parte – Videoconferência – 21/02/02 – UFPR. In: COUTINHO, Jacinto Nelson de Miranda (Org.). *Canotilho e a Constituição Dirigente*. Rio de Janeiro: Renovar, 2003.

——; MOREIRA, V. *Fundamentos da Constituição*. Coimbra: Coimbra Editora, 1991.

CAPRA, Fritjof. A Teia da Vida: uma nova compreensão científica dos sistemas vivos. São Paulo: Editora Cultrix, 1996.

CAPRON, Alexandre M. Estados Unidos de America. In: FUENZALIDA-PUELMA, H. L.; CONNOR, S.S. El Derecho a La Salud En Las Americas: estudio constitucional comparado. Washington: Organizacion Panamericana de la Salud,1989.

CARVALHO, Adriana. Um Encontro com a História: em seis dias, os ricos fizerem mais concessões aos países pobres que no meio século passado. *Veja*, ano 34, n. 46, nov. 2001

CARVALHO, G. I. de, SANTOS, L. *Sistema Único de Saúde: comentários à lei orgânica da saúde (Lei nº 8080/90 e Lei nº 8.142/90)*. 2ª ed, atualizada e ampliada. São Paulo: HUCITEC, 1995.

CARVALHO, Nanci Valadares de. *Autogestão: o nascimento das ONGs*. 2 ed. São Paulo: Brasiliense, 1995.

CLAM, Jean. Pièges du Sens, Dynamique des Strucutures. Le projet d'une Sémantique Historique chez Niklas Luhmann. *Archives de Philosophie du Droit*, Tome 43, Paris, 1999.

——. The Specific Autopoiesis of Law. In: PRIBÁN, Jirí; NELKEN, David. *Law's New Boundaries*. Cornwall: Ahsgate, 2001. p. 48.

CORSI, G; ESPOSITO, E.; BARALDI, C. *Glosario sobre la teoría Social de Niklas Luhmann*. Prefacio de Niklas Luhmann. Traducción de Miguel Romero Pérez y Carlos Villalobos. Bajo la coordinación de Javier Torres Nafarrate. Barcelona: Anthropos; México DF: Universidad Iberoamericana; Guadalajara: Iteso, 1996.

CROCHET, Soizick. Cet Obscur Objet du Désir: la participation communautaire. In: BRAUMAN, Rony (Dir.) *Utopies Sanitaires*. Paris: Le Pommier-Fayard, 2000.

CRUZ, José Francisco das Graças. *Assistência à Saúde no Brasil: evolução e o sistema único de saúde*. Pelotas: EDUCAT, 1998.

DALLARI, Dalmo de Abreu. *O Poder dos Juízes*. São Paulo: Saraiva, 2002.

DALLARI, S.; VENTURA, D.F.L. O Princípio da Precaução: dever do Estado ou protecionismo disfarçado? Reflexões sobre a saúde pública na era do livre comércio. *Revista São Paulo em Perspectiva*. São Paulo, Fundação Seade, 2001.

DALLARI, Sueli Gandolfi. Descentralização versus Municipalização. *Saúde em Debate*. São Paulo, n. 35 /julho 92.

———. *Os Estados Brasileiros e o Direito à Saúde*. São Paulo: HUCITEC, 1995.

DE GIORGI, Rafaelle. *Direito. Democracia e Risco: vínculos com o futuro*. Porto Alegre: SAFE, 1998.

———. Luhmann e a Teoria Jurídica dos Anos 70. In: CAMPILONGO, Celso Fernandes. *O Direito na Sociedade Complexa*. São Paulo: Max Limonad, 2000. p. 175-195.

DEL NERO, Patrícia Aurélia. *Propriedade Intelectual: A tutela jurídica da biotecnologia*. São Paulo: Editora Revista dos Tribunais, 1998.

DEVERS. Gilles. *Droit Infirmier*. Paris: ESKA, 1996.

———. Participação da Comunidade em Órgãos da Administração Pública. *Revista de Direito Sanitário*, São Paulo, vol.1, n.1, Nov/2000.

DUARTE, Francisco Carlos. O (des)amparo Processual dos Direitos Fundamentais Sociais dos Trabalhadores Rurais Sem-Terra. *Verba Iuris*, Curitiba, ano I, n 2, Mar/1999.

DURAND, Christelle. A Segurança Sanitária num Mundo Global: os aspectos legais. O Sistema de Segurança Sanitária na França. *Revista de Direito Sanitário*, São Paulo, vol. 2, n. 1, Março/2001.

DURKHEIM, Émile. Divisão do Trabalho Social e Direito. In: SOUTO, Cláudio; FALCÃO, Joaquim. *Sociologia e Direito*. São Paulo: Pioneira, 1999.

DWORKIN, Ronald. *Levando os Direitos a Sério*. São Paulo: Martins Fontes, 2002.

FALCÓN Y TELLA, Maria José. *The Validity of Law: concept and foundation*. Porto Alegre: Ricardo Lenz Editor, 2000. 320p.

FEBBRAJO, Alberto. *Funzionalismo Strutturale e Sociologia Del Dirito nellópera di Niklas Luhmann*. Milano: Dott A. Giuffrè Editore, 1975.

FEDOZZI, Luciano. *Orçamento Participativo: reflexões sobre a experiência de Porto Alegre*. Com apresentação de Simon Schwartzman. 2ªed. Porto Alegre: Tomo Editorial, 1999.

FERRAZ, Sérgio. *Manipulações Biológicas e Princípios Constitucionais*. Porto Alegre: SAFE, 1991.

FERRAZ JR., Tércio Sampaio. *A Ciência do Direito*. São Paulo: Atlas, 2002.

FLEURY, Sonia. A Questão Democrática na Saúde. In: ___ (Org.). *Saúde e Democracia: a luta do CEBES*. São Paulo: Lemos Editorial, 1997.

FOUCAULT, Michel. *Microfísica do Poder*. 14ª ed. Tradução de Roberto Machado. Rio de Janeiro: Edições Graal, 1999.

———. *O Nascimento da Clínica*. Rio de Janeiro: Editora Forense Universitária, 1998.

FOUCHER, Karine. Principe de Précaution et Risque Sanitaire: recerce sur l'encadrement juridique de l'incertitude scientifique. Paris: L'Harmattan, 2002.

FRANÇA, Genival. *Direito Médico*. 7ª ed. São Paulo: Fundo Editorial Byk, 2001.

GALVÃO, Jane. As Respostas das Organizações Não-Governamentais Brasileiras frente à Epidemia de HIV/AIDS. In: PARKER, Richard. *Políticas, Instituições e AIDS*. Rio de Janeiro: Jorge Zahar Editor, 1997.

GELIS FILHO, Antonio. Globalização, Serviços de Saúde e Direito Internacional. *Revista de Direito Sanitário*, São Paulo, vol. 2, n.3, Novembro de 2001.

GIDDENS, Anthony. *As conseqüências da modernidade*. São Paulo: Editora UNESP, 1991.

———. *Mundo em Descontrole: o que a globalização está fazendo de nós*. Rio de Janeiro: Record, 2002.

———. *Para Além da Esquerda e da Direita: o futuro da política radical*. Tradução de Teresa Curvelo. Oeiras: Celta Editora, 1997.

O tratamento jurídico do risco no Direito à Saúde

GUERRA FILHO, Willis Santiago. *A Filosofia do Direito Aplicada ao Direito Processual e à Teoria da Constituição*. São Paulo: Atlas, 2002.

———. *Teoria da Ciencia Jurídica*. São Paulo: Saraiva, 2001.

GUIBENTIF, Pierre. Perspectives. In: ARNAUD, A-J.; _____(Orgs). *Niklas Luhmann Observateur du Droit*. Collection Droit et Société – N. 5. Paris: Librairie Générale de Droit et de Jurisprudence, 1993 (a).

———. Entretien avec Niklas Luhmann, 1985. In: ARNAUD, A-J.; In: ARNAUD, A-J.; ——— (Orgs). *Niklas Luhmann Observateur du Droit*. Collection Droit et Société – N. 5. Paris: Librairie Générale de Droit et de Jurisprudence, 1993(b).

GUILLOD, Olivier; SPRUMONT, Dominique. Le Droit à la Santé: un droit en émergence. In: ZEN-RUFFINEN, Piermarco; AVER, Andreas (Eds). *De la Constitution: études en l'honneur de Jean-François Aubert*. Berne: Helbing & Lichtenhahn, 1996.

HABERMAS, Jürgen. *Conhecimento e Interesse*. Rio de Janeiro: Zahar Editores, 1982.

———. *Consciência Moral e Agir Comunicativo*. Rio de Janeiro: Tempo Brasileiro, 1989.

———. *Direito e Democracia: entre facticidade e validade II*. Rio de Janeiro: Tempo Brasileiro, 1997.

———. *Direito e Democracia: entre facticidade e validade I*. Rio de Janeiro: Tempo Brasileiro, 1997.

———. *La Lógica de las Ciencias Sociales*. 3ª ed. Madrid: Tecnos, 1996.

———. *Mudança Estrutural da Esfera Pública: investigações quanto a uma categoria da sociedade burguesa*. Rio de Janeiro: Tempo Brasileiro, 1983.

———. *O Discurso Filosófico da Modernidade*. São Paulo: Martins Fontes, 2000.

———. *Passado como Futuro*. Rio de Janeiro: Tempo Brasileiro, 1993.

———. *Técnica e Ciência como "Ideologia"*. Lisboa: Edições 70, 1985.

HAMMES, Bruno Jorge. *O Direito da Propriedade Intelectual*: subsídios para o ensino. São Leopoldo: Editora Unisinos. 2000.

HART, Herbert L.A. *O Conceito de Direito*. Lisboa: Fundação Calouste Gulbenkian, 1994.

HERMITTE, Marie – Angèle. *Le Sang et le Droit: essai sur la transfusion sanguine*. Paris: Éditions du Seuil,1996.

HERRERA, Sonia E. Reyes. Análise do Sistema Educativo na Perspectiva Teórica de Niklas Luhmann. *Cadernos de Sociologia*, Porto Alegre, v. 10, 1999.

HESPANHA, Benedito. A Autopoiese na Construção do Jurídico e do Político de um Sistema Constitucional. *Cadernos de Direito Constitucional e Ciência Política*. São Paulo. n. 28 – julho/setembro, 1999.

HESSE, Konrad. *A Força Normativa da Constituição*. Porto Alegre: SAFE, 1991.

IBAÑEZ, Nelson. Globalização e Saúde. In: DOWBOR, L.; RESENDE, P.E.A. (Org.). *Desafios da Globalização*. Petrópolis: Vozes, 2000.

JAKOBS, Günther. Entrevista com Günther Jakobs e Manuel Canció Meliá. *Revista Ibero-Americana de Ciências Penais*.Porto Alegre: CEIP; ESMP. n. 8, 2003.

KELSEN, Hans. *Teoria Pura do Direito*. São Paulo: Martins Fontes, 2000.

———. *Teoria Geral das Normas*. Porto Alegre: SAFE, 1986.

KOURILSKY, P.; VINEY, GENEVIÈVE. *Le Principe de Précaution*. Paris: Editions Odile Jacob/La Documentation Française, 1999.

KRAUT, Jorge Alfredo. *Los Derechos de los Pacientes*. Buenos Aires: Abeledo Perrot, 1997.

KRAWIETZ, Werner. Direito e Racionalidade na Moderna Teoria do Direito. Tradução de Sérgio Cadermatori e José Luis Bolzan de Morais. *Revista do Centro de Ciências Jurídicas*. Florinapólis: UFSC, n, 28, ano 15, junho de 1994.

——. La Salud en las Américas – Volumen II. Washington: OPAS, 2002

LEAL, Rogério Gesta. *Direitos Humanos no Brasil: desafios à democracia*. Porto Alegre: Livraria do Advogado; Santa Cruz do Sul: EDUNISC, 1997

——. Hermenêutica e Direito: considerações sobre a teoria do direito e os operadores jurídicos. 2ª ed. Santa Cruz do Sul: EDUNISC, 1999.

——. *Perspectivas Hermenêuticas dos Direitos Humanos e Fundamentais no Brasil*. Porto Alegre: Livraria do Advogado, 2000.

——. *Teoria do Estado: cidadania e poder político na modernidade*. Porto Alegre: Livraria do Advogado, 1997.

LEFORT, Claude. *A Invenção Democrática: ensaio sobre democracia, revolução e liberdade*. Tradução de Isabel Marva Loureiro. São Paulo: Brasiliense, 1983.

LIANDRO, Linder; PIMENTEL, Maria Cristina. *Aids, Direito e Justiça: o papel do Direito frente a AIDS*. Porto Alegre: GAPA-RS, 2000.

LIMA LOPES, José Reinaldo de. Direitos Sociais e Justiça a Experiência Norte Americana. *Revista da Faculdade de Direito da Universidade de São Paulo*. São Paulo. Ano. 1, n. 1. novembro de 1993.

LOPES, José Reinaldo de Lima. Os Conselhos de Participação Popular. Validade Jurídica de suas Decisões. *Revista de Direito Sanitário*, vol. 1, n.1, Nov/2000.

LUHMANN, Niklas. A Posição dos Tribunais no Sistema Jurídico. Traduzido por Peter Naumann e revisado pela Profª Vera Jacob de Fradera. *Revista da Ajuris*, Porto Alegre, 1990, n. 49.

——. Closure and Openness: on reality in the world of law. In: TEUBNER, Gunther (Ed.) *Autopoietic Law: a new approach to law and society*. Berlin: New York: Walter de Gruyter, 1988.

——. *Confianza* Barcelona: Anthropos Editorial; México: Universidad Iberoamericana. 1996.

——. *El Derecho de la Sociedad*. Madrid: Iberoamericana, 2000.

——. Entrevista Realizada no dia 7.12.1993, em Recife, PE. In: GUERRA FILHO, Willis Santiago. *Autopoiese do Direito na Sociedade Pós-Moderna*. Porto Alegre: Livraria do Advogado, 1997.

——. *I Diritti Fondamentali come Istituzione*. Cura e Introduzione di Gianluigi Palombella e Luigi Pannarale. Bari: Dedalo, 2002.

——. *Il Sistema Educativo: problemi de riflessività*. Roma: Armando Editore, 1988.

——. *Introducción a la Teoría de Sistemas*. Lecciones Publicadas por Javier Torres Nafarrate.Barcelona: Anthropos; México DF: Universidad Iberoamericana; Guadalajara: ITESO, 1996.

——. La Constitution comme Acquis Évolutionnaire. *Droits – Revue Française de Théorie Juridique*, n.22, Paris: PUF, 1995.

——. *La Diferenziazione del Diritto*. Milano: Mulino, 1990.

——. *La realidad de los Medios de Masas*. Barcelona: Anthropos Editorial, 2000.

——. Le Droit Comme Système Social. *Droit et Société*, Paris, n. 11-12, 1989.

——. *Legitimação pelo Procedimento*. Brasília: Editora UnB, 1980.

——. Medizin und Gesellschaftstheorie. *Medizin Mensch Gesellschaft*, Jg. 8, 1983.

——. O Enfoque Sociológico da Teoria e Prática do Direito. Tradução de Cristiano Paixão, Daniela Nicola e Samantha Dobrowolski. *Seqüência*, n. 28, junho/1994.

——. O Paradoxo dos Direitos Humanos e Três Formas de seu Desdobramento. Traduzido por Ricardo Henrique Arruda de Paula e Paulo Antônio de Menezes Albuquerque. *Themis*, Fortaleza, v.3, n.1, 2000.

——. *Observaciones de la Modernidad*. Barcelona: Ediciones Paidós Ibérica, 1997.

———. *Organización y Decisión. Autopoiesis, Acción y Entendimiento Comunicativo*. Introducción de Darío Rodríguez Mansilla. Barcelona: Anthropos; México: Universidad Iberoamericana; Santiago de Chile: Instituto de Sociología. Pontifícia Universidad Católica de Chile, 1997.

———. Poder, Política y Derecho. *Metapolítica*, vol. 5, n. 20, 2001. Mexico DF.

———. *Politique et Complexité: les contributions de la théorie générale des systèmes*. Paris: Les Éditions du CERF, 1999.

———. *Sistemas Sociales: lineamientos para una teoría general*. México: Anthropos: Universidad Iberoamericana; Santafé de Bogotá: CEJA, Pontificia Universidad Javeriana, 1998.

———. *Sociedad y sistema: la ambición de la teoría*. Barcelona: Ediciones Paidós, 1990.

———. *Sociología del Riesgo*. México: Triana Editores, 1998.

———. *Sociologia do Direito I*. Rio de Janeiro: Tempo Brasileiro, 1983.

———. *Sociologia do Direito II*. Rio de Janeiro: Tempo Brasileiro, 1983.

———. *Sociologische Auflkärung 5: konstruktivistische perpektiven.*Opladen: Westdeutscher Verlag, 1993.

———. Stato di Diritto e Sistema Sociale. Introduzione all'edizione italiana di Alberto Febbrajo. Napoli: Guida Editori, 1990.

———. *Teoria Política en el Estado de Bienestar*. Madrid: Alianza Universidad, 1997.

———. Therapeutische Systeme – Fragen an Niklas Luhmann. In: SIMON, F.B. (Hg.). *Lebende Systeme. Wirklichkeitskonstruktionen in der Systemichen Therapie*. Berlin: Heidelberg – New York u.a., 1988.

———; DE GIORGI, Rafaelle. *Teoria della Società*. Milano: Franco Angeli, 2000.

MACERATINI, Arianna. *Procedura come Norma: riflessioni filosofico-giuridiche su Niklas Luhmann*. Torino: G. Giapichelli Editore, 2001.

MACHADO, Paulo Afonso Leme. *Direito Ambiental Brasileiro*. 7 ed. São Paulo: Malheiros, 1999.

MAGALHÃES, Juliana Neuenschwander. O Uso Criativo dos Paradoxos do Direito: a aplicação dos princípios gerais do direito pela Corte de Justiça Européia. In: ROCHA, Leonel Severo (Org.). *Paradoxos da Auto-Observação: percursos da teoria jurídica contemporânea*. Curitiba: JM Editora, 1997.

MANSILLA, Darío Rodríguez. *Introducción*. In: LUHMANN, Niklas. *Organización y Decisión. Autopoiesis, Acción y Entendimiento Comunicativo*. Introducción de Darío Rodríguez Mansilla. Barcelona: Anthropos; México: Universidad Iberoamericana; Santiago de Chile: Instituto de Sociología. Pontifícia Universidad Católica de Chile, 1997.

———. La Teoría de la Sociedad: invitación a la sociología de Niklas Luhmann. *Metapolítica*, vol. 5, n. 20, 2001. Mexico DF.

MARKIDES, C. P.; MAIESE, D.; GRANTHON, M. Gente Sana En Comunidades Saludables: la visión de Salud para todos en los Estados Unidos de América. *Revista Panam Salud Publica/ Pan Am J Public Health* 6(5), 1999.

MARTÍNEZ, Jesús Ignácio. La Función de los Derechos Fundamentales en la Teoría de Sistemas de N. Luhmann. *Laws and Rights – Proceedings of the International Congress of Sociology of Law for the Ninth Centenary of the University of Bologna*. Milano: Dott. A. Giuffrè Editore, 1991.

MARTINS, Lúcia. Devastação. *Superinteressante*, ano 15, n. 6, jun. 2001

MATURANA, Humberto R; VARELA, Francisco J. *A Árvore do Conhecimento: as bases biológicas da compreensão humana*. São Paulo: Palas Athena, 2001.

———. *De Máquinas e Seres Vivos: Autopoiese – a Organização do Vivo*. São Paulo: Palas Athena 1997.

MENDES, E.G. *et al.* Distritos Sanitários: conceitos – chave. In: ___. (Org.). *Distritos Sanitários: o processo social de mudança das práticas sanitárias do Sistema Único de Saúde.* 4ª ed. São Paulo – Rio de Janeiro: HUCITEC – ABRASCO, 1999.

MIGUEL, J.M; YUSTE, F.J.; DURÁN. M.A. *El Futuro de la Salud.* . Madrid: Centro de Estudios Constitucionales, 1988.

MORAIS, José Luis Bolzan. O Direito da Saúde! *Revista do Direito – UNISC*, Santa Cruz do Sul, n.3, p. 7-21, jul. 1995.

———. *Do Direito Social aos Interesses Transindividuais.* Porto Alegre: Livraria do Advogado, 1997.

MORALES, Hernan Duran. *Aspectos Conceptuales y Operativos del Proceso de Planificacion de la Salud.* Santiago de Chile: Naciones Unidas, 1989.

MOREAU, Jacques; TRUCHET, Didier. *Droit de la Santé Publique.* Paris: Dalloz, 2000.

MORIN, Edgar. *La Méthode – Vol. 1 – La Nature de la Nature.* Paris: Seuil, 1977

———. Por uma Reforma do Pensamento. In: PENA-VEGA, Alfredo; NASCIMENTO. Elimar Pinheiro do. *O Pensar Complexo: Edgar Morin e a crise da modernidade.* Rio de Janeiro: Garamond, 1999.

NAFARRATE, Javier Torres. La Arquitetura de la Teoría de Niklas Luhmann. *Metapolítica*, México – DF, v.2., n.8.

NAVARRO, Evaristo Prieto. El Derecho y la Moderna Teoria de Sistemas. In: DOMÍNGUEZ, José Luis; ULGAR, Niguel Angel (Coords.). *La Joven Sociologia Jurídica en España: aportaciones para una consolidación.* Oñati Papters – 6. Oñati: IISJ, 1998.

NAVARRO, Juan Carlos. As ONGs e a Prestação de Serviços Sociais na América Latina: o aprendizado começou. IN: PEREIRA, L.C.B., GRAU, N.C. (Orgs.) *O Público Não-Estatal na Reforma do Estado.* Rio de Janeiro: Editora Fundação Getúlio Vargas, 1999.

NAVARRO, Zander. Democracia e Controle Social de Fundos Públicos – o caso do "orçamento participativo" de Porto Alegre. IN: PEREIRA, L.C.B., GRAU, N.C. (Orgs.) *O Público Não-Estatal na Reforma do Estado.* Rio de Janeiro: Editora Fundação Getúlio Vargas, 1999.

NEIVA, Paula. Inimigo Desconhecido. *Veja*, edição 1795, de 16/03/2003.

NETO, A. Q., GASTAL, F. L. *Acreditação Hospitalar: proteção dos usuários, dos profissionais e das instituições de saúde.* Porto Alegre: Dacasa, 1997.

NEVES, Marcelo. *Verfassung und Positivität des Rechts in der peripheren Moderne: eine theoretische Betrachtung und eine Interpretation des Falls Brasilien.* Duncker u. H. , Bln. Broschiert. 1992.

NICOLA, Daniela Ribeiro Mendes. Estrutura e Função do Direito na Teoria da Sociedade de Luhmann. In: ROCHA, Leonel Severo (Org.). *Paradoxos da Auto-Observação: percursos da teoria jurídica contemporânea.* Curitiba: JM Editora, 1997. p. 219-242.

OST, François. Júpiter, Hercules, Hermes: tres modelos de juez. *Doxa*, n. 14, 1993.

———. L'Autopoiese en Droit et dans la Societè. *R.I.E.J.* Firenze: Institut Universitaire Européen, 1986.

———. *O Tempo do Direito.* Lisboa: Piaget, 1999.

———; VAN DE KERCHOVE, M. *Jalons pour une Théorie Critique du Droit.* Bruxelles: Publications des Facultés Universitaires Saint-Louis, 1987.

PARSONS, Talcott. Estruturas com Primazia Integrativa e Estágios na Evolução de Sociedades. In: SOUTO, C.; FALCÃO, J. *Sociologia e Direito.* São Paulo: Pioneira, 1999.

———. *O Sistema das Sociedades Modernas.* Tradução de Dante Moreira Leite. São Paulo: Livraria Pioneira Editora, 1974.

O tratamento jurídico do risco no Direito à Saúde

——. Sugestões para um Tratado Sociológico da Teoria da Organização. In: ETZIONI, Amitae. *Organizações Complexas: um estudo das organizações em face dos problemas sociais.* São Paulo: Atlas, 1978.

PASQUALOTTO, Adalberto. A Participação da Sociedade na Distribuição da Justiça. *Revista de Direito Sanitário,* São Paulo, vol. 1, n.1, Nov/2000.

PECES-BARBA, Gregório. *Ética, Poder y Derecho.* Madrid: Centro de Estudios Constitucionales, 1998.

Pensadores (Coleção). Santo Agostinho. 2000.

PERETTI-WATEL, Patrick. *La Societé du Risque.* Paris: La Découverte, 2001.

PESSINI, Léo; BARICHIFONTAINE, Christian de Paul. *Problemas Atuais de Bioética.* 5 ed. São Paulo: Edições Loyola, 2000.

PIETRO, Maria Sílvia Zanella di. Participação Popular na Administração Pública. *Revista Trimestral de Direito Público.* São Paulo: Malheiros, 1993, n.1.

PIETTRE, Bernard. *Filosofia e Ciência do Tempo.* Tradução de Maria Antonia Pires de Carvalho Figueiredo. Bauru: EDUSC, 1997.

PINTO, Cristiano Paixão Araujo. *Modernidade, Tempo e Direito.* Belo Horizonte: Del Rey, 2002.

ROCHA, Júlio César de Sá da. *Direito da Saúde: direito sanitário na perspectiva dos interesses difusos e coletivos.* São Paulo: LTr, 1999.

ROCHA, Leonel Severo. Da Teoria do Direito à Teoria da Sociedade. In: —— (Org.). *Teoria do Direito e do Estado.* Porto Alegre: SAFE, 1994.

——. Direito, Cultura Política e Democracia I. In: ——; STRECK, L.L. (Orgs.). *Anuário do Programa de Pós Graduação em Direito Mestrado e Doutorado.* São Leopoldo: Centro de Ciências Jurídicas – UNISINOS, 2000.

——. *Epistemologia Jurídica e Democracia.* São Leopoldo: Unisinos, 1998.

——. O Direito na Forma de Sociedade Globalizada. In: ——; STRECK, L.L. (Orgs.). *Anuário do Programa de Pós Graduação em Direito Mestrado e Doutorado.* São Leopoldo: Centro de Ciências Jurídicas – UNISINOS, 2001.

——. *Paradoxos da Auto-Observação: percursos da teoria jurídica contemporânea.* Curitiba: JM Editora, 1997.

ROCHA, Leonel Severo; HERMANY, Ricardo. Globalização e Direitos Humanos. *Revista do Direito,* Santa Cruz do Sul, n. 14, Jul/Dez, p. 95-101, 2000.

ROVIRA, Antonio. Jurisdicción y Constitución. *Revista de Estudios Políticos.* Madrid: Centro de Estudios Políticos y Constitucionales. n. 102, octubro/diciembre, 1998.

SANTOS, Lenir. O Poder Regulamentador do Estado sobre as Ações e os Serviços de Saúde. In: FLEURI, S. (Org.) *Saúde e Democracia: a luta do CEBES.* São Paulo: Lemos Editorial, 1997.

SANZ, Consuelo Costa. La Salud como Derecho Humano. In: BALADO. M., REGUOIRO, J.A.G. (Dir) *La Declaración Universal de los Derechos Humanos en su 50 aniversario.* CIEP, 1996.

SARLET, Ingo. A Saúde na Constituição Federal de 1988: direito e dever fundamental. In: LINDNER, Liandro; PIMENTEL, Maria Cristina (Orgs.). *AIDS, Direito e Justiça.* Porto Alegre: GAPA-RS.

SCLIAR, Moacir. *Do Mágico ao Social: a trajetória da saúde pública.* Porto Alegre: L&PM Editores, 1987.

——. *A paixão transformada: história da medicina na literatura.* São Paulo: Companhia das Letras, 1996

SILVER, Lee M. *De Volta ao Éden: engenharia genética, clonagem e o futuro das famílias.* São Paulo: Mercuryo, 2001.

SOARES, Guido F.S. O Direito Internacional Sanitário e seus Temas: apresentação de sua incômoda vizinhança. *Revista de Direito Sanitário*, v.1, n.1, São Paulo, Novembro/2000.

SPILLER JUNIOR, Robert. Panorama dos Órgãos Envolvidos no Sistema de Segurança Sanitária dos Estados Unidos da América. *Revista de Direito Sanitário*, São Paulo, vol. 2. n. 1. março de 2001.

STEFFEN, Gabrielle. *Droit aux Soins et Rationnement: approche d'une definition de soins necessaries*. Berne: Staempfli Editions, 2002.

TARRIDE, Mario Ivan. *Saúde Pública: uma complexidade anunciada*. Rio de Janeiro: Fiocruz, 1998.

Terapia Anti-Retroviral e Saúde Pública: um balanço da experiência brasileira. Brasília: Ministério da Saúde, 1999.

TEUBNER, Gunther. *Diritto Policontesturale: prospettive giuridiche della pluralizzazione dei mondi sociali*. Napoli: La Città del Sole, 1999.

——. *Droit et Réflexivité: l'auto-référence en droit et dans l'organisation*. Bruilant: Belgique ; L.G.D.J.: Paris, 1996.

——. Evolution of Autopoietc Law. In: —— (Ed.) *Autopoietic Law: a new approach to law and society*. Berlin: New York: Walter de Gruyter, 1988.

——. Introduction to Autopoetic Law. In: —— (Ed.) *Autopoietic Law: a new approach to law and society*. Berlin: New York: Walter de Gruyter, 1988.

——. *O Direito como Sistema Autopoiético*. Lisboa: Fundação Calouste Gulbenkian, 1989.

TOINET, Marie-France. *El Sistema Político de los Estados Unidos*. Prefacio de Stanley Hoffmann. Traducción de Glenn Amado Jordan. Ciudad de México: Fondo de Cultura Económica, 1994.

TOURAINE, Alain. *O que é a Democracia?* 2ª ed. Petrópolis: Vozes, 1996.

VARGA, Andrew C. *Problemas de Bioética*. São Leopoldo: Editora Unisinos, 2001.

VENTURA, Deisy. Direito Internacional Sanitário . In: *Curso de Especialização à distância em Direito Sanitário para membros do Ministério Público e Magistratura Federal*. Brasília: UnB, 2002.

VIEIRA, Liszt. Cidadania e Controle Social. In: PEREIRA. Luiz Carlos Bresser; GRAU, Nuria Cunill (Orgs). *O Público Não-Estatal na Reforma do Estado*. Rio de Janeiro: Editora Fundação Getúlio Vargas, 1997.

VON BEYME, Klaus. *Teoria Política del Siglo XX: de la modernidad a la postmodernidad*. Madrid: Alianza Editorial, 1994.

WARAT. Luis Alberto. *A Pureza do Poder*. Santa Catarina: UFSC, 1983.

WEBER, Max. Ordem Jurídica e Ordem Econômica, Direito Estatal e Direito Extra-Estatal. In: SOUTO, Cláudio; FALCÃO, Joaquim. *Sociologia e Direito*. São Paulo: Pioneira, 1999.

——. *Weber: textos de Max Weber. Coleção Grandes Cientista Sociais. Organização de Gabriel Cohn e Coordenação de Florestan Fernandes. São Paulo: Ática, 1982*.